復刻版シリーズ③……近代篇

人間の知恵の歴史

宗教・哲学・科学の視点から

大槻真一郎〔著〕
澤元亙〔監修〕

コスモス・ライブラリー

人間の知恵の歴史——宗教・哲学・科学の視点から

〔復刻版シリーズ③近代篇〕

◇

目次

まえがき

本書は、一九七二年に原書房から刊行された大槻真一郎著『人間の知恵の歴史』を三巻本として復刻した最終巻に当たります。第一巻は「古代篇」として、第二巻は「中世篇」としてすでに刊行されました。原本は四〇〇ページにおよび、各ページ（シリーズ二段組みで文字がびっしりで、図版は数点を載せるのみでしたが、復刻に当って図版を多数収録し（シリーズ全体で一七三点）、人名・用語などは現代風の読み方に改め、三分冊としました。どの篇から読み始めてもいいように配慮しました。この「近代篇」から手に取った読者もいるかもしれませんので、さきの二著の「まえがき」と若干重なる部分もありますが、まずは著者について紹介し、既刊の「古代篇」と「中世篇」の内容を簡単に振り返り、「近代篇」の特徴や論点などについて解説します。

著者について

著者・大槻真一郎（一九二六〜二〇一六年）は、京都丹波出身、一九五二年に早稲田大学文学部哲学科を卒業、その後、日本の古代ギリシア哲学研究の基礎を築いた田中美知太郎のもとで学ぶために京都大学大学院に進学し、一九五八年に博士課程終了、同年に明治薬科大学に就職し、平成四年に定年退職しました。医学史・科学史家として知られています。語源辞典や錬金術事典といった巨大な著書をたったひとりで書き続け、刊行したことも驚異に値しますが、一般に知られた最も代表的な業績としては、やはり一九八五〜八八年に刊行された『ヒポクラテス全集』全三巻（エンタープライズ社）です。この全集への推薦文を、京都時代の恩師・田中美知太郎が書いているので、その後半部分を以下に引用します。

これの翻訳はわが国においてもいくつか試みられて来たが、これが見事な成果をおさめるにはギリシア古典言語学と科学史の知識と医学そのものの知識とが要求されるので容易な業ではなくなる。今回の全集の指導者となる大槻君は、津田左右吉博士の卓抜な歴史研究の遺風を継ぐとともに、京都大学においてギリシア哲学史を専攻し、現在の教職によって医学薬学の専門家と不断に接触し、その方面の若い研究者達を協力者として持つことができたので、充分この大事業を完成してくれるものと期待している。

（『田中美知太郎全集』第十七巻六二五頁）

とあります。津田の歴史研究とは、『古事記』及び『日本書紀』を厳密に読解することによって批判的に日本神話を検討した文献学的研究のことを指すと思われますが、津田は戦前に東京大学に出講したことがきっかけとなって早稲田大学を辞職に追い込まれ、皇室に対する不敬罪でその書籍は発禁処分を受けます。田中は、早稲田から来た青年にその気骨の精神を見たのかもしれません。田中美知太郎のもとで古典文献学の訓練を受けた大槻は、専任校以外に早稲田大学に非常勤として出講し、西洋古典語（ギリシア語とラテン語）の上級クラスを担当、この分野の後進を育てました。引用文中の「若い研究者達」とは、ほとんどがそのゼミの出身者達でした。授業の様子は、岸本良彦先生に寄稿していただいた追悼文（コスモス・ライブラリー刊行の『「サレルノ養生訓」とヒポクラテス』に収録）に触れられているとおりです。一字一句ゆるがせにせず、原典を正確に読むことを目指した授業でした。文法的・語学的な理解に対しては徹底して厳しかった一方で、哲学的な理解に関しては深入りすることはありませんでした。おそらく京都で受けた田中美知太郎の授業スタイルに近かったのであろうと思われます。私が参加したときは、哲学のテキストではなく、科学史・鉱物論のテキストを読んでいたので、一見迷信のような記述であろうとも、昔の人々は理由なくそのようには書かないということから、そう書いたわけをしっかり考えるように要求されました。たとえば、どんなにやっても打ち砕くことのできない石がヤギの血だと簡単に砕ける、という記述であれば、ヤギの血でどうしてそれができるのかを考えねばなりません（正解は大槻真一郎著『西欧中世・宝石誌の世界』八坂書房の三九ページを参照）。今の常識から言ってそんなことはありえないでは済まされませんでした。

人間の「生きる知恵」を求めて

近現代の歴史において軍事的にも経済的にも文化的にも圧倒的な威力を見せつけたのが西欧文明でし

た。その特徴を一つあげるとすれば、その歴史を見る限り、他の文明よりも多くの革命や変革を乗り越えてきたことであると言えるかもしれません。事実、西洋史を学ぶと、中世から近代への連続性はもはや常識となっているとはいえ、それでもやはり中世以降の歴史では、何々革命、何々ルネサンス、といった言い方が歴史用語として頻繁に出てきます。断絶せず連続しているにもかかわらず、常に大きな変革に見舞われてきたのが西欧です。つまり、そこに生きる人々は、そうした変革の中で常に危機的な状況に置かれ、時代の荒波にさらされ、現実に向き合ってきたことを意味します。こういう人たちの残したテキストに「生きる知恵」を求め、その知恵を体現する代表的人間像の系譜をたどったのが本書『人間の知恵の歴史』でした。

著者にとって向き合うべき現実とは、「古代篇」の「まえがき」でも触れましたが、戦争と戦後の体験でした。大正一五年（一九二六年）に生まれた著者は、敗戦の昭和二〇年には一九歳でした。戦中に「非国民」とよく名指しされたことをどこかのエッセーに書いたことはありましたが、その体験を具体的に語ったことはありません。京都の田中美知太郎のもとでともに学んだ人たち、加来彰俊（一九二三～二〇一七年）、藤沢令夫（一九二五～二〇〇四年）、梅原猛（一九二五～二〇一九年）、などの諸先生方は、戦争体験の証言を残しておられます。体験自体は個人的なものであったとしても最後まで、ソクラテスの死にこだわり、世界観の哲学にこだわり、独自の人類哲学にこだわり、哲学の言葉を紡ぐことによって時代に向き合ったのだと言えます。本書の著者・大槻（一九二六～二〇一六年）も同じく、この『人間の知恵の歴史』において哲学史を書くことによって応えようとしました。この書には、戦争の体験と戦後の状況を共有するこの世代に共通したモチーフを見ることができます。「危機にたつ人間を救ったりふるい立たせたり豊かにするもの」(「序説」二頁)、それが著者の求めた「生きる知恵」でした。

では、どうして「生きる知恵」は、「危機に立つ人間を救ったりふるい立たせたり豊かにする」ことができるのでしょう。それを確かめるためにも、まずは、知恵が誕生する場面とその源泉について著者の考えているところを、「序説」から読み取ってみます。

著者は、知恵の誕生は現実の桎梏《しっこく》の中から生まれてくると言います。旧約の民の歴史においてアブラハムが宗教の知恵の代表的人間像です。宗教の知恵それ自体は、豊かさの中に埋没することから宗教の民イスラエル人を救うための「生きる知恵」として生まれました。他方、哲学・科学の知恵は、専制的な帝国ペルシアとの対立の中で自主独立の自由なギリシアという自覚に立つことによって、「新しい人間の生き方・在り方」としてこの地に根をはることになりました。この事態を次のように説いています(「序説」二二頁)。


宗教は東方(オリエント)におこった。哲学・科学は西方(オクシダント)におこった、ということができるかもしれない。しかしすでに東方そのものの中に対立の要因があり、オリエントにそだった旧約の知恵は、オリエントの豊かな専制王国と鋭く対立した。しかもまたギリシアの知恵も、旧約と同じように、オリエントの強大な国々との鋭い対立の形で、歴史の舞台にあらわれてきたことは事実である。

と。したがって「生きる知恵」はこの場合どちらも、誕生からしてすでに対立の中から醸成されてきたものであり、素性からして専制主義・帝国主義に対抗するものでした。「生きる知恵」に対するこの認識は、著者の第一の要石です。現代に受け継がれてきた知恵も真の知恵であるなら、その性格が刻印されていると言ってよいでしょう。知恵とは「生き抜く力」でもあったのです。

ならば、その二種の知恵はどこからきたのか。この問いは、信仰の知恵と批判的理性の知恵という、宗教と哲学・科学との関係の問題に触れることになり、本文でも多く論じられていますが、著者はその両者の源泉は同根であるとはっきり言い切っています（「序説」一九〜二〇頁）。

この知恵〔宗教の知恵〕は、どこまでも何らか形を与え規定することによって、その合理を求める哲学・科学の理性を拒否する要素をもってはいる。しかしそれにもかかわらず、宗教も哲学も科学も同根であるということを忘れてはならない。哲学・科学の「知」も、同じく原生命や神性への没入・結合を求めるのである。あくまでも合理性を求めながら、たえずそこからはみ出していくものを追求していくのである。このはみ出す不合理なものへの挑戦とそれへの愛において、哲学・科学の生きる知恵は、たえず不合理なものにかこまれ、そこから活々とした生命力を得ている。いわばそれに養われているのである。

と。ここにも、「生きる知恵」についての著者の考えが最もよく端的に表れています。これが第二の要石です。本書において代表的人間像は三つの知恵の型のどれか一つをめぐって描かれることになりますが、その知恵のそばでは別の知恵がその知恵に絶えずエネルギーを供給しているのです。

生きる知恵の質的転換

序説と各篇を通じて知恵の三つの型を代表する人間像が描き出されます。すでにのべたように「序説」では、旧約の知恵の代表像としてアブラハムが描かれました。「古代篇」では、哲学の代表像としてソクラテスが、科学の代表像としてアルキメデスが描かれています。そして「中世篇」では、新約の知恵の代表像として神人・イエスキリストが、その知恵を受け継ぐ者としてアウグスティヌスが描かれました。

宗教の知恵はアブラハムを代表像とする旧約の知恵として、絶対的な人格神とアブラハムという義《ただ》しき人との「出逢い」（「序説」一四頁）において生まれました。その知恵を引き継いだ人間の知恵は、イエスによる人と神との「融合という一回かぎりの奇蹟」（「序説」一七頁）によって新約の知恵として完成されます。この完成によって「新しい宗教的時代」が始まり、「生きる知恵」は大きな質的転換を遂げます（「中世篇」一五頁）。なぜなら、この転換によって宗教の知恵は、一民族の中にとどまらず、民族の枠組みを超えて他の民族へと浸透していくことになったからです。パウロから始まるキリスト教の世界宗教化です。ここにおいて人間の知恵は、ギリシア的分別知を超えたところから人間と世界を見る視点（超越性）を手に入れることになり、「一族の生きる知恵としての宗教が世界の宗教となる機縁」（世界化）が生まれました。

旧約の知恵の代表者である預言者たちが、もともと身分の高い者から低い者までいろいろな階層出身であったことからもわかるように、彼らの言葉は、「あらゆる人間の利害打算をかえりみず、純粋な情熱で吐露されたもの」(「中世篇」一四頁)であったことから民族の枠組みを超えるのは必然でした。そして救世主メシアの思想によってユダヤ民族だけでなく人間全体の救いが実現されます。

著者は、「私はキリスト教徒でもユダヤ教徒でもないけれども」(「序説」六〇頁)と断っていますが、著者が現実に翻弄されそうになったときに救いとなったのは、「中世篇」の「まえがき」でも触れたように、聖書の言葉でした。読者がたとえキリスト教徒でなかったとしても、聖書を手にする機会があったなら、西欧中世の哲学に近づくことは意味のあることだと思われます。

本書「近代篇」の特徴について

では、「近代篇」において「生きる知恵」はどのように描かれているのでしょう。「古代篇」から「中世篇」、「近代篇」を通じてどの篇でも常に言及されているパスカルに注目しましょう。「古代篇」でパスカルは、旧約の知恵の代表的人間像であるアブラハムとの関連で言及されました(八頁)。さらに、哲学の代表的人間像であるソクラテスとの関連でも登場します(一九〇頁)。「中世篇」では、新約の知恵の代表的人間像である神人・イエスキリストとの関連で出てきました(一七～一九頁)。この点からパスカルは、『人間の知恵の歴史』の中で特別な位置にあると言えるでしょう。著者にとってパスカルとは、宗教・哲学・科学それぞれの「生きる知恵」が調和した理想的代表像であったからです。著者が、パスカルにおいて「哲学者・科学者の知恵と宗教者としての知恵とが結合して、一つの真正な知恵への道が開示されることになる」（一八八頁）と言っていることからも、著者のパスカルに対する高い評価あるいは想いをうかがい知ることができます。本シリーズは原典からの引用が多いのも特徴の一つなのですが、三頁にわたって最も長く引用されているのがパスカルの「賭けの理論」の記述です（一八八～一九〇頁）。著者は明らかに感動したうえでその論述を紹介・引用しています。そしてそのあとに続けて次のようにパスカルの知恵を讃美します。

パスカルが、あらゆる人間の傲慢と虚栄を排し、人間の貧しさの中に偉大な栄光と豊かさを探し求めようとした態度は、人間の歴史を永遠に生きぬく人間の深い知恵にほかならなかった。しかも最後にパスカルを救ったものが、「アブラハムの神」であったことは、ユダヤの深い信仰の知恵の奇蹟が、最も鋭い近代科学者の中にも、依然として生きつづけていることを、私たちは素直に直視し、注目しなければならないと思う。ユダヤ教もキリスト教も、人間のこれからの歴史の中で、これまで以上の幾変遷の荒波を乗りきらねばならないであろうが、そこにこれまで結晶されてきた人間の貧しさと豊かさの知恵は、道を照らす灯として、永遠に光りつづけることであろう。

パスカルに対する評価が通常の哲学史における位置づけとは異なり、このようにとりわけ重視されたのは、本書が三つの型の知恵の歴史として書かれたからであると言えます。人間の生き方を問うことから生まれた哲学史であるということが、パスカルに対して三つの知恵の調和した代表像という評価を与えることになりました。

パスカルに理想像を見出した「生きる知恵」は、近代にどのように受け継がれたのでしょう。近代の特徴として著者は次の二点をあげます。第一に、「近代はいわば庶民・平民のおどり出てくる世界である。大衆がそのすさまじいエネルギーをもって「マス」（塊り）となって出てくる現代を、それは力強く予告している」（三頁）と。富をバックに新しい市民社会をつくっていくことによって、「生きる知恵」も新しい時代を反映し、技術革新に合わせて近代人の科学技術時代へと行進したのだと言います。これは人類の開かれた世界への福音となるはずでした。しかし、第二に、「すべてが「国家」というエゴをむき出しにしてきたことが、特に近代において注目されなければならない」（五頁）と指摘されます。

たとえば、ルターはドイツの軍隊に守られ、ベーコンの技術革新はエリザベス朝時代の海軍力に支えられ、つまり、その背後には国家が存在していました。フランスではルイ十四世の「朕は国家なり」の言葉に象徴される国家意識の神話が根をおろし、近代の意識に目覚めた民衆によってその意識は批判されたものの、彼ら民衆は近代国家という誇り高い集団において行動しました（六頁）。これに対してドイツは、神聖ローマ帝国という亡霊を近代になっても追い求めたため、近代国家神話の活力にあずかれなかった。そのためにドイツは、「実際の近代国家」の実現に向かうのではなく、「観念上の理想国家」（七頁）の実現に向かいました。そしてヘーゲルによって観念の世界に近代国家の神話が完成されます。

著者は、国家とはもともと神話的性格をもつものであると言います。古代ギリシアではポリスという神話であり、キリスト教世界では神の国という神話であり、近代においては近代国民国家という神話でした。人々はこうした「それぞれの神話の知恵の活力の中に、それぞれの時代の生き甲斐を覚えてきた」（七頁）のです。そして「近代篇」の本文の最後のところ（三二九頁）で、

今、ヘーゲルに象徴される国家主義に立脚した観念論という、いわば観念のバラ色の世界が崩壊すると、そこにニヒリズムが横行し、これまでのまとまったエネルギーであったものがカオス（混沌）化して、バラバラになる虚脱感を味わうことになろう。

とのべているのは、本書執筆の動機の根底にある戦争・戦後の体験から来る実感であったのであろうと思われます。日本人は、神の死を文字通り意味するニヒリズムを経験することはなかったかもしれませんが、敗戦の状況から来る国家神話の崩壊を経験しました。著者は、「近代の神話がドイツ観念論とともに終焉した今、われわれは神話喪失の中に戸惑っているのである」と言います。著者は個人的な体験をほとんど語りませんでしたけれども、何かを信じることも、何かを考えることも難しい状況の中に立たされていたことは確かです。そのような中で追い込まれながらも日々を生き抜くしかなかったのであれば、ニヒリズムとでも呼ぶべき「虚脱感」に襲われるのも当然です。では、そこから脱出しようとする意志あるいは希望をもつにはどうしたらよいのか。

こういう混沌と分裂の時代にこそ、古代からの人間の知恵に深く学び、原生命からの励起を受けなければならないときであると思う。しかも序説の最後に繰り返しのべたような人間すべての破局が、恐ろしく迫っている現状の中で、われわれは、今こそ人間の偉大と悲惨の二重性格に深く思いをめぐらさなければならないのである。（三二九頁）

ここの言葉からはさきのパスカルという理想的な代表的人間像が思い浮かびます。「混沌と分裂の時代」とはまさにニヒリズムの時代であると言ってよいでしょう。こうした状況から脱却しようとするとき、宗教の知恵だけでなく、哲学の知恵だけでなく、科学の知恵だけでなく、パスカルのような三つの知恵が調和した代表像が求められねばならないのです。

けれども、さらにここで思い出すべきは、「序説」で宗教の知恵と哲学・科学の知恵の両者についてその誕生と由来を尋ねた著者が、どちらの知恵も専制主義・帝国主義に対する抵抗の中から生まれたのだと説いていることです。しかも、両者の知恵はもともと同根であったと指摘されていました。「生きる知恵」は「貧しさの自覚」を踏まえていることから一見して個人的な問題意識から始まっているようにも見えますが、実際その通りだとも言える側面もあるとはいえ、著者が「生きる知恵」を求めたのは、国家と個人の関係を見直し、新しい国家像、国家神話を生み出すためでした。「貧しさの自覚」を忘れ、豊かさの中に埋没したとき、帝国主義化したおごれる国家は「頽廃して衰微の道を歩む」（「序説」六〇頁）ことになります。もちろん人間の知恵も同じ道を歩むことになります。

新しい国家神話を求めて

本書の原点には戦争・戦後体験があったことはすでにみたとおりです。一見平凡にしか見えない当たり前の日常がいとも簡単に崩壊してしまう、そういう崩壊に直面した著者が問わざるをえなかったのが、どう生きるべきか、そもそも生きるとはどういうことか、ということでした。こうした答えの見つからない問いを繰り返し問いつづけ、「古今東西にわたる宗教・哲学・科学を渉猟し」（「近代篇」三三一頁）、著者なりの答えの方向を見出したのが『人間の知恵の歴史』でした。本書は戦争・戦後の体験から書かれた哲学史です。そうした現実に向き合おうとする気迫が著者を書くことへとつき動かしたと言えます。そうして書かれた文章には確かに迫力があります。けれどもそうなった背後には、やはり執筆時期と時代とのめぐりあわせもありました。

本書が出版されたのが一九七二年（昭和四七年）です。ほぼ半世紀も前になります。本書の成立のきっかけとなった哲学史の教科書の企画が、刊行の「四・五年も前」（三三一頁）のことでしたから、西暦では一九六七・八年に当たります。どんな時代であったのでしょう。まさに「混沌と分裂の時代」でした。具体的に言えば、フランスでは五月革命があり、チェコスロバキアではプラハの春、アメリカではベトナム反戦運動がありました。公民権運動のキング牧師が暗殺されたのは一九六八年の四月です。中国では文化大革命の真っ最中でした。また、日本国内では、ベトナムの反戦運動、成田闘争、水俣闘争、大学闘争など、市民運動・社会運動、そして学生運動がうねりをあげ、国家の在り方が問われ、国家の変革が求められた時代でした。世界がメディア（テレビ）でつながったのもこのころです。まさに六〇年代末から七〇年代初頭にかけて、こうした時代の雰囲気・流れの真っ只中で本書は書かれました。著者にとってこの時代は哲学史が生み出される現場であったのです。

今確認したように本書が書かれた五〇年ほど前、すなわち六〇年代後半から七〇年代初頭にかけては、哲学史に関してもその見直しが着手されていたようです。六〇年代以降、哲学史の概念自体が問われ、発展史的な見方が否定されるようになり、また、哲学史のモデルの発想もとであったドイツ観念論に規定された概念枠そのものが疑問視されるようになったと言われています（柴田隆行著『哲学史成立の現場』弘文堂・一一九頁）。しかし、著者は、あえて近代の歴史をヘーゲルの理解で推し進め、その概念枠の中で思考しました。確かに、本書ではヘーゲルに倣ってルターの宗教改革が、自由の精神の原理から始まったものであると高く評価されます。また、プロテスタントの原理が近代を特徴づけているとみなされています。「ゲルマン的自由の観念的統一」すなわち「諸民族・諸国家をつらぬく精神」がゲルマン・ヨーロッパに顕現したのであると、ヘーゲルがゲルマン中心に自由の実現を説明しているところに、著者は、「生きる知恵」の存在を認めてもいます。

ここに、ヘーゲルのゲルマン中心国家主義とあわせて、ギリシアの知恵とキリスト教のきわめて深い宗教の知恵を通して、近代ヨーロッパに最も見事に顕現したという実態が、明らかにされている、と思う。

と（三〇七頁）。自由の実現の歴史という考え方は、もはや今の日本では古色蒼然としたものに見えるかもしれませんが、現代でも自由のために闘う人々にとってこの考え方は「ふるい立たせる」力があるように思えます。

ただしその一方で、著者が本文で確認しているように、ルターの宗教改革のせいでドイツは近代国家建設に遅れることになりました。その遅れを補うかのように、ヘーゲルは、「観念論的巨像」（三二六頁）を、すなわち「観念上の理想国家」（七頁）を精神界に構築することになりました。著者は、それを「哲学的暴挙」（三二七頁）であったと言います。そうした暴挙を避けるためにも、「人間としての法則《のり》を踏み外さない不断のきびしい自己省察」（三二七頁）を忘れてはならないと著者は警告します。

本書はヘーゲルによる近代国家の神話の完成でもって終わりますが、この神話が完成後すぐに瓦解したことは周知のとおりです。著者は、真の現代の神話はいまだ生まれていないと言って次のように言葉を続けます。

さらに次代に生きていく知恵が人間にあるなら、新しい神話は再び立派に生み出されるであろう。……人間は、それぞれの神話の知恵の活力の中に、それぞれの時代の生き甲斐を覚えてきたが、今はそれらの神話エネルギーの性格をよく見極め、新しい真の現代に生きるすぐれた知恵と全人類を一丸とした壮大なエネルギーを結集していかなければならないときであろうと思う。

と（七〜八頁）。このように著者は新しい神話に希望を託します。というのも、ここでいう「神話」とは、理想主義に走りすぎた観念論者が追い求める「幻想」（三一九頁）ではなく、「生きる知恵」から生み出されるものだからです。本書は「序説」から始まって「古代篇」、「中世篇」、「近代篇」にいたるまで「生きる知恵」を記述することで、著者の姿勢は一貫しており、哲学史像としては非常にイメージしやすいものとなっています。哲学史としては、とりわけその近代は、当時の理解から大きく外れていないオーソドックスなものであると言えるでしょう。また、経済への注目は、「古代篇」と「中世篇」も含み本書の大きな特徴の一つでもありますが、その近代資本主義の発達の記述は、当時よく読まれた大塚久雄の経済史理論に依拠しているようにも見えます。しかし、哲学史と言えば知識を整理するための教科書風の記述になったり、あるいは哲学の教科書として哲学者・学説の紹介になったりすることが多い中で、そうしたスタイルから本書が免《まぬが》れていることは明らかです。

著者は、古代から近代まで宗教・哲学・科学の知恵の歴史をたどった独特な哲学史を通じて、「混沌と分裂の時代」に生きる人々に「何らかの示唆を与え」（三三二頁）ようとしました。本書は、現実に向き合い、時代に応えようとして書かれたメッセージ性の高い稀有な「哲学史」です。こうして描かれた「生きる知恵」の歴史は、混迷の時代を生き抜くヒントになるのではないかと思われます。

本書刊行後

ところが、著者は、刊行してから数年後に本書を、「貧しさを忘れた大それた試み」として封印してしまいます。公刊から数年後、ある論文の中で自著『人間の知恵の歴史』を振り返り、「全世界（ヨーロッパも中近東もインドも中国も日本も）の思想を歴史的に網羅するじつに大胆な著作」であるみなし、それは不遜な試みであったと自己批判を行いました。いずれにせよ、定年直前のとき著者は、自著の批判に触れた後に『語源辞典』の執筆を回想し、次のようにのべています（一九九二年の『薬叢』第七号の記事）。

コツコツと点である単語を追い求めて、その歴史的な由来をたずねることに徹し、点から線↓面↓立体↓時・空間の四次元世界、さらに高次の世界へと進み、そこから科学史原典研究構築に向かったときの私、その一里塚にすぎなかった『科学用語・独-日-英・語源辞典・ギリシア語篇』と『同・ラテン語篇』（合計A5版本で一六〇〇頁余り）を二〇年前から数年間苦労して作った思い出も、いまは遠い昔となってしまいました。しかしそこで学んだ動物や植物や鉱物その他の名前・用語の言霊が、その後の大きな展開につながろうとは全く思い及びませんでした。

と。この発言からわかるように、『人間の知恵の歴史』（一九七二年）に対する自己批判のあとに研究方向を決めるきっかけとなったのが二つの『語源辞典』の仕事でした。『語源辞典』の「ギリシア語篇」

は一九七五年（著者四九歳）に、「ラテン語篇」は一九七九年（五三歳）に出ています。この二著の執筆にも膨大な時間が費やされたはずです。その後、著者は、哲学から科学史・医学史へと舵を切ります。パラケルスス（五四歳）、ディオスコリデス（五七歳）、ヒポクラテス（五九～六二歳）、ケプラー（六〇歳）、テオフラストス（六二歳）、プリニウス（六八歳）など、その成果が次々に公開されました。こうして天体、動物、植物の在り方のみならず、鉱物に対してもその在り方を問うことになりました。けれども、外見的には研究方向が変わったように見えますが、本書の執筆を経験したからこそ、科学史・医学史へ向かったと言えるのではないかと思います。というのも、「貧しさの自覚」から「生きる知恵」を求める生き方が、その後もしっかり受け継がれていると言えるからです。

＊

最終巻まで無事に多くの方々のご支援によって刊行することができました。今日の困難な出版状況の中で刊行できたこと、コスモス・ライブラリーの大野純一社長には衷心よりお礼を申し上げます。編集に関しては大野社長と棟高光生さんから、校正に関しては高橋邦彦さんから多くの有益なご助言をいただきました。河村誠さんには素敵な装丁に仕上げていただきました。坂本正徳先生（明治薬科大学元学長）、岸本良彦先生（明治薬科大学名誉教授）、大槻マミ太郎先生（自治医科大学教授）、そして大槻真一郎先生を慕う方々、「古代篇」・「中世篇」を読んでご連絡をくださった方々から、ご支援の言葉を頂戴しました。この場を借りてお礼を申し上げます。

二〇二〇年八月

澤元 亙

第三部　近代篇

――近代概観――

近代はいわば庶民・平民のおどり出てくる世界である。大衆がそのすさまじいエネルギーをもって「マス」（塊り）となって出てくる現代を、それは力強く予告している。ルネサンス期前後の一般庶民のしぐさを、物語（例えば十四世紀のドイツにあらわれた農民の小伜ティル・オイレンシュピーゲルのいたずら行状記）などで読んでみると、庶民の知恵のめざましい力というものがひしひしと感じられる。封建社会のたががゆるみ、そのゆるみを象徴するかのような封建領主や僧侶などの習慣やだらしなさが、現実的なものの見方・考え方をする人たちによって愚弄されている。

ルネサンスの生んだ巨匠レオナルド・ダ・ヴィンチも、イタリアの中部トスカナ地方の一寒村ヴィンチ村に生まれたある私生児であったが、彼の手記にも次のような痛快な話が随所に出てくるのである。

フランチェスコ会の坊主たちは、ある期間、精進を守るが、そのおりには修道院では肉を食べない。しかし旅行中は、施しもので

オイレンシュピーゲル（木版画1515年）。その物語には、とんち、いたずら、仕返し、からかいによって人びとを翻弄する話が語られている。

生きているのだから、自分の前におかれたものを何によらず食べてよいという許しを得ている。さてそういう旅行中、一組の坊主が、さる商人とある旅籠屋《はたごや》でふと落合った。商人が、同じ一つの食卓に向かったところ、旅籠屋は貧乏なので、焼鶏一羽以外には何も出なかった。そこでその商人は、これでは足りないとみると、例の坊主たちの方を向いていった、「わしの記憶が確かなら、あんたがたは修道院じゃこういう日にゃ肉を一切食わんですな」。この言葉に対して、坊主どもは、その宗規に従って、他にかれこれ言わず、まさにその通りと答えるほか仕方なかった。それゆえ小商人は自分の欲望を達した。そうして彼は自分ひとりでその若鶏を平らげた。坊主たちは最善のおつとめをしたわけである。

こういう商人の悪知恵が、やがては大きなブルジョアの世界、近代市民社会への足掛かりをつくっていくのである。同じレオナルドの手記に、好色坊主のだらしなさ・滑稽さが次のように表現されているのも興味ある寸劇である。

女が着物を洗っていたが、寒さのため足がとても赤くなった。そこをある司祭が通りかかって、おどろきながら、どうしてそんなに赤くなったのかとたずねた。女は即座にこたえた、「火にあたっていたので、こういう結果になったのですわ」と。すると司祭は自分を尼ではなく司祭たらしめたあの局所に手を当てて、女の方へ近づき、甘ったるい声をひそめて女にたのんだ、「お情けだ、ちょっとこのローソクに火をともしておくれ」。

こういう具合であるが、中でも農民の子倅と自称する身分卑しいルターが、すっくと田舎からおどり出し、今をときめくローマ・カトリック教会の特権主義に真っ向から敢然と挑戦し宗教改革を断行したことは、まことに近代初頭の痛快事であった。聖職者特権階級と俗人との間に、もはや何らの区別も設けず、虚偽虚飾を一切かなぐり捨てて、精神の高貴を深く内に求めること、それをルターは説いたのである。

こうしたルターの噴出は、ルネサンスの時代前後から澎湃としておこってきていた庶民・農民の自覚をうながし、これは下剋上の気風を生み育てた。事柄はそう簡単にはいかなかったし、大変な紆余曲折のあったことは、本書「近代篇」の本文が示すとおりであるが、とにかくこれまではまったく日の目を見なかった商人や産業家などが、その富をバックにして、新しい近代市民社会をつくっていくのである。まったく新しい時代の夜明けであったし、またそこに結晶してくる人間の宗教・哲学・科学の知恵も、新しい時代を反映して、のびやかな無限への飛翔をこころみるようになった。啓蒙がいよいよ進み、何よりも未知の世界を、新発明の武器である羅針盤と火薬と印刷術でうち開いただけに、ベーコンの大いなる技術革新のラッパに合わせて、近代人の科学技術時代への行進がはじまる。

しかしルターの宗教改革といい、ベーコンの技術革新といい、これらは人類の開かれた世界への福音であるはずなのに、すべてが「国家」というエゴをむき出しにしてきたことが、特に近代において注目されなければならない。閉じられた世界、すなわち中世封建体制は、たしかに無限へと開かれた近代によって打ち破られ、ルターもベーコンもその意味で人間を解放したのであるが、ルターはドイツの軍隊に守られてローマ・カトリックの焚殺刑からも安全だったし、ベーコンの技術革新もイギリスのエリザベス朝前後の強力な海軍力によって推進することのできるものだった。

その前からイギリス国家権力は保護政策を推し進めたし、のちクロムウェルのピューリタン革命政府でも、堂々と航海条例を各国に通告して国家利権を主張した。イギリスでは王権神授説はたしかに人民によって押しつぶされたが、人民たち自身には国家主権のアングリカニズム神話が根強く幅を利かせるようになったし、フランスにだって、ルイ十四世の「朕は国家なり」の言葉に示される国家意識の神話が暗黙のうちに根をおろしていた。法王権というものにとって代わるフランス帝王権というものは、たしかに近代の目覚めた国民によって批判されたが、他に対するときは、彼らは近代国家という誇り高い集団において行動した。

このような中でドイツは、古代ローマ帝国と中世ヨーロッパ・カトリック宗教主義の合作である神聖ローマ帝国という亡霊を近代になっても追い求めたためもあって、新しい近代国家神話の活力をもつことができなかった。だからすっかり後進国となって海外植民活動にも立ち遅れ、また国土それ自体が強力な他の近代国家群によってすっかり荒廃させられるという一幕（例えば三十年戦争）もあった。しかしやっとこのような荒廃から立ち上がろうとしたときは、イギリスやフランスでおこったような下からの盛り上がりは押さえられ、上からのしかも武断国家プロシアの国家主義に押しまくられた。そのプロシアは、今はまだ影は薄かった。

しかしゲルマン国家群の中枢としてのドイツを、そのデモーニッシュな怪力を、実際の近代国家実現へではなく、観念の上の国家理想実現へと向けたのが、フィヒテからヘーゲルに至って完成された観念論哲学であった。しかもこれは、さきにもいったように、ゲルマン国家群、すなわちヨーロッパ世界の中枢をなすドイツが、古今の思想を統合してつくりあげた思想の未曾有の一大金字塔であっただけに、ヨーロッパはヘーゲル哲学のもとに一時は完全に支配された観さえあった。ナポレオンの武力に屈したドイツ、ナポレオンのイエナ進駐をその目で見たヘーゲルが、今度は思想の上でヨーロッパを睥睨《へいげい》するようになったのである。しかもそのヘーゲルは、伸びあがろうとするプロシア帝国の中に国家理念の実現をみた。彼は、典型的な近代国家の神話をプロシア国家の大学すなわちベルリン大学そのものの中でつくりあげたのである。しかし今や虚妄になり廃位させられるべきその国家理念の姿を鋭く予見したのが、ヘーゲル哲学から出てそれを崩壊させたマルクスであった。

　私たちの考察はヘーゲルをもって終わる。近代国家という神話の完成で終わる。現代という、神話を失ったバラバラの世界には、まだ真の現代の神話の知恵は生まれていない。しかしマルクスは、はっきりと、それが大衆によってしかもインターナショナルの規模でもってそのほんとうの活力をとり戻すであろうことを示唆した。理論はとにかく、その予見にはきわめて正しいものがあることを否定できない。それさらに次代に生きていく知恵が人間にあるなら、新しい神話は再び立派に生み出されるであろう。それが近代国家形態の神話でないことは確実であろうが、かつてのギリシアのポリス神話、近代国家理念の神話というように、人間は、それぞれの神話の知恵の活力の中に、それぞれの時代の生き甲斐を覚えてきたが、今はそれらの神話エネルギーの性格をよく見極め、新しい真の現代に生きるすぐれた知恵と全人類を一丸とした壮大なエネルギーを結集していかなければならないときであろうと思う。

第一章　中世から近代へ
―新しいものの芽生え―

第一節　イタリア・ルネサンスとヒューマニズム

生産性の低い社会体制の中での、たえることのない戦争の出血は、特にイタリアの力を弱めた。都市も商業もまたそのために弱体化した。しかし、これは新しい時代が育つための古いものの破壊であったことを忘れてはならない。折しも十字軍遠征という大創業は、近東への門戸を大きく開き、ヨーロッパ全体に相互の共同意識をおこさせ、互いに攻めあい破壊しあっていたエネルギーを急速に何かを生み出す生産エネルギーに転換した。土地からの収穫が増え、生産性が向上し、富の著しい集積から商業も拡大された。都市の興隆は目覚ましく、特にイタリアの諸都市は目に見えて勃興していった。このことは前にものべたことである。いろいろと、善の要素や悪の要素が混淆し発酵しあい、争いもたえまなかったが、ひとたび上昇気運にのった生産エネルギーは、特にイタリアで種々の富の色模様にはえた。活気づく産業、商業、それから都市、そこからは当然生活感情がとみに横溢してきた。

いや、十五世紀後半のこの生活意欲は横溢というものでなく、まさにヴェスヴィオス火山の噴火のような突出といってもよかった。そしてそれは、もはや決して破壊ではなく新しい要素の噴出とその建設であった。古代の廃墟の中にうずくまるように乱雑な恥部をさらけ出していた貧民窟は、現実に新しい広い道路にぶち抜かれた。新たな建物が、この新時代の生活感情をそのままあらわすように、続々と建っていった。これらのことは、田舎でもみられた。古代の別荘と並んで、新建築が、生き生きとした美を競いあった。こういうものを飾るように隠されていた造形の意欲が、また彫刻や絵画に表現された。キラ星のように並ぶ造形家たち、ラファエル、ミケランジェロ、レオナルド・ダ・ヴィンチの名は言うにおよばず、フラ・アンジェリコ、ベルリーニ、ボッティチェリ、ドナテルロ、ギベルティ等々、これらの一流の画家や彫刻家の天才群がどっと湧き出してきたことをみても、この当時のイタリアのエネルギーが、いかにすさまじかったかを、まざまざと感じとることができよう。稚拙な手法が姿をけし、気品に満ちた、あるいは雄壮な迫力に満ちた、あるいは豊麗さをもった近代芸術の手法を豊かに内包しながら、エネルギーは新時代を大胆に告げ知らせた。しかしこの独創性・創造性は、ルネサンス・イタリアの輝きのほんの一コマであったにすぎない。

何はともあれ、以上の創造性は活々とした生活感覚に根ざしている。そしてこれはまさに現実的なものであった。この現実感情は、これまでの中世世界ではあまりにも虐《しいた》げられ、隠され押さえつけられていた。これが経済復興、生活エネルギーの上昇となって、まずは、豊かな太陽の国イタリアの土壌に花を開いたのである。ここには、古代・中世からの最もすぐれた宝が、最もみじめな異教の廃物として葬り去られていたからでもあった。しかし古代は決して死んではいなかったのである。しかしこれを生き返らすには、ことのほか横溢したエネルギーが必要だったのである。そしてまた知性が……。

いろんな意味でのヴァイタリティは、しかし決して単なる抽象ではない。血わき肉おどる現実の感情でなければならない。しかも地についたもの、生活感情のほとばしりを文化地盤の強いこのローマ世界に豊かに美しく表現するには、中世のこの方面の教養は稚拙であり、現実世界の感情はあまりにも萎縮されつづけられていた。しかし長いエネルギーの蓄積のうつぼつとした力、国民感情や民族感情が、伸び出ようと必死に何かを手探りで求めていた。

しかし、この中世的雰囲気の中から、まずダンテが霊的な使徒たるにふさわしい詩人の姿をかりて、キリスト教的ラテン語という生活感情に根ざさない言語ではなく、イタリア語というひろく目覚めた大衆国家階層のエネルギーを集めうる自国語で詩を書いたということは、きわめて象徴的な意味をもつものであった。しかも、勃然《ぼつ》としておこる文化への意欲や表現への意欲は、それを潤すものが必要であった。そしてそれは、中世キリスト教の何か現世にそぐわぬ空疎な表現ではなく、異教ギリシア・ローマのかつての発酵的な同じ生活感情の地盤に花開いた典雅な古典の文章であった。

まずそれは、うるわしい古典ラテン語を前面におしたててやってきた。それはもはや中世キリスト教のどうどうめぐりの説教めいたかたいラテン語ではなかった。その文章には、同じ地盤の誇らかな古代ローマの四周を圧する教養と知性が息づいていた。豊かなイタリアの都市フィレンツェに生まれたペトラルカ（1304-1374）の天才をこのようにして吸いつけたのは、ローマ的教養の代表者キケロであり、その文体であった。異教徒として、ローマの廃墟とともにどこかに埋もれていたこの過去の先覚者の書に触れて、彼は感激した。そして今は散り散りばらばらに失われようとしていたキケロの書物や、その他の人びとの文献の蒐集にわれを忘れて熱中した。しかしこれは、これからできるかぎりの養分をとって新しい何かを創造し、あふれ出る時代思潮を美しく表現しさらに指導していくためであった。

ローマを訪れたペトラルカは、その廃墟のトルソを通してみる古代ローマの威容に、ますますその想像力を刺激させられた。しかしその感激をあらわす古代ばりのラテン詩は、ある批評家をしていわしむれば、「今はまったく読むにたえない」ものだったとしても、ペトラルカによってあおりたてられた古代ローマへのルネサンスは、発酵しつつあったイタリアの土壌にこの上ない文芸復興の情熱をかきたてたのである。

ローマ古典への憧憬はもちろんその古典時代に使われた教養ある言葉、すなわちHumanae《フマネ》 Leterae《レテレ》（人文語）の研究、いわゆる人文研究（Studia Humanitatis）へと駆り立てた。こうしてこのようなものの研究を通して、古代精神に触れようとする人たちが「人文主義者」と呼ばれる一群の人びとを創り出したのである。この運動は、はじめ文化保護に理解のあった北イタリアでおこり、ペトラルカの精神を湧出させ、全イタリアにその気をみなぎらせた。第二段階としては、人文語のもう一つの華で

ペトラルカ（1450頃のフレスコ画）
人文主義・人文学的古典研究はペトラルカにはじまる。

ある古典ギリシアの再発見である。粗暴な勝利者ローマを敗北者ギリシアがそれをもって征服したというギリシア古典文学の再発見である。

こうしてこの運動はますます拡大していった。ペトラルカの精神は、この上ないそれの発展者（『デカメロン』の作者）ジョバンニ・ボッカチオ（1313-1457）に受け継がれた。古典から教養を得て滑らかさを増したボッカチオは、かつてのダンテのようにイタリア語による国民文学を花開かせた。さらにあふれる現実感覚はロレンツォ・ヴァラ（1407-1457）へ、マルシオ・フィチーノ（1433-1499）、ピコ・デラ・ミランドラ（1463-1494）へと多様に受け継がれていった。

ラテン語・ギリシア語の堪能なヴァラは美しい言語へのセンスをもち、修辞学の素養をもつようになった。そこには繊細な生の感覚があった。人間の感覚的な自然を、神の贈物としても素直に受け入れようとする自然な快楽論が、

ロレンツォ・ヴァラ　ウルガータ聖書の誤りを文献学的に指摘することによって文献学が聖書の権威よりも上回ることを示した。このことはエラスムスにも影響。文献学は人文主義の土台である。

ピコの肖像。

彼の対話篇『快楽について』（一四三一年）には、よくうかがわれるのである。彼は修道院の禁欲生活を批判する。しかしそれは何も彼が不信仰であったのではない。彼は、スコラ的神学を捨てて、聖書による啓示神学に意味を見出そうとしたのである。ルターがほめたのも、そういうヴァラであった。

いたずらに煩瑣な、生命を押し殺してしまうようなスコラ弁証法を打破して、単純な美しさを求めたところにも、古典ギリシアや原始キリスト教への復帰を通して、新しい活々として生きる人間生命の創造をなさんとするヒューマニズム精神がうかがわれる。またさきほどのフィチーノとピコとは、プラトン主義の美しい代弁者なのである。

プラトンのことは、実際にはあまり中世には知られていなかった。プラトンの美しい多くの対話篇の結晶作品は、あまり人に知られず、ただキリスト神学に好都合なものだけがとり入れられたにとどまり、彼の自由自在で流麗な言葉のもつ魔力は、とても中世キリスト教世界には理解されていなかった。それが誰も知る十五世紀のトルコ人の東ローマ帝国への侵入を契機として、ギリシア的教養をもつ知識人が、多数、難を避けてイタリアへ避難してきたことから、事情が変わってきた。古典崇拝の時代背景もあって、このことから、特に広く深くプラトンの古典が目覚めさせられた。

中でも、特に有名なギリシア教養の移植者・鼓吹者は、その名もプラトンに共通のプレトンであった。ローマ教会とギリシア教会の統一をはかるために開かれたフェラーラ会議（一四三八年）、フィレンツェ会議（一四三九年）に参加したビザンティンのプラトン学者ゲルギオス・ゲミストス・プレトンは、フィレンツェの支配者富豪コシモ・デ・メディチを動かしたので、プラトン・アカデミー（Academia

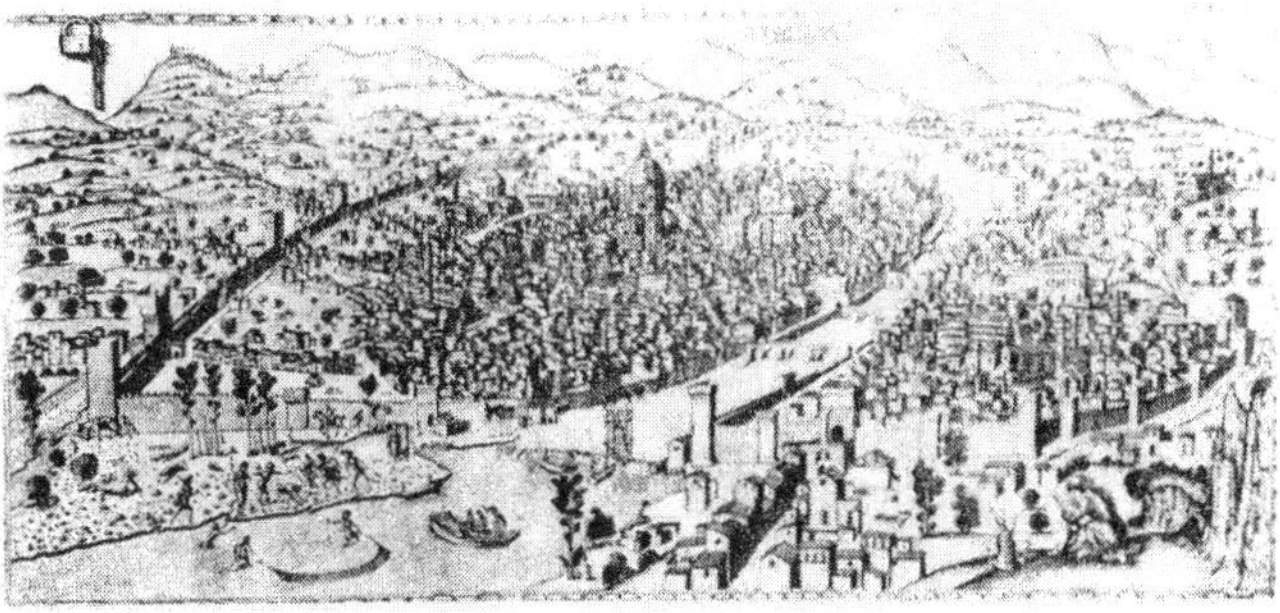

1470年頃のフィレンツェ（木版画）

Platonica di Filenze)（一四四〇年）が設立された。そして名実ともに、これがルネサンス期におけるプラトニズムの中心となった。プラトン主義の復活は、まさに花の都フィレンツェにふさわしく咲き匂う精神の華となった。プラトンのもつ精神的高雅と、乱れた世に何としても理想国家をつくりたいという彼の旺盛な建設エネルギーのヴァイタリティが、多くの人びとの心とマッチした。美しく人心を魅了するその文章の綾は、それを読む人の心をすっかりとらえ、当時の高まった渇望の精神に、この上ない聖水を提供した。

　こうしてプラトンは崇拝され、その学院を通して、プラトンは宗教的礼拝の対象にまでなった。プラトンの説いた人倫がこれらヒューマニストの精神となり、プラトン倫理が中心になってあらゆる宗教がスコラ的

コシモ・デ・メディチ　パトロンとしてルネサンス期の学芸を支えた。

抽象ではなく、その活々とした精神感情をもつようになった。プレトンの弟子シリウス・ベッサリオン（1403-1472）はギリシア正教のニカイヤ大司教でもあったが、ローマ教会に改宗し、その後ローマ世界で枢機卿に任ぜられ、法王候補ともなった人である。

プラトニズムにこうして鼓舞育成されたヒューマニズムは、ローマ教会にも多くの理解者を見出すようになった。同様にプラトニズムは、ヨーロッパ世界に大きな精神的源泉として新しい展開を与えた。太陽の国イタリアにあって、プラトンは、新プラトン主義者プロティノスの説く世界宇宙光源の一者より流出する無限の光の教えに融和し、ニコラウス・クザーヌス的宗教哲学一元論の展開を通して、フィチーノの主著『プラトン神学、霊魂不滅論』（一四九二年）に結晶していった。世界は五つの相にわかれ、一切の対立を超越した一者から、天使・人間霊魂・質・量が下降的にうまれ、しかもこれらがまた上昇して一者に帰るという一つの大きな宇宙の円環的調和が唱えられたのである。質は能動的な力であり、（無限分割される受動の物質）量に形相を与えるものである。一者である神を知ることによって、人間霊魂は不滅性を得るのである。

さきほどあげたピコは、プラトン・アカデミーでフィチーノからプラトン教説をきいた一人であるが、ピコの基本にあるものは万物有神論であり、やはりあふれる現実感であった。ピコは、後のケプラーが自分の先覚者だといったほど、自然解釈において近代観を導入した人であり、いろいろな意味で多方面の影響力をもった人である。

以上のように、イタリアに燃えた生活感情は、幾多の紆余曲折を経ながらも、種々の発酵をなし美しい結晶をつくったので、他の国々の精神の糧ともなり華ともなり、この蜜を吸いとろうとして他の国々の目覚めたヒューマニストたちは、滔《とう》々としてイタリアへ流れ込んだ。

無味乾燥のスコラ哲学に対する反発としておこった新派と旧派の対立は、知識の源泉であった各大学、特にフランスのパリ大学に見られた。が、またプラトニズムの影響から、数学の研究が盛んにおこなわれた。特にイギリスのオクスフォード大学で盛んで、中世のところでもみたように、これは光学研究に向かい現実の科学研究に大きく寄与した。こうしてスコラ的弁証を去って、事物そのものに向かう傾向が生まれた。それはさらに、複雑虚飾にあえいで真の生命を枯渇させている当代の巨大教会への反発となり、ますます目覚める貪欲なまでの自覚した生活エネルギーは、その生命の最も深い根源へと人びとの心を向かわせた。そこから出てくる純粋・素朴な人間性は、さらにその自覚となり、ヒューマニズムの精神として宗教改革へと燃焼するエネルギーをもってくるのである。

フランス・イギリス・ドイツと目覚めた精神を席巻していくこのヒューマニズムは、エラスムスやトマス・モアやその他のヒューマニストの心を励起した。彼らは、人間性の雄々しい実践を通して、以後の時代の流れをリードしていくことになるのであるが、これは、アルプス以北のヒューマニズムのところで、再びとり上げるつもりである。

第二節　ルネサンス期の哲学

天上の世界が土水火風の四元素からならず、特別な永遠物質の第五元素・エーテルからなっていて、地上は滅びの世界であり、天上は不滅の世界である、という考えは、アリストテレスの大いなる権威に裏付けられ、中世末期も牢固としてぬきがたい考えとなって固定していた。これは、キリスト教のこの世を越えた天上世界という宗教思想にマッチしたのである。それは、学の名においても、中世のスコラ的天上の思想をいっそう揺るぎないものにするものであった。しかし、古代ギリシアのイオニアの自然哲学は、全宇宙を同質とみる考えに徹していた。この考え方は、何もイオニアの自然哲学を待たずとも、人間の科学的思考の自然と考えることもできるのだが、中世の宗教思想そのものが、そういう自然観に対して、あまりにも神的・天上的・権威的な虚構をつくりすぎていたのである。

しかし、人間のごく自然な経験の知恵を長くは押し付けておくことができなかった。特にアリストテレス哲学の全貌がヨーロッパ世界に紹介され、種々の論争をまきおこしたことや、何よりも大事な宗教の権威の失墜や、未知の世界への海外探検などが、どんどん進むにつれて、人間それ自身の自覚が急速に高まってきた。われわれは、自分の眼を信頼し経験を信頼することができる。海外探検はそのよい例である。われわれは地平の彼方へどこまでも進出し探検していかねばならない。こういう気運が爆発したのである。

地平の彼方は、すばらしい超自然界ではなく、すばらしい現実世界なのだ。天上界も地上界も同質であり、われわれ人間それ自身の知恵はすばらしくのびやかに自然の秘境を極めることができるのだ、という思考となって、羽を広げた。それはまた、天を摩《ま》すゴシックの大建築へと創作意欲を見せはじめていたし、フランチェスコ僧侶団の中からは、空飛ぶ機械をつくりたいというロジャー・ベーコンのような人物がポツポツとあらわれはじめていた。それは十三世紀のことであるが、それから時は流れてすでに二〇〇年の十分な醸成期間を経ていた。ドイツ人は、すばらしい無限の深みをもつ精神・内面への沈潜を深めたが、イタリア人は外に向かった。その太陽の国の名にふさわしく、新プラトン的光輝と美への憧憬を通して、自然への探究が外面へと爆発的に生み出されていった。

以上の気運は、当然自然としての全宇宙をまず空想的に思弁的にそのどこまでも羽ばたく精神の活動の舞台としてとらえることにあった。天上を地上と同質としてみる人間の目覚めた自然認識と自覚とは、また汎神論的一元の形而上学となるのは自然であった。大胆な自然哲学のチャンピオンがいろいろ輩出した中でも、とりわけその代表といえる人は、ジョルダーノ・ブルーノ（1548-1600）とトマソ・カンパネルラ（1568-1639）であった。

それより前にすでに十五世紀のはじめには、ニコラウス・クザーヌス（1404-1464）のような神秘主義者があらわれて、極大者・極小者について数学的方法を導入し、考えられうるかぎりの無限大と無限小の自然世界への道を開拓していた。これは古代ギリシアのまとまりある円環をまったく打ち破るものであったし、中世後期のダンテにさえもみられた球体世界をもじつは打破する要素を含んでいた。彼はドイツ人ではあったが、イタリア的教養を受けたカトリック内部の信仰の人であった。彼には、宗教と自然哲学の神秘的な総合がみられた。

　また自然そのものの観察と実験をもとにして、自然の探究に向かった人に前にもあげたパラケルススがいる。彼が、近世の初頭にたつ偉大な自然哲学者であることは否定できないし、錬金術を近世化学へ医学へと転換させるために大きな努力をしたことは特筆するに値する。彼は、錬金術の目的が黄金をつくることになく、人間救済のよき薬をつくることにあると主張した。このようにして、もはや金儲けの術としてではなく、人間の健康・幸福に奉仕するヒューマニスティックな医化学時代を創ったのである。天上界、地上界の交感といい、土水火風の四元素をさらに根源化して「硫黄」、「水銀」、「塩」の三原質を考えたり、水銀は精神に、硫黄は霊魂に、塩は肉体にと対応させながら病気理論を展開するあたり、やはり中世的なものが非常に色濃く感ぜられはするが、このような根源物質への独自の探究は、中世から独立して自らの力でそれなりの学究を踏まえ自然の内奥に迫らんとした巨

パラケルススの肖像　スイスの医学者・錬金術師。錬金術を医学に応用し、スコラ的医学、液体病理説を批判した。

クザーヌスの肖像　数学・自然科学に通じ、近代的思考を準備した。

大な努力において、まさにルネサンスの創造産物であったといえるのである。

　上のようなクザーヌス、パラケルスス等の影響のもとに、本場イタリアのルネサンス期自然哲学は順次にその最盛期を迎えようとする。ジロラモ・カルダーノ（1501-1588）の根源物質、これは万物の根底にあるもので全宇宙を無限量で充満しているものだし、ベルナルディノ・テレジオ（1508-1588）の熱と寒と霊魂物質、さらにフランチェスコ・パトリッツィ（1529-1597）の火的世界（emphyreum）の新プラトン風の流出論に至って、太陽の国イタリアのあふれる「光」の汎支配的宇宙論が展開されてくる。これら一連の爆発する空想エネルギーは、かつての古代イオニア自然哲学時代の自然根源物質への探究と規を一にする。これは、人間の知的精神の根元的な発露を与えるものである。こういう人たちの準備をへて、イタリア・ルネサンスの自然哲学が、その狂気を燃焼させるのが、さきほどいったブルーノとカンパネルラなのである。

　カンパネルラの『太陽の国』という本は自然哲学精神の結実である。そこに、詩人の空想力と知的思惟力は大きく羽ばたいた。彼は、南イタリアの出身であるドミニ

カンパネッラの肖像　主著の一つ『太陽の国』（1602 年）は、ユートピア文学としてトマス・モアの『ユートピア』に匹敵すると評価されている。

コ派の僧侶であり、かつまた魔術師的自然哲学の持主でもあった。異端者であり政治犯であるかどで、二十七年もの長い間、ナポリの獄中におらねばならなかった。ところで彼によると、自然にも神の啓示が与えられている。聖書はもう一つの神の啓示であり人間の生きる道を示しているが、自然は、躍動する「力」と「知」と「愛」の三つの「基本性質」が、それなりに美しく織りなす可視的な世界なのである。

第一の世界は神そのものの原型的世界、第二は天使たちの精神世界、第三がこの可視的世界であって、その完全性のちがいはあるけれども、それぞれには、三つの「基本性質」が具現されており、また人間は、第二世界へ、第一世界へと神秘的合一をはかりうる能力があるのである。宗教とは、その字のごとく「結びつける」働きであり、至高の神への結びつきは純然たる拡がりをもつ物体の「自然宗教」、植物や動物の生命に宿る神への結びつきの「生命的宗教」と「超自然的宗教」へと高まる。そしてこの現実こそ理想で、それがユートピア『太陽の国』にみられるものなのである。

この共産国の指導者は、三界の真理を体得した形而上学者が主宰し、その下にさきの三基本性質、「力」・「知」・「愛」をあらわす三人が、それぞれの職能に応じて、「力」は軍事を、「知」は諸々の学芸を、「愛」は生殖をつかさどる。それぞれの構成員は平等に労働するが、その労働は四時間以上にはおよばない、というようなことがのべられる。あまり労働しすぎることもよくないし、怠惰であってもいけないのである。こういう風に節度をもって美しく善く力強く生きるという理想国家形態は、プラトンが労働を下層階級のものとして軽視した場合とはきわめて対照的な形態である。ここに私たちは、時代の推移をみる。奴隷制のない、人間性の普遍性やヒューマニティのみなぎる近代性を、ここにみることができるのである。

『太陽の国』がイタリアの土壌をよく表現しているのと並んで、もう一人のイタリア人ジョルダーノ・ブルーノを挙げて、そのイタリア的情熱をちょっと紹介しておこうと思う。彼は、一五四八年にやはり南イタリアのナポリに近いノラに生まれた。やはり若くしてドミニコ派の修道僧となったが、その思想は、特にニコラウス・クザーヌス的で、神を無限な一者と考え、宇宙もその展開として完全に無限と考えた。彼は、無限なものが無限な宇宙を生むことこそ合理的である、と考えたのである。コペルニクスの太陽中心説にのっとって、プトレマイオスの地球中心説を退け、天上界と地上界の区別を廃し、われわれの地球も天界と同じ星の一つである、という自覚のもとに、近世思想を大胆に表明した。

ブルーノの無限宇宙観は、コペルニクスの太陽系を無数個の宇宙に配することにより、きわめて大胆に原理的・合理的に、また空想の翼を思いきりひろげて、人間思惟をまったく解放するものだった。中心はいたるところにあり、周辺はどこにもありえない。宇宙の外延性に対して神の内包性を対照させることでそれぞれの無限を規定づけ、無限の宇宙にある事物は有限であるが、神は外延的でないから、全

ジョルダーノ・ブルーノの肖像
その宇宙論において地動説を支持、宇宙の無限性と同質性を主張。結果、キリスト教的宇宙論を否定することになり、近代的宇宙観の先駆けとなった。

体と部分の区別をもつことなく、絶対無限の存在なのであるとする。この神の無限性は内包的であり、全体・部分の区別をもたないゆえに、それぞれの宇宙の事物に宿る。宇宙霊というものを神と宇宙の間に配してこれを質料ということができよう。そしてそれぞれが神的なものであるから、アリストテレスの考えるような限られた質料観はブルーノには通じない。「可能態」としての消極的質料に対して積極的構成要素を志向したのである。

ここに至っては、古代ギリシア・ローマの全ての哲学の考えも、中世スコラ哲学も、すべて越えられ、否定されるものにほかならない。彼はもちろん教会から異端視され、流浪の旅をつづけなければならなかった。パリではソルボンヌで講義もしたし、イギリスでは自分の考えを著書にも残したし、ドイツでも転々とさすらったが、結局教会の網にかかり、あれやこれやの訊問や拷問を七年間もつづけられた末、死刑の判決を言い渡され、一六〇〇年ローマの火刑台で静かに立派にその生命を絶ったのである。彼の生命は絶たれたが、その古代・中世の否定精神は近世へと大きく門を開くものであった。

第三節　ルネサンス期の科学―レオナルド・ダ・ヴィンチの科学精神―

じつはまだ科学的無知蒙昧の世の中にレオナルド・ダ・ヴィンチ（1452-1519）は生まれたといえるだろう。この暗さの中では、まだ権威だけが、いかめしい厚い雲を垂れ込めて人びとを威圧していた。しかしダ・ヴィンチの眼光は、この暗闇をつんざく閃光のように、この雲を通して光り輝く太陽の世界に馳せ巡り、暗闇の奥深くにさらに暗黒の中へとその鋭い眼光を光らせながら、突き進もうとしていた。

　レオナルド・ダ・ヴィンチの時代を支配していた科学思想は、何もかも未発達・未分化で用語も一定していなければ、ましてや物理学や化学も生物学も何らはっきり分化していなかった。現代から考えれば、あまりにも幼稚な科学思想だけがのさばっていたが、その思想は、自らへりくだることを知らず、権威をもって人びとに新しい真実の理論発表を許さなかったのである。われわれが物を見るのは、眼から放つわれわれの視力である、とピタゴラスやプラトンの権威において語られた。しかしレオナルドは、眼の解剖をこころみて、これらの権威者の説を否定し、物が見えるのは光が眼に入ってくるから見えるのだ、とはっきりいった。

レオナルド・ダ・ヴィンチの自画像

　運動理論に関してアリストテレス大先生の権威があまりにも大きい、いや絶対的であったので、これを打ち破るべき幾人かのすぐれた人たちが挑戦をこころみたが、なかなか敗れなかった。宇宙の中心に不動の位置を保つのは地球であるという考えに不動の固執をつらぬいていた教会の理屈に対しては、かりに誰かが（例えばコペルニクス）が、仮説として地動説を唱えても、最初はただ何か誰かがたわごとをいっているぐらいに歯牙にもかけなかったぐらいだった。しかし世の中がだんだん物騒になり、これら科学理論がつつましい仮説の面を剥ぎとってあらわれ、教会の権威にたてつこうとしているのをみると、やにわにあわてて、例えばジョルダーノ・ブルーノを焼き殺したりしはじめるという始末であった。

レオナルドは、コペルニクスやブルーノより時代は少し早かったが、当時としてはあまりにもすぐれた頭脳をもっていたために、当然権威ある教説には批判的であった。ただ便利な技師として、絵かきとして、職人として利用される限りにおいては重宝されたが、彼の精神の真の価値は決して理解もされなかった。そのために、この精神は厭世的となり、暗澹とした生涯のうちに埋没していかなければならなかった。真理を友としてたえずものを批判し、わが師の教説といえどもそれをのりこえることに真理への愛があり、それこそまさにアリストテレスの哲学精神の真髄でなければならなかったのに、そのアリストテレスは、心ならずも絶対権威としておさまりかえっていた。彼は、キリストにはゆずるとしても、科学知識にかけては少なくともそう見られていた。しかしこれはあまりにも皮肉であった。アリストテレスの古代のところで引用したあの「ソクラテスもプラトンも師であり友であるが、真理はさらに偉大なる師であり友である」という意味の精神が、中世の絶対権威の教会内では、枯渇していたのである。

さきにもみたように、すでに十三世紀にロジャー・ベーコンのような傑物があらわれ、当代の科学的無知をあばき、当時のゆるぎない地位を得ていたアリストテレスの権威に挑戦し、それに盲従するぐらいなら、アリストテレスの著書を全部焼き捨ててしまった方がましだと考え、権威によって支配されることなく世界をみることを呼びかけた。トマス・アクィナスが聖書と自然の真理を説き、アリストテレスを自然の権威として、偉大な神学大全の総合的神学の中に組み込んだその真精神は、トマス自身が学者としてではなく、権威として語ったところに、またしても大きな障害をつくることになった。トマスの偉大な神学によって、アリストテレスは、ますますその精神に反して頑迷なる固定真理として釘づけされたのである。

当の学者アリストテレスは、ほんとうに迷惑なことであったかもしれない。が、そういう権威者アリストテレスに対してロジャー・ベーコンは挑戦したのである。しかしプラトンやアリストテレスなどの古代ギリシア思想の真精神（愛知の精神）に対して反旗を翻したのではないであろう。彼自身プラトン精神の脈打つフランチェスコ教団の僧であったが、彼は真理にあこがれ、実験を大いに奨励し、さきにもみたように航海用の自動船舶や飛行機製作への夢を駆った。まさにそのように、レオナルドはさらに大胆に実験し設計し大空かける飛行機械製作などをこころみたのである。

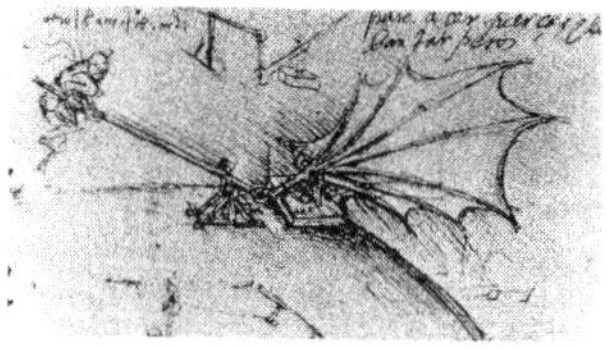

人工翼　鳥、魚、昆虫の飛行を調査研究し、試作機もつくっている。

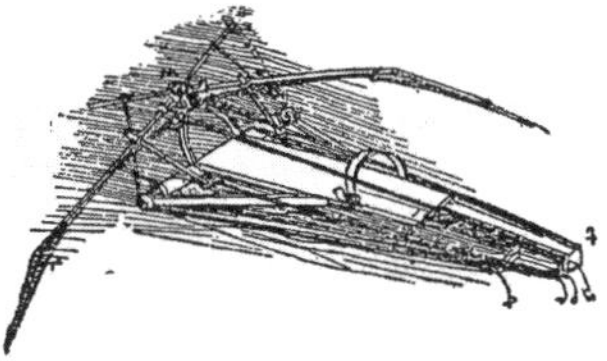

飛行機の模型　レオナルドが最後に設計した飛行機。乗る人は腹ばいで台座に乗る。

プロペラ　ペリコプターまたは竹とんぼと同じ原理

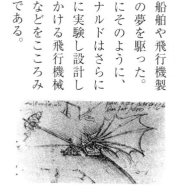

レオナルドは、イオニアの科学精神からアルキメデスを経てレオナルドへ、ガリレイへ、ニュートンへ続いていく科学人間像の線上に位置する重要な人物である。この間の事情についてはすでに序説（「古代篇」一二三頁）にも説明した。機械技術軽視に災いされてもなおかつ力学に志したアルキメデスに対して、大きく自由に羽ばたこうとするルネサンス期を予告したレオナルドは、活発に動きつつあった時代傾向をうつしてか、流体静力学に対してまことに詳細綿密な実験・観察をした。彼の精神はその文体にもピチピチとあらわれているように、自由に天かける奔放さや大胆さをもっていた。しかもそこには、綿密・精巧な数学の精神が宿っていた。

また光輝な太陽中心の宇宙観は、その光のように力強く躍動する生命力に満ちていた。彼の残した五〇〇〇枚ともいわれる『手記』の一つ（これからの彼の引用はすべてここからである）にある「数学者でないものには私の原理は読めない」という言葉は、まことにプラトンのかつてのアカデメイアの「幾何学を知らざるものこの門に入るべからず」や『ポリテイア』篇中の数学思想との類似精神をみるのである。

レオナルドの科学精神は、ルネサンス時代のそれを代表するもの

神聖比例を示す正多面体の一部（ペン画）。パチョリ（約1450-1520頃）が紹介している正多面体で、「プラトンの正多面体」のこと。レオナルドの描いた製図を版画にしたもの。

である。しかしこの偉大な科学精神は、あまりに偉大であったために世には理解されなかった。

私はちょうど貧乏のため一番あとから市場に到着したが、他に品物をととのえることもできないので、すでに他人の冷やかし済みだがあまり値打ちがないため、とり上げられず断られた品物すべてを買いとる男のように、振舞うであろう。私は、さげすまされ断られたこの商品、数多の買い手の残り物を自分のはかない荷物の上にのせよう。そして、それを大部分でなく、貧しい村々にくばり、かつ自分の提供するものの相応のお礼をもらいながら歩こう。

という。そしてさらに続けて、この田舎者の私生児は、序説（「古代篇」四〇頁）でも引用したように、

私が学者でないから、ある威張り屋は、私のことを文字を知らぬ人間だと断ずればそれだけで私をもっともらしく非難できるとお考えのようであることを、私は十分に承知している。馬鹿な連中だ！……

といっている。さらに以上に皮肉な言葉、嘲弄と自嘲の言葉のあとに、彼のルネサンス時代の科学の方向を先取りした、最も自信に満ちた誇らしい言葉が、つづくのである。すなわち、

いやはや、この手輩《てあい》、私の仕事が、他人の言葉よりも経験から引き出されるべきことを御存知ない。

経験こそ、立派な著述家の先生であった。だから、私もこれを先生として、あらゆる場合に援助を仰ぐつもりだ。

と。レオナルドは、尊敬すべき人物の権威によりかかったり、それをたてに人を非難すればそれこそまったく合理的に相手を非難していると思っている人びとをあざ笑っている。本当の先生はじつは経験なのであって、これに従ってこそほんとうの科学知識が得られるのであることを彼はのべるのである。

経験の弟子、レオナルド・ダ・ヴィンチ。

と簡潔に刻まれた一句がここに光っている。

権威を引いて論ずるものは、才能を用いるにあらず、ただ記憶を用いるにすぎぬ。

といい、自然の探究に向かう清新大胆な才能は、この秩序ある自然の秘密を知るために、数学の至上の確実性を武器として進むべきことを彼は信じているのである。

こういう態度が自然という神秘を探る自然科学者の楽天観ともいうべきものなのであろうか。騒々しい詭弁を避けよ、と警告するレオナルドの精神は、スコラの非生産的な無駄な弁証法に対して、決定的一矢をむくいる。烈火のように真理に挑むレオナルドは、また「真理―太陽」と刻む。

火は、あらゆる詭弁家を焼き尽くして真理をあらわし証明するもの、と見なされるべきだ。けだし火は、あらゆる本質を隠す闇の駆逐者である光なのだから。

というように烈火のような怒りを中世スコラ学者の大言壮語にぶちまけ、さらに、

火はあらゆる詭弁家、すなわち虚偽を破壊し、もっぱら真理すなわち金《きん》のみをたもつ。

という。こうしてレオナルドは、真理の火を暗い世の中にかざす。しかし世人は、その火によって明るくされ新しく照らし出された真実を決して見ようとしないのである。その真実は、彼らにとってあまりにもまばゆいのであろうか。経験の弟子・レオナルドは、

経験は決して誤らない。

という確信をもって進んでいく。そしてあらゆる知恵は、経験から生まれてくる娘であることを的確に表現する。そうして彼は研究家諸君に向かって呼びかける。

ただ想像だけによって自然と人間の間の通訳者たらんと欲した著述家たちを信ずるな。自然の（単なる）目配《くば》せではなく、その経験の諸結果によって自分の天分を磨いた人びとを信じたまえ。と。そしてまた自然の理法をどこまでも信頼して、その神性に没入する科学者として、彼は繰りかえし、

自然は自己の法則を破らない。

というが、その法則は経験によって再吟味することによってのみ使用されるべきなのである。

真の科学とは、経験が感官を貫通させて、口論する人びとの舌を沈黙させた科学で、それを探究する人びとは夢を食っていることなく、常に正しい明らかな基本的原理に基づいて、継続的にかつ真の順序を追うて終わりまで進むものだ。

すなわち彼は、ルネサンス期の感覚重視の観点に立ち、

そのはじめも中途も終わりも、五官のいずれをも通過しない科学は空虚で誤謬に満ちている。

とのべているのである。このように、われわれは経験から出発するが、

　自然は経験の中にいまだかつて存在したことのない無限の理法に満ちている。

のであり、だからその秘奥に分け入る者の新しい喜びがあるのであろう。

ところで、

　自然の中には理法なき結果は何一つ存在しない。理法を理解せよ。そうすればおまえの経験は必要ではない。

というように、過まつことのない自然の理法を確信し、自然の奥深いところへ不屈の精神をもって進んでいかなければならない。彼らは自らの立場を次のように説明するのである。

　そしておのれの熱い欲望にひかされて、巧妙な自然の創り出した種々さまざまな奇形な形態の数々を見んことを憧れ、翳《かげ》深い叢群の間をしばしばめぐったのち、とある巨大な洞窟の入口にやってきた。しばらくの間そのあることも知らずに茫然とその前に立ちすくんでいたが、やがて背を弓なりに折って、左手を膝の上にしっかり立て、右手でひそめた眉に目陰をする。そして洞窟の奥に何かが見きわめられ

はしないか、のぞいてみようと、あちらこちらにしゃがんでみたが、その奥は真暗な闇で何も私にはわからなかった。そこでしばらく立っていると、突如私の心の中に二つの感情が湧きのぼってきた。恐怖心と憧憬とが。すさまじい暗い洞窟に対する恐怖、その奥に何か不思議なものが潜んではしまいか見たいものだと思う憧憬である。

この憧憬をもって、レオナルドは自然の神秘のなぞをきわめんとしたのである。

レオナルドの透徹した強靭な精神には、たしかに時代を先取りする先見があり、その意味で時代を越えていた。時代を越えている点で、この時代の人びとからは、ほんとうに理解されなかったが、彼は時代が向かうべき方向をはっきり知っていた。だから、孤独なこの巨人の精神は、正しいと思うことをかまわず大胆に追求していった。

すでに十三世紀にロジャー・ベーコンなどの唯名論者たちによって指し示された実験と観察の上に立って、経験の道を進むという方向は、ルネサンス時代を事実上指導するレオナルド精神によってさらに大胆に巨歩を進められた。実験もせず、観察もせず、ただ権威に頼ってやかましく文句ばかりいっているそういう雑音には、決して耳をかそうとはしないが、何としてもこれらは無知蒙昧の後退的時代精神でありながらレオナルドに非難と軽蔑の嵐を吹きかけるのであった。彼自身は次代に遺志を託し、自らは孤独に死んでいかなければならなかったが、これはまた英雄の宿命でもあった。

レオナルドの数論には、さきにみたクザーヌスの理論と共通したものが認められる。が、クザーヌスにおいで見事に展開された神と自然との融合は、レオナルドにおいては系統づけられず、トルソのように個々においてバラバラになっているようであった。が、おかすべからざるキリストの真理については、

王冠をいただける文字〔聖書〕は別だ。これこそ至高の真理であるから。

と敬い、これを信ずべきことを示唆し、さらに霊魂については、

さて諸君よ、人が経験によっていついかなるときでも判然と知りかつ実証しうることすら幾百年の間まったく知られず誤り信じられているとき、霊魂ないし生命とは何ぞやという証明すべからざる問題を定義せんとしてきたわれわれの古代人たちに、どれだけの信頼をおくことができようか。とくと考えてみたまえ。

というようなことをいっている。これらの考えも、唯名論者たちの考え方に共通するものを思わせるものがあって興味深い。

が、何はともあれ、レオナルドによって解明されかけた実際の科学が、その後どんな風に展開していったかは、さらにもう一つの大きな峰である、ガリレオ・ガリレイやアイザック・ニュートンをあつかう第二章の力学のところで触れることにしたいと思う。

第四節　宗教改革とその意味

私は農民の子である。私の曾祖父も祖父も、きっすいの農民であった。

と語るルターの言葉に何が意味されているか。農家に生まれた父親は、のち銅の鉱山で働き、そこで少々の成金になったという。しかし、ルターがこのようにいう言葉の裏には、一つの職業の美しい貧しさが、強い自覚と誇りをもって象徴的に語られているのだと思う。この貧しさの自覚こそ、豊かなカトリック教会から原始キリスト教の貧しさへの転向と、原生命的宗教改革精神を示すものであろう。

無学な父親は、自分の息子を弁護士にして出世させようと思い、きばって大学へあげる。ルターは成績もよく、一五〇五年には文学の修士号をとり、父親の希望もあって法学部で法学の勉強をはじめた。そして彼の前途には、洋々とした法律家の生活が開けているように思われた。しかしその年故郷に帰る途中、突然雷に打たれた。そのときの体験から突如、彼はこの世のなりわいの業に決別し、修道僧になる決意をかためた、という。

ルーカス・クラナッハ画の**ルター**

その後彼はきびしい祈禱と断食と耐寒の修道僧生活の苦業をつづけた。貧しい生活を通して、彼の性格はいよいよ強靭になったが、正義の神はますます彼の良心に責苦を与え、内面の苦悶はさらにつづいた。認められて新設のヴィッテンベルク大学に講座をもつようになったが、彼の苦悶は止むことなく、アウグスティヌス派の修道院の塔の一室にこもって修業をしつづけた。哲学の講義を受けもち、アリストテレスや論理学を講義するが、時代の流れはルターをスコラ主義ではなく、原始キリスト教のヒューマニズム運動に引っ張っていった。彼の何よりの関心は聖書にあり、貧しい心の信仰にあった。

こんなルターにも、やはりローマへの憧れがあった。彼はこうして一五一〇年にローマ巡礼の旅に出た。しかし花の都フィレンツェも、永遠の都ローマも、結局ルターの貧しい心には何も良いものを与えなかった。ただ、うつろな響きに似た何かポッカリと空洞のできた思いに、彼は駆られた。しかしこれは一つの衝撃に近いものであったにちがいない。一五一六年に『ローマ書講義』の中で、彼はローマ教皇庁（法王庁）に対して、

落雷体験後にアウグスティノ修道会に入った。その頃の**ルター**

それは、まったく頽廃し、病毒に侵されており、考えらる限りの淫乱・食道楽・詐欺・権勢欲・神を誹謗する冒瀆の混沌である。ローマは異教時代の帝政期に劣らず、贅沢な食道楽にふけっている。だから昔より現在の方がいっそう使徒を要するほどである。

と語っており、すでにその粛清の使徒であろうとする気概がここに如実にうかがわれるのである。

一五一七年、景気のよい小唄まじりにローマの淫風がドイツ国内に席巻しはじめた。贖宥状の販売が、大がかりに何の臆面もなく大手でまかり通ろうとしたのである。お金を払ってこの贖宥状を買いさえすれば、誰でも贖罪の許しが得られ、ほんのわずかの金を払えば、死んで煉獄の焔に責めさいなまれている親戚縁者や友人の霊魂も天国に救われていくのだ、というふれこみである。乞食僧団ドミニコ派（かつては純粋であった）の僧侶・テッツェルという代理人が景気よくこの贖宥状を売りまくったのである。

九十五ヶ条の提題　ラテン語で張り出されが、すぐにドイツ語に訳されて出まわったおかげで衆目の知るところとなった。

贖宥状を買えば聖母マリア様を犯しても許される。

というような言葉までもささやかれるに至っては、そのほどが知れるわけであるが、何よりもルターをして黙過させえなかったのは、この贖宥状の十字架が教皇の紋印で飾られたキリストの十字架と同じ値打ちのある物だ、という僭越の表現であった。ここに至って、ローマ・カトリック教会への耐えに耐えぬいた忍従の堤が切って落とされ、義憤の奔流は「九十五ヶ条の提題」のプロテストとなり、ルターは一五一七年、ヴィッテンベルク城教会の門扉にこれを堂々とはりつけたのである（現在では有力な説として「提題」はマインツ大司教に書簡として送付されたといわれている）。

カトリック教会が、千数百年という幾多の試練を経はしたものの、その俗世への根をはりめぐらせてきたことによって、原始キリスト教からはるか遠ざかることになってしまったことは、心ある者の眼にはまことに明らかであった。現世の富や権力などのあらゆる欲望を現にいましめたはずの真の原始キリスト教の精神が、こともあろうにそういう富や権力をほしいままにしたうえ、さらに何のおそれることなく、金銭をすべて真面目な貧しい信者たちから吸い上げる貪欲な行為に出たのである。教皇自身が聖ペテロの大聖堂を建築すること、マインツの新任大司教が自分の認証と引き替えに教皇庁に支払うために高利貸金融資本の巨大な財閥フッガー家から借金したその返済を迫られたということのために、何のはじらいもなく、大々的に鳴物入りで贖宥状の発売をはじめたのである。こうして、ローマの淫風がドイツの国土を悪疫のように蔓延しはじめ、精神の汚濁はさらに拍車をかけてひどくなっていった。

　こういうことに対するルター・プロテスタントの内容の骨子は、

　　ほんとうに悔い改めるキリスト信者には贖宥状がなくても立派に救われるのだ。

という簡単なことであり、ルターその人にはこのほかに何ら政治的意図はなかったと思われる。しかし、その後の当然の挑発的審問や破門、それに対する破門威嚇文書の焼きはらい、また教会側でもルター宗教改革三大文書の焼きはらい、その他ドイツ国内の王侯貴族間の権謀術策などがからみあった。そしてこれが描く波紋は、ますます政治問題化し、このプロテストが原生命的起爆剤となって言語に絶する連鎖爆発が次々に全ヨーロッパにひきおこされていったのである。

　カトリック教会内のひどい腐敗に対しては教会内部からも時々きびしい批判が行われていた。しかしルター精神を起爆点としたプロテスタント新教の反対運動はカトリックとはまったく相いれない数々の要素をもっていた。内部からの改革としては、あまりにも異質な要素がこの新教にはあったのである。旧教と新教の、この訣別という破綻は一体何にあるのか。同じキリスト教ではないのか。両者ともキリスト教に依拠し、聖書に依拠するのに一体どうした訳か。カトリックはサクラメントの儀式を必要とするのに対し、新教プロテスタントは人が義とされるのは内面の信仰によってであり、道徳的善行やサクラメント儀式のように外的行為によるものではない。これを拡張してゆくと、外形的教会制度で凝り固まったような旧カトリックとの訣別は、決定的と考えないではおれなくなる。司祭のような特別な身分も必要でなく、各人が神の前で平等になって、その使徒である司祭でなくてはならぬというのが、ルターの思想の基礎なのであり、当然これはカトリックとは相いれないのである。新教の聖書至上主義は、カトリックの考えとも一致するようなのであるが、これも教会の伝承によって聖書を解釈する伝統には対立するものなのである。

ところで農民の子の一人の卑しい修道僧が、絶対を誇る教皇（法王）に対して反抗したということ自体は、教皇側にしてみれば、これまでなら黙殺できたことだし、一〇〇年前のフスのときは、うまくこれをおびき出して焼き殺してしまうことができたのだが、今度はそうはいかなかった。ドイツ国民の三分の二の押さえに押さえた欲求不満分子がここぞとルター側についたからである。

しかし、この反逆的な民衆を武力で鎮圧することは、あるいは王侯貴族たちと教会側が結託すればやることができたかもしれない。事実そのようなこともときどきおこり、のろしの上がった農民の集団的反抗を押さえることもでき、また新教徒を押さえるべく戦いも行われた。しかし諸侯たちの権謀術策がからみあい、すべて数年、数十年という血で血を洗う戦いにまで発展していったのである。この下剋上の渦巻きは、口では福音だ愛だ寛容だなどと唱えながらも、否応なしに美しかるべき人びとの結合を核分裂させ、恐ろしい憎しみの分裂へと引き裂いて行ったのである。しかもそれが、ルターの愛するドイツ国内その場においておこったのである。

ルターの性格があまりにもはげしく嘲笑的であり反抗的であったことも、この当時のドイツ国民の気質をよく象徴していただけに、いったんポテンシャリティをあげさせたその火は、容易に消しがたい国民運動の烈火となった。ここに近代ナショナリズムのはしりがはっきりとみられる。下剋上的連鎖反応は、シュヴァーベン地方に結集した農民団の十二ヶ条要求となってあらわれ、ルター当人をして、ことのあまりの重大さを改めて骨の髄まで思い知らしめるものがあった。自分の手品で出して見せた魔物を今や引っ込めることができずに、その魔物は手品師の手から離れて独自の恐ろしい破壊行動に出るような姿が、ここに見られた。

彼の『農民戦争文書』は、恐るべき大きな災禍の到来と、ドイツにおこる大変革を予感しながらおののき、その火消し役として、一部は「諸侯と領主に対し」、他方は「農民に対し」理を尽くし情を尽くして熱烈に訴えた文書である。諸侯に対しては、彼らが世を治めるにあたって、ただ苛斂誅求《かれんちゅうきゅう》にのみつとめ、贅沢で尊大な生活を行っているから、農民が今や忍耐の限界にきていることに訴え、さらにつづけて、

農民の結集が、残酷な殺人や流血によってドイツの破滅、破壊、荒廃がおこらぬように私どもは共に悔い改めるべきである。

十二ヶ条要求のパンフレット（1525）

とし、さらに神意に照らして、

そのなすところを改め、神の言に従わなければならない。……もしあなたが、自ら進んでこころよくそうしないなら、力づくでそうさせられ、身の破滅を招くにちがいない。これらの農民がそうさせなくても、他の者がそうさせるにちがいないし、たとえあなたがたが彼らをことごとく打ち破ったとしても、彼らを打ち破ってしまったことにはならず、神は他の者を立ちあがらせたまう。

という結果になるのだから、といい、さらにつづけて、

為政者がますます多くの収入を得、彼らがますます華美に走り、衣服・飲食・建物などにその財をもみ殻のように浪費するだけなら、一体何の役に立つだろうか。だから農民にも若干のものを保有させるために、あなたがたは華美をつつしみ、浪費を止めねばならない。あなたがたは、彼らの文書からこれまでのべた以外のこともお知りになった。そこには彼らの数々の不満が提出されているからである。

と結んでいる。

農民に対しては、

愛する諸君よ！　以上にのべたところから諸君が知ったのは次のことにほかならない。すなわち、福音の説教を禁止したり、また民衆を耐えがたいほどに圧迫する諸侯と領主は、神と人とに対して深く罪を犯したものとして、神が彼らをその地位から引きずり下ろすのに値するのだし、またそれが当然であろうということは、遺憾ながらまったく真実であり確かである、ということを私が認めていることである。……だから愛する兄弟よ！　好意と兄弟のよしみにもとづいて、私がお願いしたいことは諸君の行動に慎重な配慮を加え、またいろんな種類の霊と説教者を信じないようにしてほしいということである。いまや不愉快な悪魔が福音の名のもとに多くの悪い徒党の霊と殺人の霊をおこしてこの世をそれで充満させたからである。

といい、彼（ルター）は、偽善者呼ばわりされても、憎まれても、意に介さないが、とにかく恐ろしいことをして神の怒りに触れ、折角の善良で正しい意図の人たちまでが破滅の危機におちいるのを救いたい、とのべ、

「復讐は私のすることである。私が報復するであろう」と主はいいたまう。

（申命記三二章三五節）

との言葉を繰り返しのべて、暴虐行為に走ることをいましめつづけているのである。

また盗んだり殺したりする農民暴徒の多くなる現状から、

愛する友よ！　福音はものを奪ったりとったりすることを教えてはならない。

と強調した。農民の差し出した十二ヶ条のうち、第一条の、

私たちが今後村中で自ら牧師を選任すべき権限をもちたいということ、また牧師に不法な振る舞いがあるときは、それを再び罷免する権限をもちたい。

ということを骨子とする条文に対して、ルターはその権限を尊重しながらも、

もし牧師をもとうとするときには、まず謙遜な態度で当局にそれを懇願しなければならない。もし当局がそれをよしとしないなら、村は村自身の牧師を選び、その牧師を扶養するのに村自身の財をあてるがよい。……

とのべたのである。

しかしルターの意図に反して、下剋上的農民戦争は一五二四年と二五年に、騎士たちの大諸侯に対す

る反抗とも重なって、メラメラとはげしく燃え上がった。ルターはその前期一五二四年のシュヴァルツヴァルト暴動やシュヴァーベン農民団の運動にはその基本線で支持を与えたが、後期の原始キリスト教を理想とする過激な共産主義的「神の国」の実現の旗印をかかげたテューリンゲン農民団の運動に対しては、農民を非難する態度に出た。しかしこれはルターの国家主義（ナショナリズム）的性格の突如のあらわれであり、中正をとるべき立場にありながら、かえって農民側への弾圧を領主らに要求する行動に出たことは、いかにルターが弁解するも、許容すべからざる出来事であると思われた。ルター自身、もちろん自らを責め、さいなんでいる。

ザクセンやヘッセン諸侯の軍隊の出動で、あえなくも農民団は崩壊し、惨憺たる敗北をなめることになったが、それ以来ルター博士は農民たちの間で「リューグナー（虚言者）博士」とあだ名されるようになった。これ以後の実際上のドイツの宗教改革は、下からの盛り上がりを抑えたことにより、上からのすなわち諸侯同志や国家権力の宗教改革を利用しての闘争となり、ルターも、国の元首がプロテスタントであるときは常にその元首をその国の教会の首長として認める、という国家主義に走ることによって、ルター宗教改革の性格は最初の意図から離れ、だんだんと政治的な傾斜を深めていった。

ドイツでは、何かが混乱期に勃興的に頭をもたげ、そのエネルギーが何らかの形相《ぎょうそう》化の道をたどるとき、そこに強く目覚める民族意識は、えてして尊大な国家権力化の傾向をたどるものだが、多かれ少なかれこれは近世の新しい強い国家意識に成長していく要素であった。しかしこれは近世から現代へと、そのナショナリズムのたゆみなきエゴとして、その牙は恐ろしく確執し戦いあっていくのである。そこにはすでに、もはやキリスト教の世界化（カトリシズム）精神は荒廃してしまう。個別化の原理は、ギリシアのポリス時代よりもずっと大きな近代国家単位には広がったが、それだけにその大勢力の戦いは、現代の第一次・第二次世界大戦にあらわれたように、きわめてむごいものになっていった。

宗教改革そのものの底流にも、そのような家父長的民族国家意識、さらには徹底した過激思想が、その怪炎をちらつかせているのを見るのである。これが中道を歩もうとする異国（オランダ）の友、リベラリストであるハト派のエラスムスをして、ついにルターから離れさせたゆえんでもあろう。その点、後で見るドイツ観念論の理論形成の精神とドイツ国家主義の結びつきも、このドイツ民族の家父長的神聖国家意識に培われていることが決定的と考えられるのである。

ルターはドイツを、またその強さをこの上なく愛したが、愛すれば愛するほど根深くあるドイツの救いようがない宿命も感取しないではおれなかった。『卓上語録』で、ドイツの餌や必要なものを十分に与えられた美しく強い牡馬にたとえ、この馬を乗りこなす騎手がいないことをなげくところがあるが、これをなげくあまり、ルターや亜流ルターたちが、ドイツの強力な国家元首に賛辞を呈してこの暴れ馬の強い騎手になるよう願うならば、ヒトラーという国家元首に見られるように、ドイツの数知れぬ恐ろしい破壊はこれからも何度となくつづくであろう。宗教改革のようなデリケートな精神の問題に関して、少なくとも火付け役のルターが、相手の権力者の「剣をもって汝を守ってやろう」という申し出に対して、歯切れよくそれを迎えるかのように、「私は福音をもって汝を守ってあげる」などと大見栄を切るべきでもなかったし、一五一九年のライプツィヒ論争においても、ルターは、ものものしくナショナリズム学生二〇〇名の槍と剣に守られて、ザクセン公ゲホルクの邸宅にのりこむ、ということまでしなくてもよかったのである。

ドイツをこの上なく愛したルターは、また反面、

ドイツ人より軽蔑すべき国民はいない。イタリア人たちは私どもを獣類であるというし、フランス人やイギリス人たちは私どもを嘲《あざけ》る。他の国の人びとも同様である。神様は一体ドイツ人をどのようになさるおつもりなのか。たとえ私どもが神のみ前で強くうたれてもどうなるかわからない。


と同じ語録で述懐するのだった。しかしとにかくルターは、宗教改革ののろしをあげることによって、近代幕あけの英雄となったが、彼は上からの国家主義に急で、開け行く近代社会の下からの変革や市民戦争的なもの、近代産業社会とか科学の発明発見とかにどれほどの関心を示したであろうか。いやまったく無関心、というより軽蔑の眼さえ向けたことが多かったのではないだろうか。

ルターと同じように宗教改革を指導したフランスのカルヴァンが、彼のように厳格な宗教精神をもちながらも、未来に発展する近代産業や商業の役割をしっかり予見し、実業人として、商業や金融上の資本的起業意欲に十分の理解を示したのとは非常に対照的である。古代と中世を通じ蔑視の的にさらされていた(その反面、教会はうまい汁を自然経済から吸い尽くしていたが)利子の取り立ての問題に関して、ルターとちがい、カルヴァンは、現実的に理路整然とした見解を表明してこれを認めた。

ルターももちろんこの問題を『商業と高利』などでとり上げたが、彼の原始キリスト教倫理の理想主義は、金利をとることをはっきり排撃しているのである。

商人が罪なくふるまうことはほとんどできない。

という「ベン・シラの知恵」（旧約聖書外典中の箴言集）とか、

金持ちになろうと願う者は悪魔の罠に落ち、多くの無益で有害な欲望に陥り、その欲望が人びとを破壊と永遠の地獄へと投げ込んでしまうのである。

（『第一テモテ書』六章九節）

金銭を愛することはすべての悪の根元である。

（同上書六章一〇節）

という聖パウロの言葉を引用し、

外国との商業取引は、カリカット（インド南西マラバール海岸の港）やインドやそのようなところから商品をもたらすが、それらはすべて高価な絹とか金製品とか香料とかであってもっぱら贅沢のために用いられるだけで、有用な目的のためには何の役にも立たないのであり、国土と民衆から金銭を搾り取るだけのものであるから、いやしくも政府があり諸侯のいるところでそのまま勝手に放任されるべきではない。

のに、しかもよき模範となるべき教会自らが、

神の戒めや神に仕えることを放り出して悪を行い、高利貸しを営む自由をもとうと望んでいることは許せないのである。他の箇所（例えば『キリスト教会の改善について』など）では、

教皇のこうした勝手気ままな嘘八百は今やローマではもうまったく形容できない事態を生み出している。売買・交換・騒動・虚言・瞞着・強奪・窃盗・空いばり・姦淫・悪質な手管・ありとあらゆる仕方で神を冒瀆するその有様は、アンチ・キリストでもこれ以上背徳的な支配はできないほどのものである。

と、教会本部そのものを非難している。

ルターは、この全世界的な放縦を座視できず、いたずらに戦慄的な言葉を使って非難し、一方では古代から自立経済の徳をたたえるが、しかしこれは、素朴な原始的古代や中世の経済への逆行コースであ

る。ルターの教会腐敗をつくその精神はよいとしても、ただそれを非難するのでは時代逆行となるであろう。まさにそこからたくましく伸びてきた人間の現世的傾向が近代のものであるとするなら、この破竹の勢いをおしとどめることはできない。

ルターとちがって、これにある方向を与えようとしたのがカルヴァンであったということは、注目される。同じ宗教改革者である彼は、この地上に単に個人の救いにとどまらぬ「キリスト王国」をつくろうという、より現実的な、しかし決して俗悪にならない理想を抱いて、物質的利害を神への奉仕に役立てようとしたのである。実際的法律家としてのカルヴァンには、よき薬剤師が、毒物をあつかうことを許され大いに治療に役立たせているように、それとまったく同じく高利をあつかうことを条件つきで許し、それによって、社会の健全をいやがうえにも向上させることができる、という意図があった。ルター主義が保守的（精神改造は徹底的だったが、農奴の存在を許すなど、社会階級制度はそのまま保持しようとした）でよりドイツ的であるとすれば、カルヴァン主義は進歩的で国際的であり、社会変革を前進的におし進めようとしている点が、何よりも注目される。このような資本や銀行業などの信用・商業金融の大規模化などを率直に認めることによって、古代や中世の思考から脱却し、近代資本主義のプロテスタント倫理を打ち立てることができたのである。

高利貸し問題は、信用というものが社会生活の避けられない現実であり、旧約聖書などのこれに関する過去の規定は、社会の諸条件の変化で画一的に当てはまらぬということをカルヴァンはさとった。だから、そこに進歩観をとり入れ、資本に対する利子の支払いも、自然経済の土地に対する地代の支払いと同じく合法的なものであるが、これには利子の支払いが自然の正義の範を越えぬよう、警戒する義務が個人の良心にあるべきだ、というように説教したのである。このような理論に支えられたカルヴァンの宗教改革は、伸び上がってきた近代ブルジョアの革命につらなり、イギリスでは清教徒（ピューリタン）革命となり、さらに新大陸アメリカへの発展する資本主義の宗教的倫理観となって生きつづけていったのである。

ところでルターやカルヴァンの宗教改革に対する「反宗教改革」が、カトリック信仰の情熱をもった新興国イスパニアのイグナティウス・ロヨラ（1491? -1556）の手で指導されたことにも触れておかねばならない。これの指揮するイエズス会は、ローマ・カトリックの内部エネルギーとしての新勢力をもった。ルターのキリストの神への奴隷意志とちがって自由意志を信じ、カルヴァンの説くような神の予定に反対し、信仰のみに生くるにあらず、世界へのその献身的行為に生きるキリスト教の武人的戦闘精神を近代化の潮流とあわせたのである。

この発展意欲は新しく開かれた世界である極東への日本への宣教運動となった。異端に対しては一種の恐怖的専制を行ったが、その熱烈な宣教精神と人間教育理念は時代の精神をつかみ、若者の心をつかんだ。彼らは、厳格な規律の中に、はち切れるような冒険者の企業者的意欲をもって、一時は非常な興隆をほしいままにした。しかしこのような旧教カトリック精神は、カルヴァンの新教プロテスタント精神と並んで、キリスト教のたゆまぬ進歩精神となって、根強く生きつづけていくところに、キリスト教の生きる宗教の面目が躍如としているのを見るのである。

さて、このようにいろいろ熱狂の渦を巻きおこした宗教的確執は、両陣営とも互いに相手を制圧できず、カトリック教会と並んで新教の教会は存続することになったし、キリスト教そのものの多極化と信仰の自由の問題は、近世や現代のますます分裂していく世相を反映して、多彩な様相を呈することになった。

第五節　アルプス以北・ヨーロッパのヒューマニズム精神
—エラスムスとトマス・モア—

アルプス以北のヒューマニズムといえば、何といってもその双璧といわれるオランダのエラスムスとイギリスのトマス・モアによって代表されるものであると思う。

ヒューマニズムといい、ルネサンスといっても、それは主としてイタリアを舞台にしたものであり、それはようやくにして息を吹き返してきた商業や産業の繁栄のもとに培われたものであった。そして多分にそれは異教的なエキゾチックな感覚に流れる傾向が強かった。その美しさ華やかさは、文化の素養の低いアルプス以北の人たちには、何といっても憧れ

エラスムスの肖像（ホルバイン作）

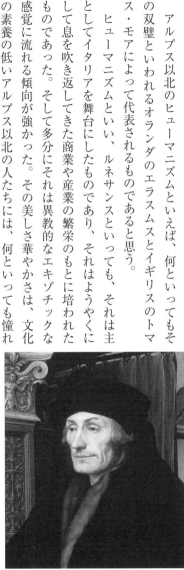

の的であった。北のくすんだ国土と対照的に、イタリアには明るく輝く太陽があった。また宗教の本山ローマ・カトリック教会は、精神の永遠の殿堂のように燦然とした光を北に向かって放っていた。また医学や法学など一連の学問の府も、南国のイタリアに高くその誇らしげな頭をもたげていた。さらに古代ギリシアやローマのいろいろすぐれたものが発見されて、それらは輝く宝物のように、心ある人々の精神に魅惑的な想いを駆り立てた。せまい地平が開け、そこには無限にひろがる沃土があるように思われた。

名もない修道僧ルターが、銀色に輝くティベル河のほとりに七つの丘の永遠の都ローマをのぞんで、「聖なるローマよ」と心をときめかせたのも、田舎者のルターにはまさに当然のことであったであろう。しかし、その飾り立てた法王廟の殿堂のきざはしをうやうやしく踏みしめる心のうちに、ふいっと空《うつ》ろな風が吹きすぎるように思われて、ルターが戸惑ったのも事実であった。彼のこの予感は的中し、それから数年もすると、まぎれもないローマの淫風（イタリアの梅毒）が、アルプス以北へと盛んに吹きつけてくるのを目撃することになった。このような淫風は、ルターにはたまらなく嫌悪の気持ちをかきたてた。魂の浄化を原始の素朴にかえらすことによってひたすら求め、そのころの古代復帰精神にも理解を示していたルターにとっては、ローマ・カトリックの梅毒はどうしても許せなかった。

その点ではエラスムスもルターと同じであった。頽廃的虚飾の悪風の中にあって『痴愚神礼賛』をユーモラスに書きなぐり、そこにカタルシスをたのしみながら、イタリアの感覚主義に痛烈な批判を加えたエラスムスも、ルターと同じ精神の風土にあったのである。その中心深く抱く原始キリスト教精神の中には、しかし、ルターのようにきびしい奴隷的意志はエラスムスにはなかった。強い近代的自由の人間精神が彼の中にはあったのである。これが両者をのちに決定的に離別させるものであった。

エラスムスは、一四六六年ごろ新興の途上にある国オランダに生まれた。彼は自分が私生児であることにかなり引け目を感じていた、といわれる。しかし、幼年時代は両親とも一緒に生活することができたし、特に父親はギリシア語を知り古典の教養も相当あったという。教育は何といっても必要なことであり、エラスムスも、一応理解のある両親のはからいもあり、素朴なキリスト教の環境の中でもそれなりの教育を受けた。中世式のひからびた教科書中心の教育ではあれ、ギリシア・ラテンの古典教育も、時代の影響を受けてある程度行われた。とはいっても、エラスムスの繊細鋭利な精神を、到底それは満足させなかった。

また両親を恐ろしいペストで失ってからは、暴君的な後見人の監視下にあって、修道院生活の中に修道僧となるように強制された。ここでの修道院生活も、ただきびしい一点ばりで、彼のすぐれた自然の才能は押し殺されるばかりであったという。しかしそれによって彼の魂はいっそう強い批判精神をもつようになった。長い間の抵抗の後やっと一四八八年ごろ、彼はあるアウグスティヌス派の修道院にはいり、修道僧の誓いをたてた。しかし修道院生活にはどうしてもなじめなかった。

もはや彼には、キリスト教隆盛の初期を創ったアウグスティヌスの気魂はなかったように見える。ルターが、その魂の戦いから、アウグスティヌスやパウロへと原始キリスト教にさかのぼりながら宗教ルネサンスの雄たけびをあげたのとは大いにちがっていた。エラスムスも、たしかに素朴な原始キリスト教には強く心を引かれた。しかしさらにそれ以上に彼には、近代の自由な精神や開けゆく人文主義の典雅な気風が気に入ったのである。それは、ギリシア・ローマの古典美をまとい魅惑の対象として彼にあらわれた。彼は、これをこそ素朴なキリストを飾るこの上ない教養の精神である、と考えたのである。

一四九二年司祭となり、それから三年してやっとヨーロッパ知性の府パリ大学に入ることになった。しかしあにはからん、ここでも、神学は騒々しい議論の渦の中でひからびた形骸と空音が感ぜられただけであった。彼はここで深い失望を味わった。いたずらに形式化し、ほんとうの生きた魂が枯渇してしまう中で、彼は、一五〇一年『キリスト教戦士必携』という書をあらわした。ここにはルターと同じような気持ちがかよっていた。エラスムスはこの中で、

あなたたちは聖書を礼拝したり、その遺物に触れたがったりします。それによってペテロやパウロのようになりたいと思うのですか。パウロの信仰やペテロの愛をまねるがよろしい。その方が十遍ローマもうでをするよりもはるかによいのです。

といい、罪や咎《とが》が、金銭や何か蝋細工の像を寄進するとか巡礼に頼るとかして、たちどころに浄められる、と信じている人びとに対しては、これはまったくの了見ちがいである、と強く指摘したのである。彼は現在のあまりの虚礼虚偽の信仰形式に反発したのである。

ヒューマニスト・エラスムスを語るのに、イギリス（一四九九年に訪れている）で交わったトマス・モ

アの影響は、見逃すことができない。モアは、プラトン主義者ののびやかな精神をもっていた。彼の影響のもとに、エラスムスは、異教である古典精神をまとったキリストの像に深い祈りをささげずにはおられなかった。こういうところに、ルターとはちがったエラスムスの面目があるのである。ここに、自由なユーモアを解する古典ギリシアと原始キリスト教の宣道者エラスムスが誕生していくのである。その後、彼は、ギリシア語をものにし、そのギリシア・ラテンの生きた理解を通して、全ヨーロッパを啓蒙しようと志したのである。彼は、古典ラテン作家から引き出した『格言集』をはじめとして、ギリシアの知恵やローマの知恵を、次々に機知に富んだ高雅優美な文筆にのせて全ヨーロッパにひろめた。文筆家エラスムスの名は全ヨーロッパに高まった。ドイツ人の熱狂的な歓迎を受けたのは、一五一四年でかなりあとではあるが、彼には印象的であった。エラスムスはひとりのドイツ人としてまたゲルマニアの光としての歓迎を受けた。彼はそれを喜んで、

EXIMII DOCTORIS HIERONYMI STRIDONENSIS VITA EX IPSIUS POTISSIMUM LITTERIS CONTEXTA PER DESYDERIUM ERASMUM ROTERODAMUM.

EQuidem haud sum nescius, ueterum permultos in hac fuisse sententia, ut pium & officiosum esse ducerent, in commodum publicum, apte confictis narrationibus abuti: nempe uel ad uitam recte pieq; instituendam, uel ad erigendos & inflammandos ad honesti studium cessantium animos, uel ad fulciendam quorundam imbecillitatem, uel ad territandos impios, quos neq; ratio corrigit, neq; mouet charitas, uel ad illustrandam miraculis sanctorum hominum gloriam. Atq; hoc fuci genus, nec Platoni displicuit, nec Origeni, nec horũ dogma secutis. Certe obijcit hoc Hieronymus Ruffino, atq; hic uicissim in Hieronymum regerit, malens alterum eodem conspurcare luto, q̃ in se coniectum lutum abstergere. Est quidem mira quædam uulgi credulitas, imo nescio quid penitus insitum animis mortalium, ut ficta lubentius audiant q̃ gesta: & commenticijs supraq; ueri fidem fabulis, libẽtius assentiantur q̃ ueris: adeo ut olim uiri prudentes quicquid uehementer commendatum esse uellent multitudini, id fabulosis miraculis celebrarent, ueluti numinum religionem, origines urbium aut gentium, exordia nobilium familiarum, exempla clarissimorum principum. Hoc igitur imperitorum affectu, ad ipsorum abuti commodum, permittebant illi, sed non nisi sapienti uiro, propterea quod huius rei fructus omnis pereat, si semel suboleat artificium mentiendi. Verũ hac quidem in parte haud grauatim in Augustini sententiam pedibus eo, non solum ob eam caussam, quã ille sane grauẽ adducit, ne si semel in christianorũ literis suborta fuerit mendacij suspicio, fiat ut nec his habeatur fides, quorũ authoritatem modis omnib9 indubitatã & inconuulsam esse oportet, sed multo magis quod

IO. FROBE-
TYPIS EX-
CVDEBAT.

エラスムス校訂本の初版　その第２版を底本としてルターはドイツ語に訳した。

私のゲルマニア、こんなに遅くなって知ろうとは何という遺憾、何という恥辱であろうか。

と語った。人文的にはまだかなり素朴蒙昧のドイツにあって、エラスムスはほんとうに一条のすばらしい光であった。

ルターの蒙を開いたのも、こういうエラスムスであった。エラスムスも、ルターの宗教改革精神には心からの同感をおぼえていた。しかしルターのドイツ魂がますます戦闘的に燃え、さらに国民主義的になるにしたがい、エラスムスはだんだんルターから離れていった。エラスムスの精神は、コスモポリタン的であり寛容であって、いたずらに事を構えるような戦闘精神ではなかったからである。この性格のちがい、環境のちがい、エラスムス対ルター、すなわち前者の『評論・自由意志』に対する後者の反駁書『奴隷的意志』の論戦となってあらわれたのである（一五二五年）。ルター自身は、この反駁書を真の自分の代弁書だと自ら高く評価しているのであるが、冒頭からあらわれる挑戦的で粗野な文句の数々は、エラスムスの典雅なヒューマニズム精神と教養からすれば、まったく鼻持ちならぬものがあったであろう。事実ルターは、はじめはヒューマニズムの泉に深く浴したのであるが、これを限りにこの一切から絶縁するのである。

世界の舌（世界のペン）の代表者であるエラスムス、この文筆の巨匠を向こうにまわして論戦することに、ルターはあるいは無上の戦闘的カタルシスを味わったかもしれない。

私が、君の『評論・自由意志』に対して回答するのがこんなに遅くなってしまったことは、尊敬すべきエラスムス師よ、……

という冒頭の言葉にはじまり、

したがって、君に回答しようとする私の気勢をそいだものは、私に仕事が多かったことでもなければ、事柄が難しかったからでもなく、君を恐れたからでもない。むしろ、そんなことをするのが面倒臭かっただけであり、ばかばかしく、つまらなかっただけのことである。あるいは、しいていえば、君の『評論』に対する私の評価のせいだといえよう。ともあれ、私が、いまや答弁しようとするに至ったことには、全然理由がなくはないのである。というのは、キリストを信じる兄弟たちが、万人の期待を私に示して、エラスムスの権威は決してあなどってはならぬのであり、キリスト教教理の真理が多くの人の心のうちで危うくされているといって、私を促したからである。……

という文句によって導かれ、自分の確信する奴隷的意志をエラスムスの自由意志論にまともにぶつけたのである。

ルターは自分の著書『奴隷的意志』(意志非自由論)のうつした手紙をそえてエラスムスに送ったのだが、そのエラスムスの返事は次のようなものだった。

お手紙拝受。……全世界はあなたの本性を知りました。……あなたは何にもまして手厳しい反論の筆をとり、しかもまったくやりきれないことには、反論するだけでなく悪意をこめているということで、そういうあなたの本性がわかりました。……あなたは以前にあなたを酷評してあなたを怒らせたコッホレウスとフィッシャーに対して、発揮されたのと同じ驚嘆すべき狂暴性を、今度は一応の礼儀は踏みながらも、小著に対して用いておられます。私が無神論者であり、エピクロス主義者であり、懐疑論者であるという口ぎたない告発が、あなたの論旨にどうお役に立つのでしょうか。

といった調子である。さらにヒューマニストとしてのエラスムスは語をついで、

思いあがった反逆的な本性が世界中を武装させたということに対して、ほんとうに心を痛めている。

とのべている。

あまりにも洗練された近代的自由を身につけた彼の性格は、のびやかなその文才にいかんなくあらわれている。が、彼はローマ教会の淫風にも、イタリアの人文主義者たちの誇張された古典趣味の奇怪なアナクロニズムにも、ましてや枯渇してしまったスコラ学者たちの無味乾燥さにも、またルターの狂暴化した宗教改革の情熱にも、これらすべてにどうしても染まりえない自由独立の精神があった。それぞれを批判する堅固無比の強靭さをもつにしては、彼はあまりにも繊細であったし、彼を支えてくれる教会も民族や国家もなかった。が、いかんせん、それゆえに常に悩める浮浪者の薄幸の運命に甘んじなければならなかった。彼は、ようやくにしてのびやかな自由を呼吸しはじめたヨーロッパに生を亨けたか

らこそ、全ヨーロッパに名を成しえたのである。

しかし、人文主義者としての彼のギリシア・ローマ古典への志向には、イタリア人たちの愛国的情熱もなかった。ペトラルカの抱く同じイタリアの古典的人物キケロへの愛着や、偉大な失われた日のローマへの情熱もなかった。しかし、辺地の名もない国オランダに生まれた彼が、のしかかる伝統の束縛から離れ、ごく自由にそのよき時代精神の宣道者でありえた点は、歴史に美しく光るものである。彼の魂を重くしめつけたさまざまの旧時代の牢獄から抜け出してからの彼は、やっと呼吸しはじめた古典的典雅ののびやかさを、息苦しいキリスト社会に息づかせようと、彼は意を決したのである。

しかも彼は、素朴なキリスト者の態度を失わなかった。だからこそ、いたずらに虚礼虚飾化していくローマ・カトリックに対しては、やはり憤りももちあわせていたわけである。しかしその洗練された精神は、決してルターのように狂暴に戦闘的にはなりえなかった。ルターをその剣で守ってくれるような巨大な軍事力を、エラスムスはもたなかった。彼の繊細な中庸な精神は、それに国家的エゴイズムの中に逃げ込むこともできず、もちろんルター陣営には到底つきえなかったし、また他方、カトリックの急進分子からは、ルターを育てた反逆者として白眼視もされていた。だんだん時代が新旧宗教の両陣営にきびしく分離・分断され、彼は、ますます両方から異端視されるようになったのである。彼の北方的素朴な敬虔さは、南方的宗教の権威・強圧に対して盲従するには、あまりにも倫理的であり知的にも成長していた。だから、どうしても性格的に、これまでから南方に対して批判的にならざるをえなかった。

それだけにいかにルター陣営とカトリック陣営との調停者たりえようとしても、それは不可能であった。旧教のキリスト者たろうとしても、カトリック側からは、彼のエスプリの面目躍如とした著書『痴愚神礼賛』は、断然禁書目録中に入れられていたし、彼自身はトリエントの宗教会議で「不逞の異教徒」と呼ばれていた。両虎うちあう中にあって、彼はどちらの虎にも食いちぎられる運命にあったといえよう。黒雲は、重く彼の上に、またヨーロッパの上に垂れ込めはじめていたのである。

　自由闊達なエラスムスの精神の広まるところには、自由寛容の古典的に洗練されたキリスト精神が、文化の楚々《そそ》たる衣をまとって、美しく典雅にあらわれえたであろうに、そのヒューマニズムは、今や故国なき浮浪者のように、その時代から抹殺される運命におかれたのである。そしてこれまでしばし彼を受け入れてくれた自由な門戸も、今ではきびしく閉ざされようとしていた。彼の心のほんとうに大きな支えでありつづけていたトマス・モアも、一五三五年にはあえなくヘンリー八世の命によって首をはねられた。彼は古きよき友を次々と失った。彼をとりまく不誠実な者たちは、真の人間性を無視して、いたずらに醜いエゴの闘争に奔走した。彼らはまことに彼をおとし入れようとする者たちであるという、かなりひどい幻想に悩まされつづけた。こうして極度に疲れ果てた彼は、う

トマス・モアの肖像（ホルバイン作）

めきながら、モアの死後一年で、不遇をかこち愛する神に憐れみを乞いながら、この世の息をひきとっていったのである。

エラスムスの名を今につたえる有名な著書『痴愚神礼賛』(Moriae Encomium) は、生涯の畏友トマス・モアをもじって彼にささげられたユーモアの諷刺書であることは、人のよくしるところである。辛辣に諷刺される修道院生活と慢心や虚栄の痴愚神を通して、僧侶の生活が、大いに皮肉られているのは興味深い。トマス・モアもその『ユートピア』という著書をあらわしたとして、その名を後世に知られている人である。ここでエラスムスと並ぶヨーロッパ・ヒューマニストのもう一人として、モアの名をあげ、少し紹介しなければならないと思う。

モアは、若いとき法律を学び、時代の出世街道をまっしぐらに進んだ人であるが、彼はオクスフォードにあった古典知性と、フランチェスコ修道会にあった貧しさの精神・節操のキリスト者の徳を一身に体していた。当時のイギリス政界を遠ざかろうとしながら、その高い徳と知恵のゆえに重用された。結局ヘンリー八世に仕えなくてはならなくなり、重んぜられもした。しかし、宗教改革の動乱期にあり、動揺しようとするイギリス宗教界にあって、折からヘンリー八世の離婚問題をめぐりそれに反対する廉直節操のカトリック信者であったことから、国王から大反逆の罪に問われてしまった。そしてあげくのはて、彼はあえなく首をはねられる悲運をたどらねばならなかった。

モアは、その『ユートピア』(Utopia へ・ヨ「ウ・トポス、どこにもない国」一五一五～一六年) 論によってもわかるように、当時イギリスを襲った「土地囲い込み」の問題をめぐって、あまりにも無残な弱肉強食の混乱経済の中で、そのような不正行為をきびしく糾弾した人である。善き中世的徳行の修道精神の持ち主としての彼は、またプラトンの理想国家像を、当時のイギリスの現状にてらして改訂し、一種の社会平等論を著書『ユートピア』の中で展開した。彼には、プラトンのように労働を忌避する態度は決してなかった。彼は労働に生き、美しいキリスト教の奉仕にいきる君主制国家（ただし君主は選挙制）の論者であった。そしてそこに、中世的階層のない点も、これは中世的とはいえぬ一面をもっていた。新大陸発見の中に構想されたユートピア島も、新時代の空気を存分に吸い込んでいる点において、近代的センスを十分にもちあわせていたといえよう。このユートピア論に流れる精神については、のちにまた近代市民社会をのべるところで、ウィクリフと関連してのべてみるつもりである。

しかし、その労働に特別の専門的分業階級がなく、各人が全人間的に教育される点ではプラトン的古代ギリシアのものでもなく、さきほどもいった中世的なものでもないのであって、あるべきモアのユニークな新しい近代理想像が、ここに遺憾なく開陳されているのである。モア自身が、非常に素朴で敬虔な中世的キリスト教者の風貌をもちながら、世俗生活を選び、結婚もしたのであるが、そんな世俗的生活が、エラスムスと共通する自由な近世ヒューマニズムを感じさせるのである。それはまた、古い時代と新しい時代の分岐点に立つ時代精神の代弁者に共通した性格でもあった。こういう性格だったから、彼はまた、結局ユートピアという非現実的世界の中で、きたるべき理想世界を描き、そこで彼自身の魂のカタルシスをこころみようとしたのかもしれない。

この二重性格をはっきりさせている点で、『ユートピア』は重要である。人間性格の二重性、理想と現実の断絶からくるその苦悩にもかかわらず、人間は、たえず理想なり空想によって、その高い文化を構築していかなければならぬのである。ユートピア思想は、モアを経てますますその後の共産理想社会の実現へ人びとを憧れさせる原動力となった。このことで、特にこれを注目しなければならないと思う。以下少し『ユートピア』に触れておこう。

『ユートピア』の話の主ラファエル・ヒスロディ、すなわちこの「得意なおしゃべりやさん」は、元来ポルトガル生まれの教養人であった。彼はギリシア語やラテン語の非常に堪能な一種の哲学者であったが、いつの日か世界の隅々まで見たいという、あのギリシアの気が狂ったような愛知者たちの憧れをもつようになった。だから先祖代々受け継がれた資産などは、ことごとく兄弟にくれてやって、飄然とアメリゴ・ヴェスプッチの一行に加わり、世界一周の旅に出たのである。四回もの航海のうち、その最後の一回に、彼は危険をおかしてある国にとどまることになった。

モアは、彼のことを、

つまり彼らは、自分からすすんでとり残されたのです。どうもこういう人は、旅行さえできたらもう文句はないので、死ぬことなぞ何とも思っていないらしいのです。そういうわけか、いつも口癖のように「人間いたるところに青山あり」とか、「天国に通ずる道はいずれの地よりするもみな同じ」などといっていたそうです。なにしろこういう、人をくった考えの持ち主ですからね。神様のご加護があったからよかったものの、そうでなかったらどんなにひどい目にあっていたかしれません。

と紹介する。『ユートピア』第一巻で語られるこの話の主ヒスロディは、その後異国人の案内でいろいろな旅行をし、ユートピア国家を見つけることになる。そういうものを見るにつけても、

しかしながらモアさん、私は思うまま率直に申し上げるのですが、財産の私有が認められ、金銭が絶大な権力をふるうところでは、国家の正しい政治と繁栄とは望むべくもありません。

と述懐し、いわゆる「正義の国」というものを、

一切がことごとく悪人の手中に帰している国のことで、繁栄している国というのは一切のものが少数者の独占にゆだねられていて、他の残りの者は悲惨な乞食のような生活をしている国。

として、まともに諷刺するのである。ヒロスディは話を進めて、さらに、

ですから、私はユートピアの、つまり少ない法律で万事がうまく円滑に運んでいるからまた徳が非常に重んぜられている国、しかもすべてのものが共有であるからすべての人がみなすべてのものを豊富にもっている国、かようなユートピアの人びとの間に行われているいろいろなすぐれた法令のことを深く考えさせられるのです。

とのべる。そしてさらに、第二巻では、ユートピア島の叙述がなされるのである。

ユートピア島には五十四の壮麗な都市があり、すべて同じ国語を用い、生活様式も制度も法律もみな同様である。毎年、アモーロート市にあらゆる都市から各々三人の学識経験ともにすぐれた長老が、国家の共通の問題を論議するために集まってくる。

この首都のアモーロート市は、ちょうど国の真中に位置している。

農業は男女の別なく、ユートピア人全般に共通な知識となっている。……農業のほかに、彼らはみな、例外なく自分独自の技術として、何らかの特殊な知識を習得しなければならない。ごく普通なのは毛織物業、亜麻織業、石工業、鍛冶業、大工職といったところで、このほかに特にとりたてていうほどの職業はない。ところで衣服はどうかというと、これは全島を通じて同じ型で（ただし男子と女子、既婚者と未婚者とはそれぞれちがった衣服を着ている）ほとんど常に流行はかわらず、見た目はさっぱりと気持ちよく、身のこなし自由自在、その上冬にも夏にも適しているといったものであるが、これはすべて各自の家庭でつくられるのである。しかしユートピア人は、前にあげた技術のうち、どれか一つは身につけなければならない。それは、単に男ばかりでなく女性もそうなのである。

このような男女によってつくられる各家庭単位から都市や国家がつくられているが、すべてが選出制で、君主も例外ではない。

各三十の家庭（農家）ごとに一人の役人が毎年選出されるが、この役人は「家父長」で、一〇家族長は三〇〇の家族とともに一人の役人の下にたち、この役人が「主族長」と呼ばれるようにして上（市長か君主）までいく。ところで市長とか君主の職は、専制の嫌疑で退けられないかぎり、終身職であるといわれる。また労働などについては、

例えば、ユートピア人は昼夜を二四時間に等分し、そのうちわずか六時間を労働にあてるにすぎない。……空いている時間、つまり労働・睡眠・食事などの合間の時間は、各人が好きなように使っていいことになっている。といっても、何もこの時間を乱痴気騒ぎやぶらぶらと過ごしてよい、という意味ではない。むしろせっかく各自の職務から解放された貴重な時間である。自分の好きな何かほかの有益な知識の習得に、この貴重な時間を最も有効に用いるように、という意味である。例えば、ここでは古くから毎日朝早く講義が行われることになっている。

というふうにである。その他、夕食のあとの一時間のだんらんのときなどについて、いろいろ細かい記述があるが、それらはここでは省略するとして、ユートピア島の奴隷について少し触れてみなければならないと思う。

戦闘に参加して捕らえられた者はともかく、一般に戦争中に捕らえられた俘虜は奴隷にしない。それから奴隷の子も奴隷にはしない。また外国からつれ出してきた人間はどんな人間でも、たとえ外国で奴隷であったとしても、ユートピアでは奴隷にはしない。奴隷にするのは、彼ら自身の同胞で凶悪な犯罪を犯したため、自由を剥奪された者、他国の都市で重い罪科のために死刑の宣告を受けた者に限られている。

といっている。また宗教についていては、太陽神や月の神や星の信仰など、いろいろの宗教が行われている。

けれども国民の大半を占める物事のわかった人たちは、……この世界には、知られない永遠の、理解を絶し説明を絶し、人間の知恵の能力と限界をはるかに越えた、ある一つの神的な力が、その大きさによってではなく、その善の力によってあまねく存在している、ということを信じている。

宗教について、いろいろの考えはあるが、

唯一の神がこの世に存在する、ということを信ずる点においては、まったく同じ立場をとっていて、これに関しての宗教論争は許されないのである。ところで、

しかしわれわれがキリストの御名について語り、さらにまたキリストの教義、律法、奇蹟、および多くの殉教者の驚くべき節操について語ったとき、いかに彼らが喜んでこの教えに賛成したか、おそらく信じていただけないだろうと思う。……とにかく、キリスト教は自身に従う者の間における一切のものの共有制を認め給うたこと、およびこのような共有制が真正なキリスト教徒の間では、今日でもなお依然として残っていることなど、こういうことをわれわれがいうのを彼らがきいたということが、この問題に対する彼らの関心を深めるのに役立ったことは争えないと思う。

とのべている点は注目される。さらに次の点も注目しなければならない。

一人のユートピア人が、……しまいには、キリスト教がほかのすべての宗教にまさっていると主張するばかりでなく、他の宗教を全面的に軽蔑し弾劾し、ついに邪教呼ばわりするまでにいたった。そしてこういう邪教を信ずる者は兇悪無道、まさに悪魔の徒であり、永劫の呪《のろ》いに値するとまで極言した。彼がかようにいつまでも滔々と論ずるのをみたユートピア人は、ついに彼を逮捕し起訴し追放に処して

しまった。……他人を改宗させようとしてがむしゃらに猛進する者は、追放か奴隷の刑に処せられる
云々《うんぬん》、といった法令……

がこの国にある点である。これはモアの宗教に対する考えをよく示している。

敬虔なキリスト教徒として、内奥の魂の宗教に深く沈潜し、扇動的な大仰な宗教の狂信者であることを忌み嫌ったことによって、彼は心の底深く自己のキリスト信仰をもちながらも、近代的な信仰の自由の精神をつらぬいている点が注目される。彼がルターのような宗教改革の熱狂者にも奴隷的意志の情熱にも批判的であったことは、さきのエラスムスと軌を同じくしている点で興味深い。モアはリベラリストであったし、また国王ヘンリー八世の専制抑圧に対して死をもって抗議することになったのも、このユートピアでは専制はいかなるものにも許されてはならない大逆罪であるというその信念に従ったまでであろう。

廉直の士モアは、決して通りいっぺんの廉直ではなく、深く近代の精神の洗礼を受けた人であった。自由人であるとともに、ヘンリー八世の暴虐に従容として従い、ゆっくり断頭台にのぼり、

どうか私のために祈ってください。そして私が聖なるカトリック教会の信仰をもち、またその信仰のためにここに死刑に処せられるということの事実の証人となってください。

といって死んだモアの中に、専制と戦った真のキリスト教の近代的ヒューマニズムの自由精神を、私たちはみることができる。こういう精神がイギリスに生きていたからこそ、名誉革命もまたジョン・ロックによって代弁される市民社会の法形成も立派に成就できたことを見逃してはならないと思う。

第二章　近代科学の成立
――科学の代表的人間群像・ガリレイとニュートンを中心として――

第一節　コペルニクス的転回

ポーランドのトルン（当時ドイツ・プロシアとの国境の町）に生まれたニコラウス・コペルニクス（1473-1543）は、不思議な因縁で、その主著『天体の回転について』（一五四三年）が出版された直後この世から去った。彼が四十年という研究の成果をほとんどこれだけにかけたといってもよいほんの小さなこの本も、出版の当初はその理解者はほとんどいなかった。しかしそれは最初は少数の理解者だけで十分であったのかもしれない。やがて、さきほどもみたイタリアのジョルダーノ・ブルーノが出て、コペルニクス説が全ヨーロッパに知られるようになり、そのブルーノがローマ教会によってその異端のかどで焼き殺されたり、ガリレイがやはり熱心なコペルニクス説の支持者で宗教裁判にかけられるということが

コペルニクスの木版画（1578）

続出するようになって、すなわち出版以来七十年〜百年後になって、やっとこれは大変な試練に立たされることになった。

しかしそのようなことはコペルニクス自身が十分予感できたことであり、この本を出すか出すまいかに長い間迷い、ついに意を決して出版に踏みきったとき、この自らもカトリック聖職者であった彼は、時の「最も聖なる父法王パウルス三世へ」とあてた序文の中で、次のようにのべているのである。

最も聖なる父よ、ある人びとは、この天体の書の中で、私が地球に運動を与えていることを聞きますならば、そのような意見をもっている私はただちに罰せられなければならぬといって、騒ぎ出すだろうことを、私はよく存じております。けれども私の意見は他の判断を考慮していないという点で、私の満足しているものではありません。また、哲学者の仕事は、神が人間の理性に許し給うた範囲において、あらゆる事物について真理を追求することであるから、その思想は愚人の判断に従うべきではないと存じますが、正義と真理にまったく反

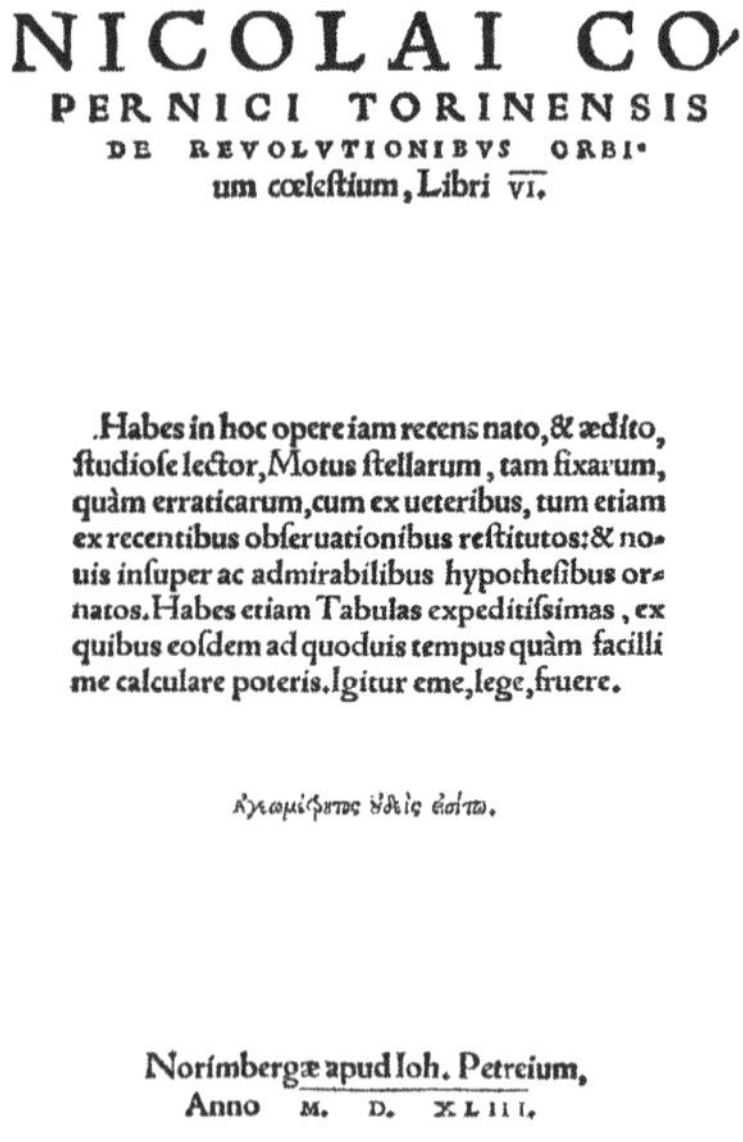
NICOLAI CO
PERNICI TORINENSIS
DE REVOLVTIONIBVS ORBI-
um cœlestium, Libri VI.

Habes in hoc opere iam recens nato, & ædito, studiose lector, Motus stellarum, tam fixarum, quàm erraticarum, cum ex ueteribus, tum etiam ex recentibus obseruationibus restitutos: & nouis insuper ac admirabilibus hypothesibus ornatos. Habes etiam Tabulas expeditissimas, ex quibus eosdem ad quoduis tempus quàm facillime calculare poteris. Igitur eme, lege, fruere.

Ἀγεωμέτρητος οὐδεὶς εἰσίτω.

Norimbergæ apud Ioh. Petreium,
Anno M. D. XLIII.

『天体の回転について』初版本（1543）

する意見は避けるべきであると信じます。……私はその（地球の）運動の証明のために著述を公にすべきであろうか、それとも反対に、ピタゴラス学徒の例にならって——ヒッパルコスのリュシスの手紙が示しているように——哲学の神秘は友人たちや身近の人びとだけしか、それも書きものによってでなく、口だけでしか知らせない方がよくはないかと長い間考えました。……

カトリック教会が本格的にアンチ・コペルニクスになったのは、さきほどものべたように、彼の死後ずっと後になってからであったが、それでも、当時の宗教改革のときであり、何でも教会にとって新奇のことは歓迎されない状況にあった。しかもまた片やプロテスタント・新教側からも、コペルニクス説はひどい非難を浴びたのである。つたえられるところによると、宗教改革の総師ルター自身が次のようにいったということなのである。

天や太陽や月ではなく地球が回転するのだ、ということを証明しようとする新しい天文学は、ちょうど動いている馬車や船に乗っていながら、自分は停まっていて、大地や樹木の方が自分を通りすぎて動いているのだ、と考える男のようなものである。……この馬鹿者は全天文学を上下転倒させせようとしている。しかし聖書が証明しているように、ヨシュアが止まれと命じたのは、地球ではなく、太陽だったのである。

啓蒙家のルターは同じく啓蒙家のコペルニクスをまったくの馬鹿者あつかいにしたのである。コペルニクスはこういう四面楚歌の中で、ひどい孤独感に打ち勝ちながら真実の光を信じ、歩みつづけたのである。無私のこの何のてらいもない温厚な学究の徒の姿は、風雲急を告げる大言壮語の世の中にあって、片隅にそっと咲き出したすがすがしい真理の花であった。

七十年の生涯のほとんどを天文学に賭けたといってもよいコペルニクスの一生は、やはり時代からいってもルネサンス期にあたり、前時代からくらべると、はるかに自由の気風に満ちた時期だった。そういう花もイタリアが満開であったが、幸せにも、若い彼（二十三才）は、そこのボローニャ、パドヴァ、フェラーラの各大学で、法律や医学の勉強をすることができた。ラテン語はほとんど日常語のように使ったし、ギリシア語も十分自分のものにし、すっかり教養を身につけて、イタリアから引きあげたときは、彼は働き盛りの三十才であった。

当時イタリアは、東からのトルコ蛮族のコンスタンティノープル侵入でその難を逃れたギリシア学者や豊かな古典文献に潤っていたが、コペルニクスは、特に古代ギリシアのプラトンの学風に強い魅力を感じたことがうかがい知られる。ボローニャ大学の彼の登録はドイツ国籍であったが、ヨーロッパ各地からの俊秀を集めての自由な学風の中で、その駆けりゆく思いは特にコペルニクスをとらえ、かつてのピタゴラスやプラトンを駆り立てたと同じ天上の世界へ向かわせた。彼は、ボローニャで法律を勉強するはずになっていたが、すでに着いて間もなく（一四九七年はじめ）、立派な天体観測をしたことが記されている。イタリアの大学で法律や医学の勉強を実際にやりながら、彼は一五〇〇年ごろローマで数学と天文学の講演を行うことができたというから、この方の造詣はますます深まっていったものと思われる。

コペルニクスが天文にいかにあこがれたかは、上記の主著『天体の回転について』のはじめに出てくるプラトン的美辞が示すとおりである。

人間の精神の養いとなる多くの種々の学芸の研究の中で、最も大きな熱意で追求すべきものは、知識の最美・最高なものに関する研究である、と私は思う。それらは最高の天と諸星の回転・大きさ・距離・出没その他の現象をあつかうものであり、最後に全体の形を説明するものである。美しいものをすべて確実に包んでいる天よりも美しいものが何かあろうか。……哲学者の大部分がそれを見える神と呼ぶのは、かくも高い荘厳さのゆえである。それで、もし学芸の品位がそれのあつかう材料によって評価されるのであるから、ある人びとは天文学と呼び、ある人びとは占星術と呼び、また古代人の間において数学の成果と呼ばれたものは最高のものであろう。実際、精神のあらゆるわざの第一であり、自由な人間の最高のものであるこれは、数学のほとんどあらゆる種類によって成就される。算術・幾何学・光学・測地学・力学、もしありとすればその他のすべてが、これと関係している。そして人間の精神を善に導き悪から遠ざけるのは良い学問に属するから、天文学は信じがたいほどの快楽において、他のものよりいっそうよくこの働きをなしうるのである。

と。さらに天文学をたたえる彼の言葉はつづくのであるが、このすぐあとにもプラトンの理想国に言及しているように、コペルニクスはどこまでもプラトン主義者であった。いや彼は、プラトンよりもっと純粋であったかもしれない。しかし精神の喜びだけを求めて、ひたすらに人生を真理の解明一路にかけさせるのは、何といってもやはりプラトンでありピタゴラスというギリシア数学・天文学の先達がいたからであろう。

すばらしい円、すばらしい球、この美しい星をちりばめた天界は、ギリシア人たちによって「コスモス」と呼ばれている。コスモスは、飾りとか秩序を意味していた。天界をきわめる天文学という学芸は、とりもなおさず人間精神指導のこの上ない女王的学問であった。そしてこれをきわめるには、幾何学（数学）が必要とされた。プラトン流にいうなら、「神は常に幾何学的にものを考える」（π）からである。ピタゴラスの天体は美しい数の比例の音楽をかなでて清浄な天空を運行している。しかし精神の耳をもたぬものには、この星の音楽はわからないのである。

しかし何といっても、真理発見へ向かって自由なスタートをきったギリシア人たちは、おのおの自由にその見解を発表するならわしがあった。これが彼らの真実に対する態度でもあった。ピタゴラスは太陽の周転を考えたというけれど、彼ののちのピロラオスという人はある宇宙体系を考え、地球も太陽も中心火のまわりをまわって動いているのだと説明した。コペルニクス自身はもちろんこのことを知っていて、かの主著の中でも次のように語っているのである。

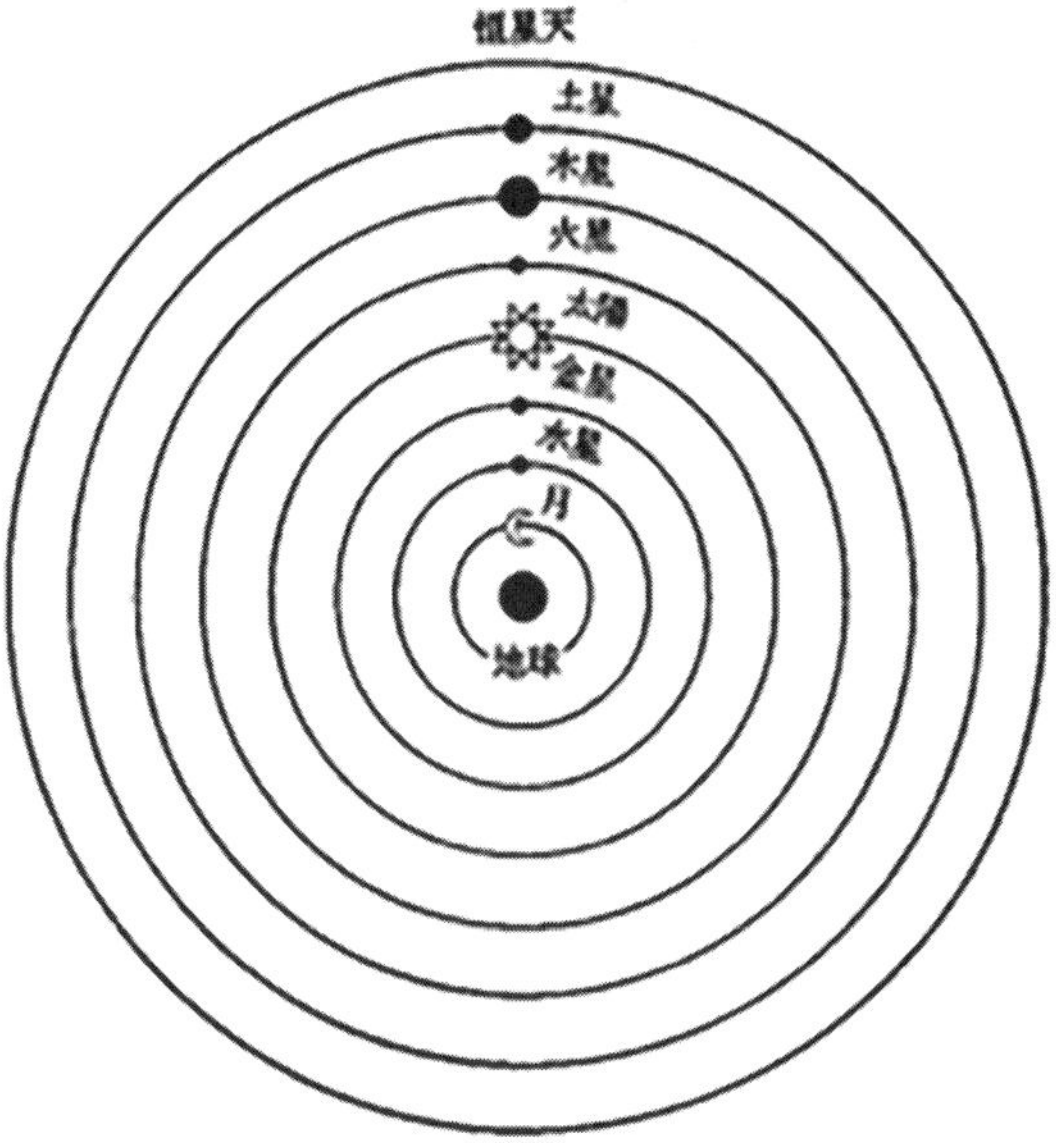

他の人びとも地球が動くと考えた。ピタゴラス学派のピロラオスは、地球が太陽や月と同じように中心火の周りを斜めの円の上に動くといっている。……

時代はくだるけれども、ピタゴラスと同じサモス島出身のアリスタルコスという天文学者は、前三世紀に立派な太陽中心説を唱えたことで注目されている。その彼に影響を与えたというヘラクレイデスも、すでに地球の自転説を唱えていた。こうした自由な発想を尊重しながらコペルニクスは、自由な学風のルネサンス期に、種々の思索を重ねたのである。

古代ギリシアでは科学への自由な精神活動が衰えかけ、中世に至っては権威主義が幅をきかせるようになって、上記のヘラクレイデス説もアリスタルコス説も、広般な天文書『アルマゲスト』を書いたプトレマイオスという権威によって駆逐されてしまった。これは、図に見るように宇宙の一大体系を示し、何よりもアリストテレスの権威によって保証され

た理論であった。これによると前にも触れたように、宇宙の中心には重い土の元素でできた地球が当然一番下に静止しており、ここは、土・水・火・風の四元素の混淆とたえまない変化がおこる滅びの世界であった。この地球を七つの惑星が図のように同心円を描いて回っており、月から上の世界には第五元素にあたる永遠の霊気があり、土星のさらに上には、不動の星をちりばめた恒星天がある、という構想である。

この考えはその後綿々として受け継がれ、近代の新しい空気を吸いはじめた時代のダンテ（当代の最高知識人）でもこれを妄信したし、これを信じないものは、あの権威ある『神曲』の地獄の世界に突き落とすぞ、というすさまじい勢いであった。これはとにかく一八〇〇年にわたって全体を支配してきた構想であった。しかしプトレマイオス自身は、天体の見かけの運動を説明するのに、いろいろと苦心をし、数学上はとにかく、物理的にはとても真実性・確実性がもてないような迷いを隠しきれなかったものらしい。

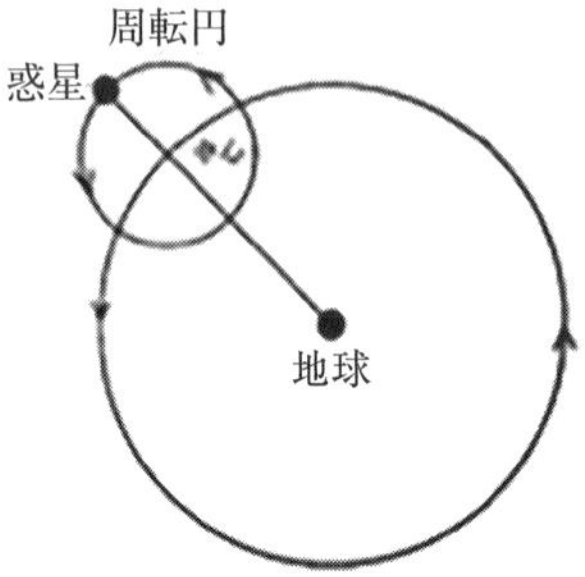

周転円

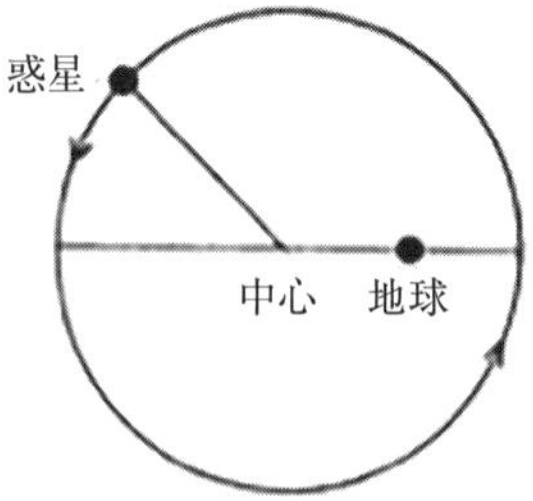

離心円

古代から、天体は中心の周りを一定の決め

られた速さでいつも完全な円運動をしていなければならないのに、天体（惑星）はどうも一定の速さで動いていているようには見えなかった。だからつじつまを合わせるために、離心円とか周転円というような考えをもってきて、どうにか説明せねばならなかった。例えば、周転円についていうと、ある惑星が地球の周囲をまわるのに、周転円上をまわりながら地球をめぐっていくという考え方である。こんなふうにしてつじつまを合わせていこうとすると、どうしてもこの天文説はますます複雑化せざるをえず、周期運動の数は増加し、そのためにそれだけいっそう数多くの円が必要になったのである。しかしこんなことでよいのであろうか。

コペルニクスが何としても合点がいかなかったのは、自然の最も純粋で明証的であるはずの天文学に、どうしてこうも複雑なカラクリが必要なのか、ということであった。真理は単純なものである、という考えは、古代ギリシアの自然学・哲学以来の信念であったし、ソクラテスやプラトンもいっそうそれを確信していた。プラトンは、最も明証的な単純なものから多くのものを演繹したが、こういうプラトンの単純な美しさの精神が、コペルニクスを鼓舞したのである。数学の明証性もこのような精神によって養われ、複雑な音楽もこういう単純な数比によって説明された。しかしプラトンにおいては、何よりもすべてを照らしすべてを明らかにする現実の光源は、太陽であった。

この太陽を中心にして、地球やそのほかの星をまわらせるなら、さきほどの多くの円組織も半分以下の円で十分説明がつく。こういう霊感のようなものをプラトンから得ながら、彼は繰りかえし繰りかえし観測をつづけ計算をつづけた。しかしコペルニクス自身天文学を、人間的であるよりか神的であり、困難を伴うものである。

といっているように、四〇年をそれにかけたからといって、また地動説を唱えたからといって、そう簡単に天文学が完結されるわけのものでもなかった。しかし彼の一生をかけて観測され計算された結果の地動説は、それなりのすばらしい真実の重みをもっていた。離心円や周転円という余計なものは、依然としてコペルニクスによって使われていたし、その他いろいろの難点は依然そのままであったけれども、コペルニクスによって提起された天文学の真理への巨大な歩みは、すぐつづいてティコ・ブラーエ（1546-1601）やガリレイやケプラーやニュートンに至る六・七十年間から数百年という長い間にたえずつづけられた。

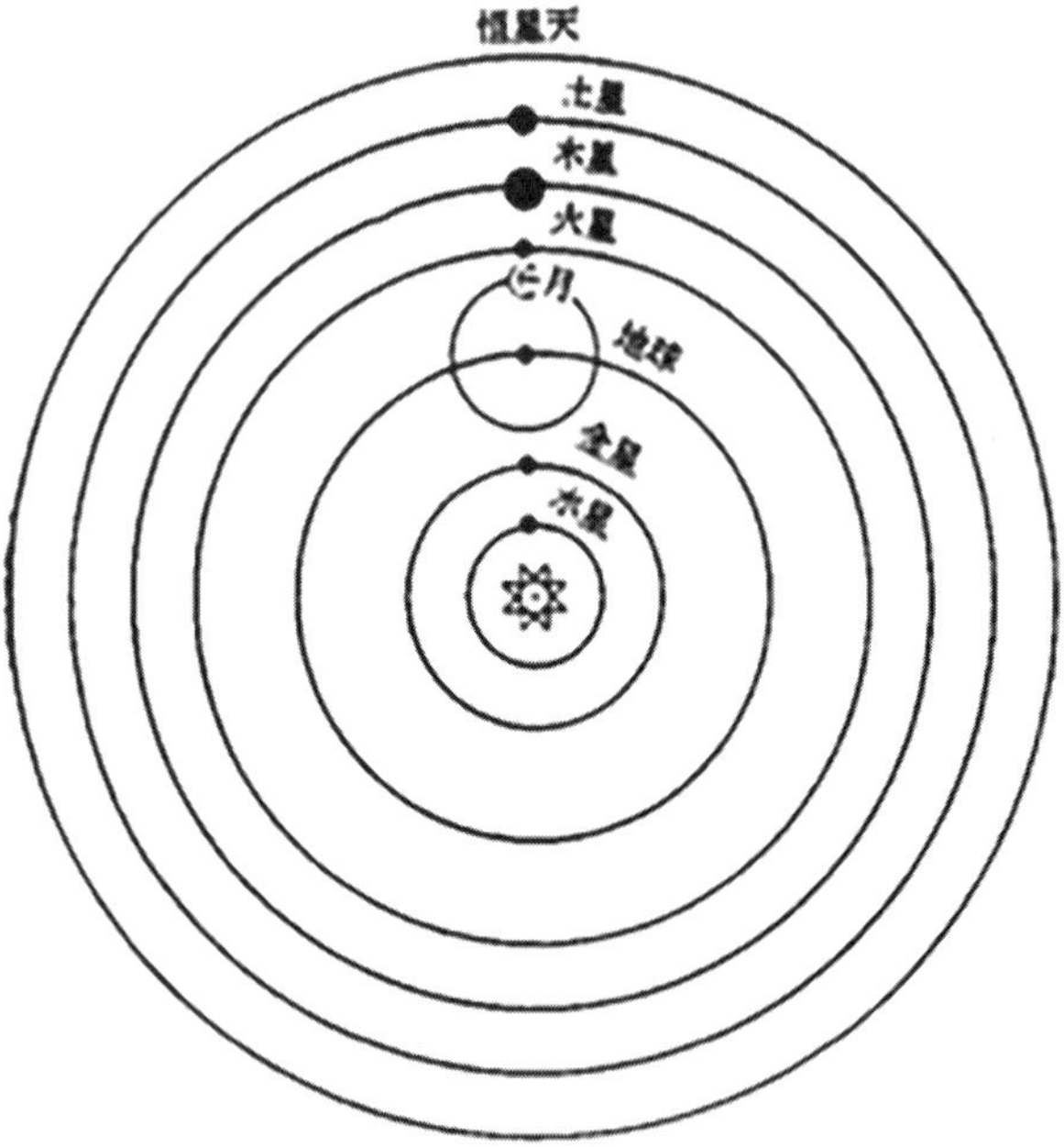

コペルニクスの太陽系

コペルニクスの考えた宇宙体系は、簡単に表示すると図のようになるが、恒星天の星々は球面の上に固定されたものか、無限に広がる空間に点在するものか、彼は決めかねている。古代・中世の宇宙体系は球体としてまとまりがあり、一応閉じられたものであったが、近代の宇宙観は典型的にはブルーノにみられるように無限に向かってうち開かれているところに特徴があるが、コペルニクスはどうもこれを決めかねているように思われるのである。

ところで円周上の各惑星の運動について、これが一様でないことなどは、コペルニクスに知られることなく終わったが、地球そのものの自転については一般人の常識的な見解を、彼が見事に退けた。一般の人たちは、地球が一日に一回自転するとすれば、それは大変な速さになるだろうし、空に浮かんでいるものはどんどん西の方に飛んでいくし、ものを空中にまっすぐ投げあげると、それは数百メートルも西の方に落ちるはずではないか、と考えた。こういう一般人の考えそうなことを、じつはアリストテレスやプトレマイオスのような大学者がまさにそう考えて、いろいろ見解をのべたのである。

その一端がコペルニクスの本に紹介されている。すなわち、地球が宇宙の中心にあって不動であらねばならないだろうというアリストテレスの見解と、地球が自ら動くならば大変なことになるというプトレマイオスの見解を、次のように彼は復習するのである。

したがって、すべての単純な運動は、中心の方へすなわち下へと向くか、中心から反対にすなわち上へ向くか、それとも中心の周りにすなわち円運動をするかである。下へ向かう、すなわち中心へ行くものは重いと考えられる土と水だけである。反対に軽いことが証明されている空気と火は上へ向く、すなわち中心から遠ざかる。直線運動は四元素に与えられ、反対に天体には中心の周りをまわる運動が与えられるのが適切のように見える、とアリストテレスはいっているのである。またもし地球が動くならば、少なくとも日周運動において今のべたところと反対の結果になるであろうと、アレクサンドリアのプトレマイオスはいっている。二十四時間で地球の円を突破する運動は非常に猛烈であって、およびがたい速度のものであろう。はげしい回転で動くものは、ある力で結びつけられているのでないなら、結合していることができず、散り散りになってしまうように見える。そこでプトレマイオスはこういっている——地球はとうの昔に散り散りになってしまったであろう（これはおかしなことだ）、そうして天自体をも破壊してしまったであろう、またすべての生物や自由に動く他の重い物体は地面にとどまることができないで、振り落とされてしまったであろう、……また雲やその他の空に浮かんでいる物はすべて絶えず西へ動くのを見るであろう、と。

天文台（フラウエンブルク大聖堂の屋上）で地動説が閃いた瞬間（1873 年）

という具合である。こういうもっともな素人考えに対して、コペルニクスは至って簡単に反論を加えているが、例えばプトレマイオスの考えに対しては、

船が揺れずに浮かんでいるとき、航海者は船の外のものがすべて動いていると見るが、彼らと一緒にあるものはすべて止まっている、と思う。地球の運動に関するものにおいて、同じように全世界が回っていると思うことは可能である。しかし雲やその他の空気中に浮かんでいるものや、落下するもの、上昇するものについてはどうであろうか。至って簡単である、地球とそれにつながっている水分が動くばかりでなく、空気の一部分および同様の方法で地球と関係をもっているすべてのものは、やはり動くのである。……

と説明している。アリストテレスやプトレマイオスの当然の疑問に対しては、結局ガリレイの慣性の法則やニュートンの万有引力の考え方によって完全に克服されることになるが、いずれにしても、ひとたびコペルニクスによっておこされた天文の啓蒙は、古代・中世の宇宙観や世界観をまで完全に変革するような啓蒙に発展するのである。

第二節　ガリレイと力学

古代以来、最も崇高な自然の学として認められていた天文学には、やがて多くの天才の労力が集中されてきた。しかし純粋な学である数学の方法を適用することによって、過去の権威への理論的挑戦がおこなわれてきたことは、古代ギリシア以来の人間知性の尊厳復活をものがたるものであった。自然は数学という最も純粋なるがゆえに崇高な学問によってつらぬかれており、決して非整合的であるはずはなく、しかもこういうことは、古代ギリシアの知恵ある人たち、中でもその最後の偉大な代弁者プラトンの確信でもあった。

さきにコペルニクスのところでもみたように、彼はプラトン主義であり、ピタゴラスの数理とギリシア本流の思想の流れにしっかりと掉さしている。単純な原理を求めて、彼は地動説という単純な原理による仮説を立てるに至った。これは崇高・単純な原理方法の帰結であり、決して恣意ではなかった。青は藍より出でて藍より青し、のたとえのように、コペルニクスは、ギリシア正統にかえり、そこから栄養をとることによって、ギリシア的なものが本来あるべき方向をたどったまでである、といえるのであろう。ギリシア的なものはどこまでも権威の形で固定化されるべきものではなく、正しいロゴスによってそのロゴス（道理、言葉）の導くままに主観や想像をまじえず、正真正銘の真実に至ることでなければならない。古代からそのような道程に大きな導き手となったのが数学であった。

ところで数学の厳密性が現実からあまりに離れるとき、そこには数理空想の非現実的世界ができ上がってくるが、そうであってはいけない。どこまでもこれと現実の感覚性とがしっかりと絡み合っていなければならない。この現に眼に見える自然の客観認識への道が、数学の指示によって開かれねばならないが、この数学の論理がひとり高飛びしてはいけないのである。その点で感覚への蔑視はギリシアの盲点であり、高潔であるべき古代ギリシアの自然観を非生産的にねじ曲げることになったが、反面感覚的なものへのルネサンス以後の認識が近代を開く鍵となった、ということをわれわれは注目しなければならない。

感覚を重んじ、そこに数学の厳密性をとことんまで一致させようと努力し、綿密に計算していくことを実験測定を踏まえて経験的に数量化していくこと、過去のあらゆる権威よりも自分の眼による正確な観察結果をたよりとすること、経験の弟子としての歩みを自然界に踏み出すことが大切であった。そしてこれへの巨歩が、ついにレオナルド・ダ・ヴィンチによって大胆に歩み出された。しかしレオナルドは、あまりにも多面的であり試作的であった。しかし自然の理法は、中世的宗教観のように神の意志で何でも（黒を白とでも）できるものではなく、そこには必然性と一貫性が要求された。因果性のある精密な機械仕掛けのように、しかもその機械はデタラメな機械ではなく、一定の決まった理法にかなうものであるという自然への信頼感が、自然観となってきたのである。

この機械的自然観が、神中心の自由にこの秩序をかえる絶対意志的（悪くは恣意的）なものにとって代わるところに、近代的思考があり、それが中世科学との大きなちがいであると考えられるのである。レオナルドは数字を用いたが、しかしかつてのピタゴラスの徒のように、天体が清澄無比な数学的比例の音楽を奏でながら天空をかけめぐるというように、まるで誰の耳にも聴こえない音を心の耳に聴こえるかのように数を神秘化する態度をとらなかった。どこまでも誰の眼にもはっきりと映ずる視覚を通してみるいわゆる図形とか数量化に特に力を用いた。古代ギリシア人のように感覚を軽視することなく、最も具体的な感覚を通して数量化という客観的認識に至る真実把握に

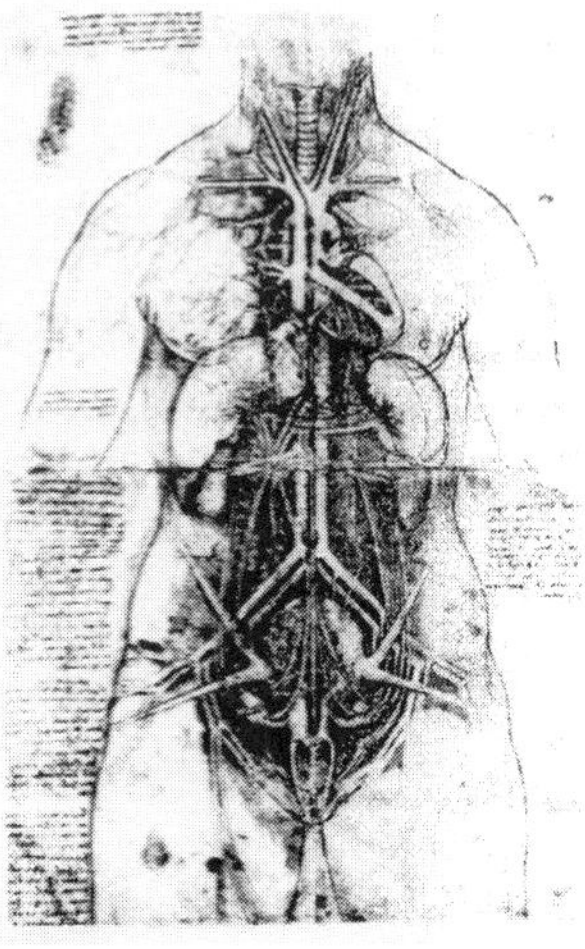

人体の胸部と腹部の解剖図

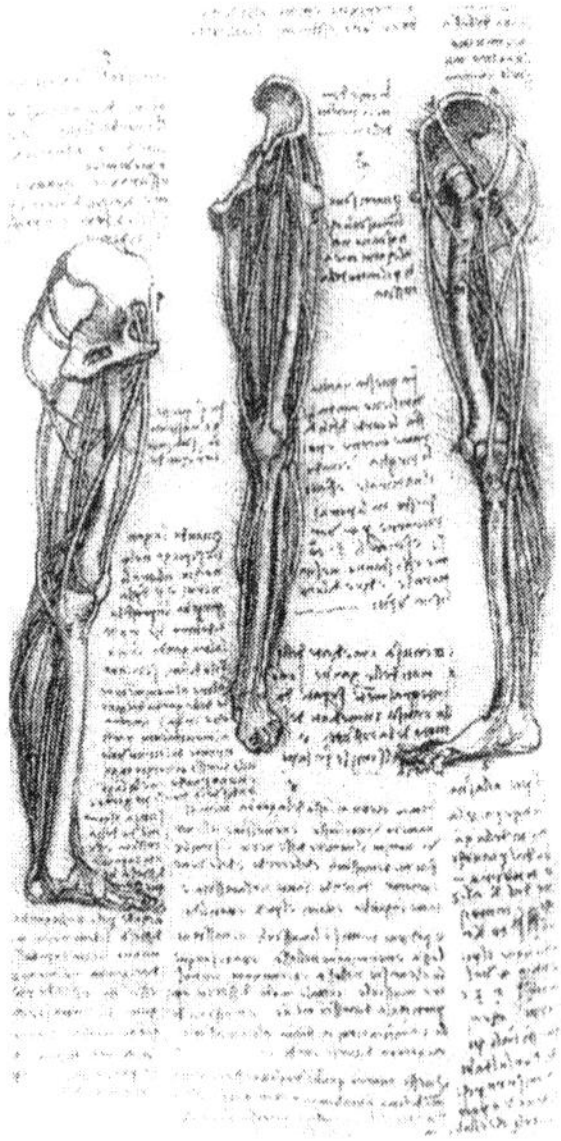

筋肉の表現

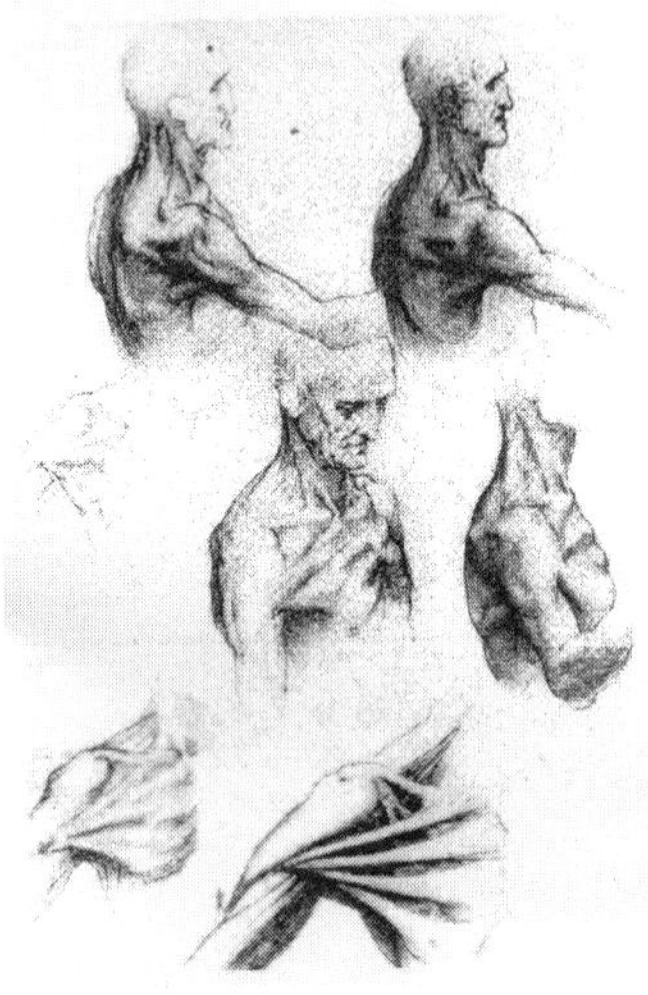

肩と腕の筋肉組織

向かおうとしたことが、美的認識、絵画の真実でもあったのである。解剖学的研究におけるスケッチにしても、その図示は正確な各筋肉なり腱なりの力学的関係が非常に精緻に図示されている。彼の機械設計もこの力学的理解を示している。

ガリレオ・ガリレイ（1564-1642）は、レオナルド・ダ・ヴィンチなどによって基本的には見透しを明るくされた世界に生まれた。彼を導いたのがやはり厳密な図形の学、ユークリッドの幾何学原本であったこと、アルキメデスの物理学に興味をもち、動的エネルギー時代の躍動期にふさわしく、運動論を数量的に厳密に研究したことが、時代の子ガリレイを象徴づけている。

レオナルドの場合と同様、自然の書物が、われわれに開かれている真理探究への手引きである。自然の理法を知るには、われわれ人間同士の意を通じさせるアルファベット文字とはちがった文字に頼らなければならない。それはとりもなおさず三角、四角、円、球、円錐、角錐などの数学的図形であり、数量的測定値である。これを頼りに読みとり意を通じさせていかなければならないことを、ガリレイは新しい科学として特徴づけている。

当時の生活のエネルギーとなっていたいろいろの

ガリレオ・ガリレイの肖像（『黄金計量者』の扉絵より）　働き盛りの頃。

機械、小型や大型とりまぜてのあらゆる型の機械は、人間の機構もある精密な機械仕掛けであるし、また宇宙もはるかに大きな機械仕掛けであることを予測させるであろうが、とにかくガリレイの『新科学対話』の登場人物三人のうち生徒となる人物ザグレドは、当時隆盛を誇っていた商業都市ヴェネチアの市民であったし、序説（「古代篇」四一頁）でも引用した、「あの有名な造兵廠《ぞうへいしょう》での日々のたえまない活動が思索への広々とした場所を与えてくれること、中でも機械の工作場が一番思索をそそる興味深いものであること、しかも過去の一番の権威アリストテレスの学説はもはや信頼できず、ただ、たのむは幾何学（数学）を土台として機械の仕組みをただ経験的に実験的方法で解明していくよりほか方法はないこと」をよく自覚している。克明な実証以外に、自然の秘密をとくための鍵はありえない。いろいろの機械などの力学的関係を数学という理法によって証明し、経験を普遍的に高めることが確信されたのである。

　アリストテレスの権威が既成の大前提から演繹されたものであるかぎり、どうしても新しいものは発見されな

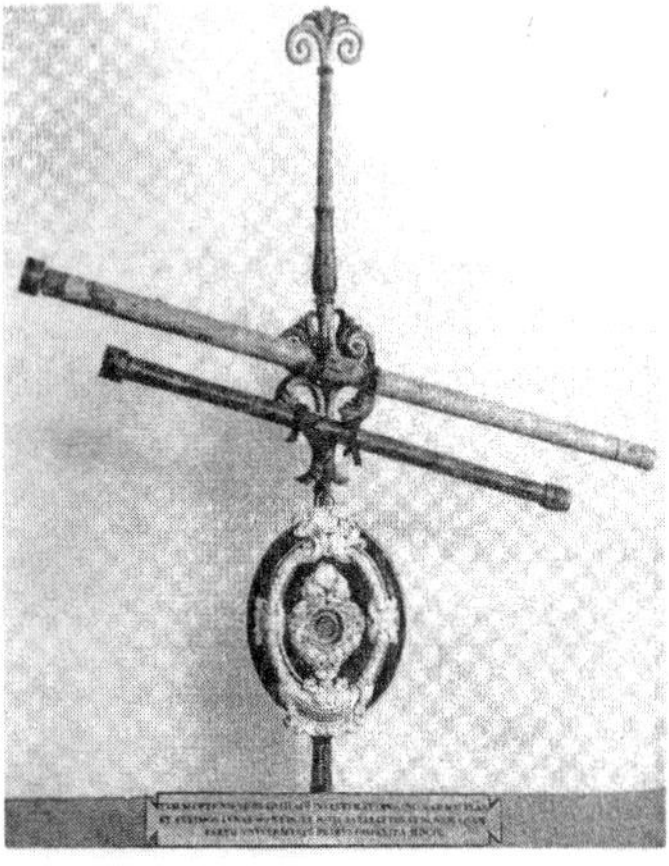

ガリレオの使った初期の望遠鏡。上下二段になっているが、上の倍率は14倍、下の倍率は20倍。

DISCORSI
E
DIMOSTRAZIONI
MATEMATICHE,
intorno à due nuoue scienze
Attenenti alla
MECANICA & I MOVIMENTI LOCALI,
del Signor
GALILEO GALILEI LINCEO,
Filosofo e Matematico primario del Serenissimo
Grand Duca di Toscana.
Con una Appendice del centro di grauità d'alcuni Solidi.

IN LEIDA,
Appresso gli Elsevirii. M. D. C. XXXVIII.

『新科学対話』（1638年）の扉絵

い。新科学の方法である数学の理論は、たしかに事実に先行するけれども、事実が事実の理論となるために、その数理論を量的にその事実に適用し、新しい法則を拡張的につくり上げていかなければならない。例えば、これまで色とか音などは、形態とか運動のような第一性質に対して第二性質として、これら第二性質は物体の必然的属性ではなく主観的なものと考えられてきた。しかし例えば、音は空気の振動として数量化されることにより、その理論が立てられれば、そこにこれまでの主観的非学問的無規定的存在が、客観的学問規定の数量的関係理論として証明されてくるのである。これまで理論化されなかったものをすべて、できるだけ数量化することによってガリレイは、新科学を特徴づけ基礎づけた。

自然学はガリレイによって存在問題から運動問題となり、ここにこれまでの哲学は力学となったのである。思惟は、もはや存在には向かわず運動へと向かった。これまでの考えでは、運動は存在の目的論的体系に従ってその目的の完成へと動くことによって規定づけられ、他から動かされるという考え方であったが、これに対して、ガリレイは、運動が物（「もの」）の物理的存在であるというように、それを自立的に逆転した。静止というのは運動量の零なる状態なのである。このようにして量的運動の機械観の世界が出現したのである。

しかもこの機械観の世界は、月下の世界だけでなく月より上の世界、太陽の世界や恒星の世界にまでも拡大されていった。この無限定の宇宙像への解放、中世的階層世界の解体とともにおとずれた人間視界の無限解放が、ルネサンスの哲学者たちによって啓発された。その道はたしかに人間をこれまで閉じこめていたヨーロッパ世界からの脱皮現象と軌を一にしている。前からも触れてきたように、これまでアリストテレスの権威に従うと、天上では完全な円運動、地上では不完全な垂直運動というように、截然と分離させられたが、このようにいろいろと月下（地球上のわれわれの世界）と月上（天上界）とを質的に区別することはあやまりであって、地球も月も太陽もその組成の物質はちがわないことを、当時やっと進歩した自作の望遠鏡でもって確認した。

これは学問の進歩が人間の手という技術の助けによって拡大されていくことを物語っている。原始的な人間の他の動物からの脱却が、ここに雄弁な代弁者によって堂々と唱えられることになった。レオナルドのときは断片的でしかなかったものが、五・六十年後には産業技術社会の発達とともに、ガリレイによって見事な宇宙解明の武器にまで進歩させられた。月も凹凸があって従来信じられてきたような完全な球体とはいえないこと、太陽にも発生消滅する黒点がありて不変不滅とはいいがたいこと、木星にも小さい衛星がついていてその周りを回っていることなどから、地球も他の天体と同じく天体であって、その代わり、神の測り知れない無限の宇宙こそ神の測り知れない業をあらわすものであること、を示そうとしたのであろう。しかし宇宙の運行には、これまでどおりの神や霊魂は必要ではなくなったことも事実であり、これまでもやもやとしていた万物有霊説などの議論もその影を薄めることになった。

そしてはっきりとした（数量化された）輪郭をもって、機械化時代・技術革新時代が未知の宇宙解明へと大胆な飛翔をはじめたのである。現代の月世界探検、火星や木星への物理探検の路線は、ガリレイによってはっきりと指示されたものであった。その意味合いで、彼の存在は、ニュートンに劣らない人類の指標人の風貌をそなえ、科学者・人間像の代表でありうるのである。

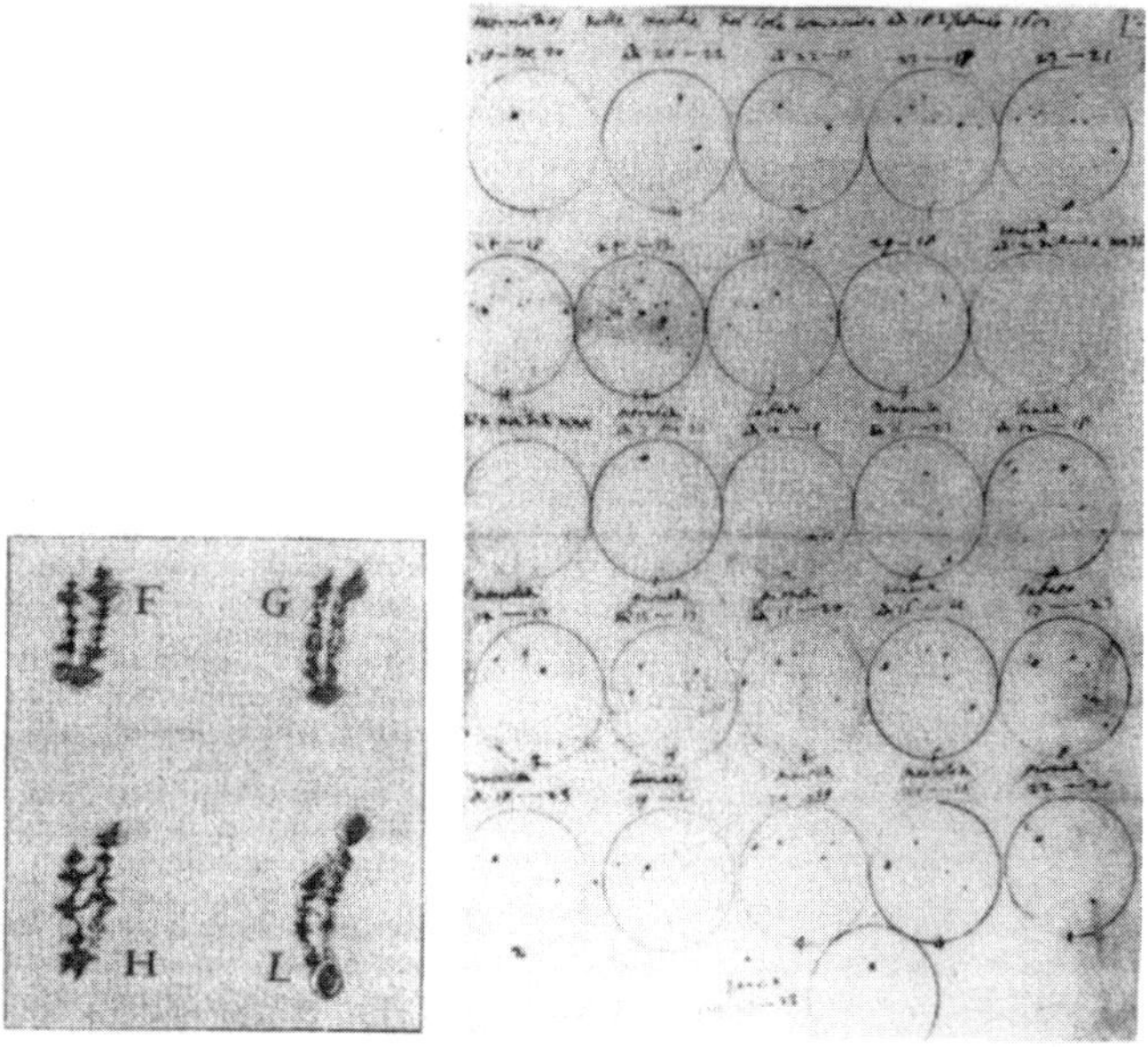

太陽の黒点の、時刻による位置の変化を描写したもの。

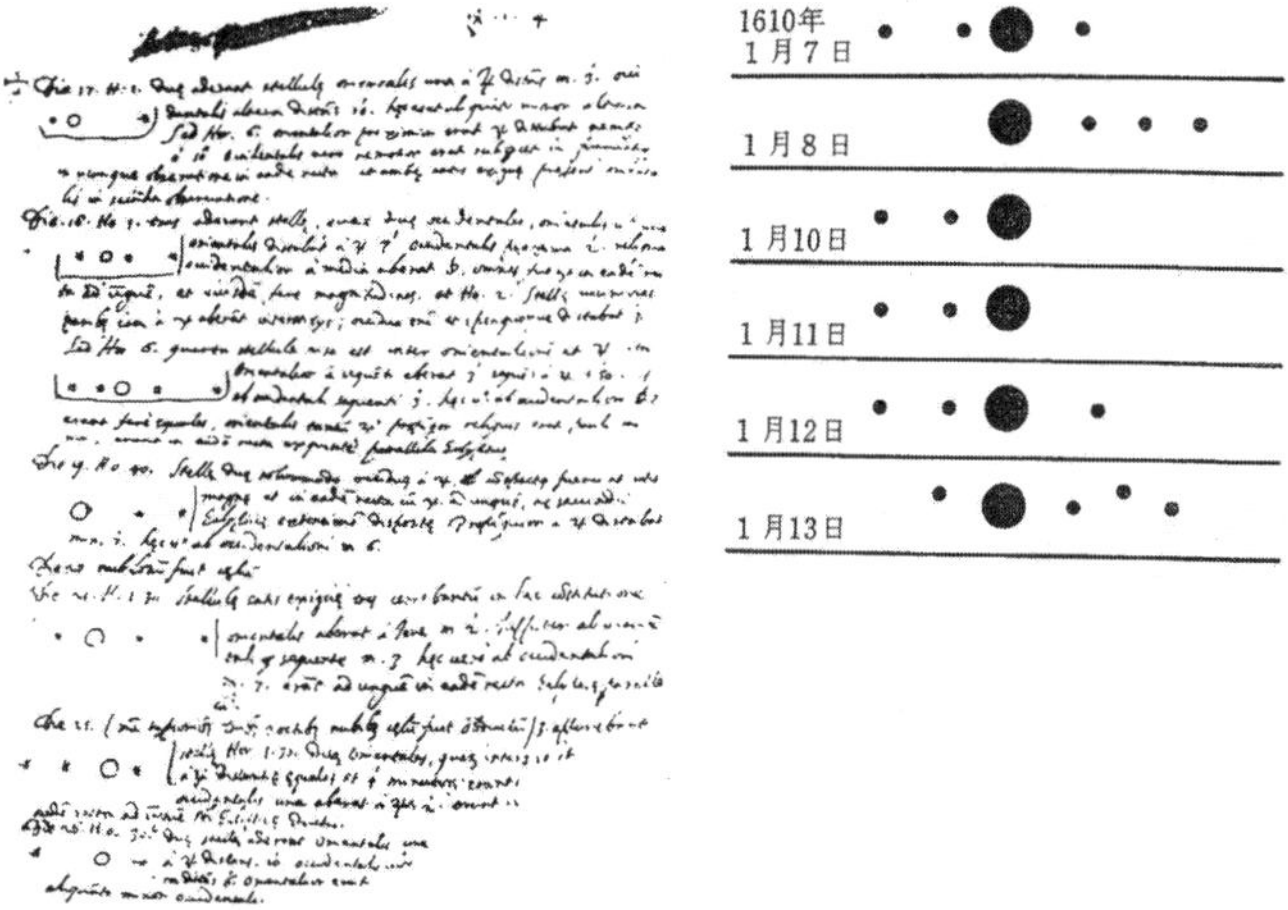

木星の衛星を観測したときの手記。木星（少し大きめの丸）と衛星（小さめの点）の位置が描かれている。

ところで知るべきことは無数にあり、人間の知識はごくわずかであり、次節にみるニュートンの弁ではないが、次々と新しく拡張されるべき科学的認識は決して完結はされない。しかしこれは、数学的絶対確実性を数量に適用することによって、次々と新しい解明がなされていくはずである。まさに、「芸は長し、いのちは短し」の格言のようではあるが、神のよって小さきいのちの人間に与えられた認識能力はいかに小さくても、科学的真実への道をあやまたずに方向づけられるのは、数学の導き手とそれに導かれる感覚的明証性をおいてほかにはないのである。

こういうことを、レオナルド、ガリレイ、ニュートンなどの立派な科学者群像は十分に示し、そういう地味な努力によって、近代科学の金字塔をうち立てることに成功したことを銘記しなければならない。これらの科学者たちは、みなあまりに巨大なものに対して、ただ自分中心の想像力だけで勝手にひとりよがりの構想をたて、哲学説をたてることを厳に戒めた。

ガリレイは、『プトレマイオスとコペルニクスとの二大世界体系についての対話』（一六三二年）という著書の中で、アリストテレス説を信奉するシンプリチオに対し、人間の抱きやすい自己中心の傲慢を戒め、次のようにいっている。

シンプリチオ君、私たちはあまりにも傲慢なように思います。というのは、私たちは神の知恵と力とに適切な仕事は、私たちについて注意を払うことだけで、この限界を超えては何もなさず、何も命じないとするのですから。しかし私は神の手がそんなに縮められてしまうことを望みません。……そこでもしブドウが太陽から受けうるものすべてを受けており、また太陽が同時に他の非常に多くの結果を生み出すことによって何一つ奪われることがないのであれば、ブドウが太陽光線の働きは自分のためにのみ与えられるように考えるかそう要求すれば、それはブドウの嫉妬か愚かさであると非難されるべきでしょう。

ガリレイ著『プトレマイオスとコペルニクスとの二大世界体系についての対話』(1632年）の扉絵。描かれた3人は左から、アリストテレス、プトレマイオス、コペルニクスである。邦訳では『天文対話』というタイトルである。

と。これらの言葉は、シンプリチオがアリストテレスやプトレマイオスの説どおりに、諸惑星の美しい秩序を信ずるあまり、それに合わないものを受け入れようとしない態度に対して発せられている。

権威と認められている説に合わないものが出ると、それを無駄といい、無用とすぐに決めつけ、そんなものは神の美しい目的にかなわないから、誰の役に立ち、誰が利用することになるのか、という。しかし私たちは、実際にそれが人間の役に立ち利用することができたりしなくなっても、それが現にあることが感覚と数学的思考によって十分推測されるなら、その結果には謙虚に従わねばならないのである。

シンプリチオが、

ところが一体何の目的で一番上の土星の軌道と恒星天球との間に、何の星もなく余分で空しい非常に広大な空間を挿入するのですか。何の目的のために、誰の役に立ち、誰が利用するようにですか。

と反論してきたのに対して、サルヴィアチは、

諸惑星の軌道と恒星天球の間に、星もなく無用な巨大な空間を挿入するのは無益で空しいことであり、恒星の住居として私たちのあらゆる理解力を越える巨大さは余分であろうといわれるならば、私たちのまったく弱い理性が神の御業を判断すること、宇宙にあって私たちに役立たぬことはすべて空しく余分であると呼ぼうとすることは、大胆不敵なことだといいましょう。

と相手を戒め、またその問答を聞いていたサグレドも、

そして私は、「自分は木星や土星が自分にとって何の役に立つか知らないから、これらのものは自然において余分なもの、むしろ存在しないものである」というのは、考えられる中でも、最もひどい傲慢むしろ狂気と思います。

と、いっている。

シンプリチオは、自分たちの想像が一番正しいと思いこみ、それに合わないものをすべて切り捨てようとするが、そういう態度は、さきの問答の中でもすでにサルヴィアチによって、

　おお、なんと馬鹿な人か。君は自分があまりにも広大であると判断する、あの宇宙の大きさを想像力でもって理解しようとするのか。君がそれを理解するというなら、君は自分の理解力は神の力より大きいとみなすのか。君は、神がなしうるより大きいことを想像するといおうとするのか。また君がそれを理解しないというなら、なぜ君は自分のわからぬことに判断を下すのか。

と極言されるように、真摯で謙虚な学究の徒に義憤を感じさせるものなのである。

ガリレイは、以上の問答にもあるような謙虚な科学者として、勝手な思弁を弄する当時のアリストテレス流の哲学に反論した。澎湃としておこる自然の児としての学究の情熱が、ガリレイをしてますます敬虔な自然創造の神の使徒であらしめている点を、私たちは見逃してはならない。自然も神も、深くそれに仕えれば仕えるほど、その人の心を貧しくし、そのように貧しくすることによって、さらに大きく富ませるのである。ガリレイもそういう人であった。不当に思われた宗教裁判に、結局晩年服することになったのも、そういうガリレイの心情あるがゆえであったことを忘れてはならない。

第三節　ニュートンと近代的自然観の成立

ポープというイギリスの詩人がニュートンの墓碑銘に表現した言葉は、有名である。

自然も、自然の法則も夜の闇に隠されていた。
神のたまわく、ニュートン在れ！と。
そしてすべては明るくなった。

詩人というものは、多く何事もこんなふうに簡単に片づけ、鮮やかに人びとにその事柄を印象づけてしまうものなのかもしれない。けれども、アイザック・ニュートン（1642-1727）によって完成される近代宇宙機構の解明には、幾多の偉大な人たちの並々ならぬ努力が先行したことは当然であった。しかし神は、ニュートンに総合的完全者という幸運を与え給うたのである。しかも、この幸運児がフランスでもドイツでもイタリアでもない、ほかならぬイギリスにあらわれたということは、単なる偶然ではなかったように思われるのである。イギリスがこのニュートンを生む幸運を担ったのも、まったく偶然とはいえぬ、豊かな地盤をこれまでもっていたからこそ、ということができるからである。

さきほどからもみてきたように、コペルニクスにみられる天文学研究は、プラトンの数学、特にギリシア的幾何学図形の完全性にこだわりすぎていた。コペルニクスによると、文句なく、天体の運動はどうしても完全な円運動でなければならなかった。楕円というようなことに考えはおよばなかった。数学を宇宙観にそのまま原理的に適用するときは、この数学的宇宙体系は失敗しなければならなかった。数学は、そのままでは、引力の働く中心的メカニズムを考えつかなかったのである。こうしたことは、やはり現実の宇宙世界の力関係を研究する物理学の問題であった。力学（天のものはすべて、地上とはちがった独自の法則に従う特別な物質で証明することができる、という古い考えを抜け出て、地上の運動と天空の運動を同じ法則で説明することができるという新しいガリレイの力学の体系研究）のおかげが大きかった。

ところでこの研究に際し、あらゆる霊的なものは、この際、神の清らかな英知にすっかりおまかせして、今はただただこの宇宙の仕組みとか仕掛けをこれまでの変な仮説なしに、自らやりなおそうと、ニュートンは決意したのである。イギリスの唯名論者、経験論者らしく自然の秘密の「なぜ」を問わず（それは神にまかせて）、ただ「どのように」という機構・機械仕掛けの原理を彼は追求しようとしたのである。

ニュートンの肖像

「神、宇宙あれ！とのたまえば、この宇宙かく見ゆるままに生じたり」というその生じたままの宇宙の仕組みをだけ、彼は探究しようとした。ニュートンは重力を発見した。しかしその重力の原因はあえて問おうとしなかった。ニュートンは、仮説をつくらず、実験と観察というモットーのイギリス経験主義の地盤の上に立った。いわば数学というこの上ない便利な知恵の道具を使って、現実性のある宇宙観と実り多い大樹を生ぜしめたのである。しかも、そのイギリスの土壌というものは、非常に貪欲であり、あらゆる有効なこれまでの養分をすべて取り込んだのである。ニュートンは、コペルニクスとちがい、数学の完全性にあまりに偏重したピタゴラスやプラトンのヴィジョンを退けることによって、物理学と数学との正しい関係をうちたてようとしたのである。

ところでニュートンがイギリスの土壌に貪欲にとり入れた栄養とは、天文学ではコペルニクス、ティコ・ブラーエ、ケプラー、ガリレイ、ホイヘンス、力学ではガリレイ、ホイヘンス、光学ではガリレイ、デカルト、ホイヘンスなどの考え方であった。ニュートンは貪欲にとり入れたといったけれども、彼は、本能的に何がどんな栄養かをよりわける天賦の才能をもっていたように思われる。以上あげたほかにも、実験を重視したニュートンは著名なギルバート（1540-1603）の磁石の研究とか、ボイルの原子論などを巧みにとり入れた。ギルバートは地球が一つの磁石で、その磁石が他の天体とかその他のものを引きつけるのだと考えていたので、そのことから、「引力」ということも議題にのぼりはじめていたのである。アイザック・ニュートンの主著はプリンキピアと普通呼ばれている『自然哲学の数学的原理』（*Philosophiae naturalis principia mathematica* 一六八七年）である。このほかに重要な『光学』（*Optics*

一七〇四年）があるけれども、ここでは『プリンキピア』を中心に、ニュートンの原理をごく簡単に要約し、近代科学の完成者としての彼を紹介しておきたいと思う。『プリンキピア』は、序章を含む三部からなり、大体古代ギリシアの『幾何学原本』の著者ユークリッドにならい、定義と公理によって整然と論理的に説かれている。序章は、

定義一　「物質の量は、その密度と体積の相乗積で与えられる物質の測定である。」

からはじまっており、

定義八　「求心力の運動的大きさは、（この力が）与えられた時間に比例する求心力の速度である。」

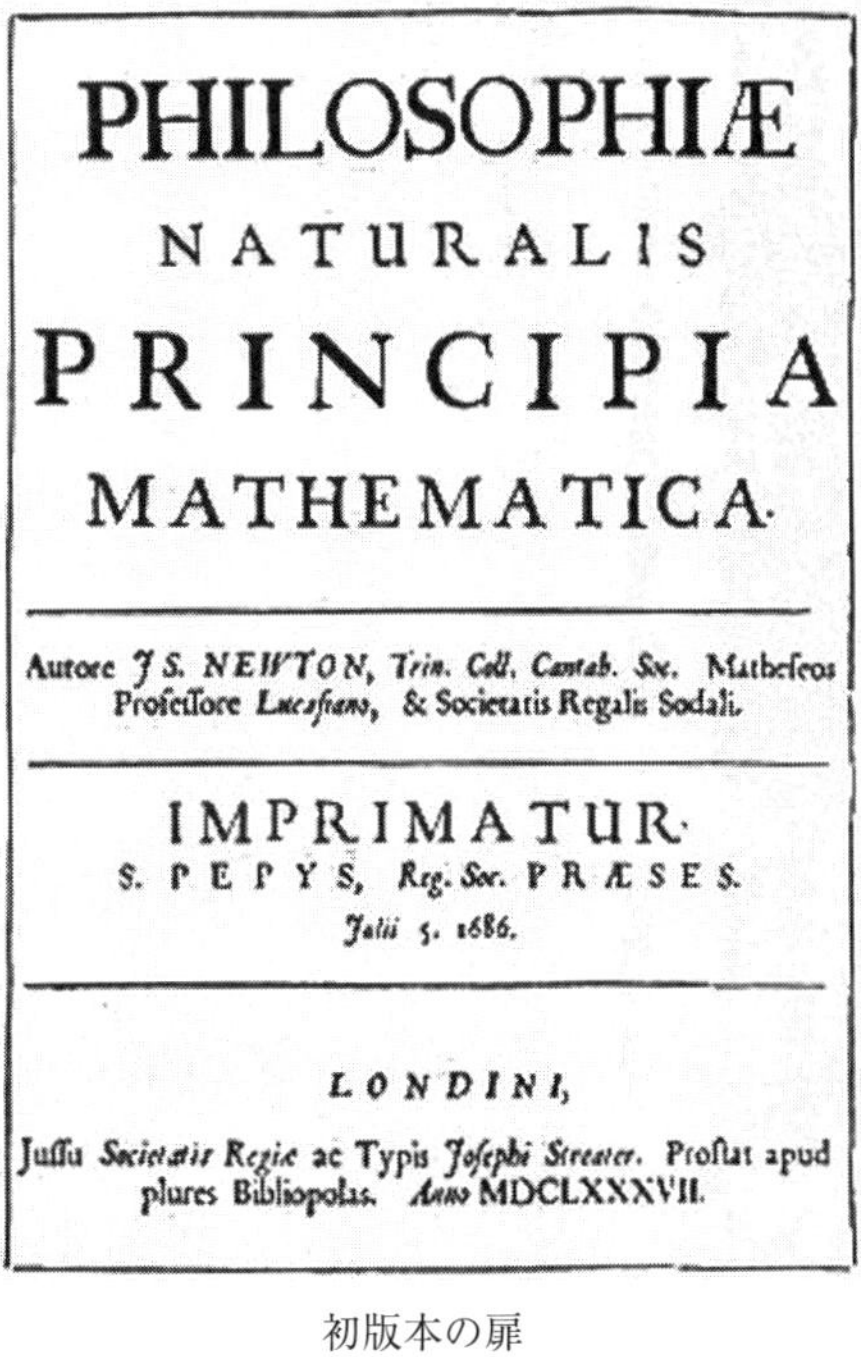
PHILOSOPHIÆ
NATURALIS
PRINCIPIA
MATHEMATICA.

Autore *J S. NEWTON*, *Trin. Coll. Cantab. Soc.* Matheseos Professore *Lucasiano*, & Societatis Regalis Sodali.

IMPRIMATUR.
S. PEPYS, *Reg. Soc.* PRÆSES.
Julii 5. 1686.

LONDINI,
Jussu *Societatis Regiæ* ac Typis *Josephi Streater*. Prostat apud plures Bibliopolas. *Anno* MDCLXXXVII.

初版本の扉

（この定義のあとには注解があり、ここで絶対的、相対的時間や、絶対的、相対的空間などの考えが入れられている）におわるが、さらに「運動の公理または法則」がつづき、第一部は「物体の運動（抵抗のない媒質中での）」をあつかう。ここで例えばケプラーの第一、第二、第三法則が証明されている。第二部は、「物体の運動（抵抗のある媒質中での）」で、大部分は流体力学（流体、静力学と動力学）の問題などで、天文学と直接関係がない問題があつかわれている。

第三部は「数学的にとりあつかった世界体系」で最も興味深く重力に基づいた力学の応用で、ニュートンの宇宙観の最も見事な結実がここで論ぜられる。すなわち、

「どんなものであろうと、すべての物体は相互重力の原理に従う。」

「すべての二つの物体は、その質量に比例し、その間の距離の二乗に反比例する力で、お互いに引きあっている。」

というようなことから、太陽のまわりをまわる諸惑星の運動、惑星の衛星の運動、地上の落下・投射運動、潮汐運動など、すべての重要な問題がとり上げられている。何といっても中心はニュートンの重力の法則であり、これが宇宙観の中心であり統一法則であった。

ニュートンの宇宙原理に先行するものとしては、慣性の法則は何としても重大な意味をもっていた。コペルニクスにとって大きな障害となったものは、途方もなく重い地球が動くとして、一体何がこれを

動かすのかの問題であった。地動説を原理的に演繹したとしても、数学からはこの動者の演繹はできなかった。ガリレイが、はじめてその工学的技術の発達したイタリア都市において、慣性の法則（すなわち物体がひとたび運動をはじめたなら、何かが邪魔しなければいつまでもその運動をつづけるだろうという力学上の法則）を発見した。古い教説では、物体が運動するには、たえず何かがそれを押すか引くかしていなければならなかったが、慣性の法則に従うといろんなことが非常に説明しやすくなったのである。この法則はしかし物体がなぜ接線方向に飛ぶかということを説明できても、天体の運動を説明するにはさらにさらに何かが必要であった。

さきほどのギルバートの磁石の話をしたとき少し引力の問題に触れた。しかし、これはアリストテレス以来の古い理論でもあり、コペルニクスは、あらゆるものは物質が球に集まるとする傾向があるから地球も太陽に引かれるのであろう、と推量した。さらにいろんな人の磁石の研究から、引力は距離の二乗に反比例して変化する、などという考えも、あとには唱えられた。ところでまた技術工学の発達した近代新興国オランダの人クリスチャン・ホイヘンスが、一六五九年に求心力の法則を発見したことは幸運であった。もっともニュートンその人は、ホイヘンスにちょっと先をこされたことをいくぶん苦々しく思って、そのことを口にもしているが、とにかく、石が投石器の中でぐるぐる回っているとき作用する力（すなわち引力）をはっきりあらわす公式を発見したのである。

これにさきほどのべたケプラーの第一法則（惑星の軌道は楕円であり、太陽はその焦点の一つである）と第二法則（太陽と惑星とを結ぶ動径ベクトルによって描かれる楕円の扇形は時間に比例して増加する）と第三法則（軌道の縦軸の半分の三乗と、公転の時間の二乗との比は、すべての惑星について同じ値をとる）を抱き合わせて、これらの栄養を全部吸収した。そしてきわめてバランスのとれた豊かなニュートンの知恵が、ここに生まれたのである。慣性の原理から、惑星は運動をどこまでも一直線になおもつづけようとするけれども、引力にひきとめられて楕円軌道を描くようになるが、これは砲弾の描く曲線の原理でもあり、このようにして、天上と地上の運動は、見事に原理的にも数量的にも、幾何学（数学）と物理とを統合して理論づけられた。

ニュートンについては、いろいろと光学のことや微積分のことなどでのべなければならぬこともあり、これらが、その主著の思想にも絡み合っているのだけれども、それらはここでは割愛したい。しかしともかく『プリンキピア』を仕上げるまでには、いろいろの対人関係のごたごたしたこともあり、彼の気散じの妙薬リクリエーションをも（散歩すらも）すべて投げ出して、いや食事すら意識にのぼらないくらいにただただ研究に没頭したこともあって、数年ののちには彼はすっかりノイローゼにかかるほどであった。しかし、四十五才にしてきわめて首尾一貫した宇宙時計の仕組みを説明し終わったニュートンは、生前すでにいろいろの伝説的英雄となった。それ以後は研究没入を離れ、一七二七年の死まで、彼はさらに四十年間名誉ある公職について、人びとの尊崇を集めながら暮らすことができた。

四十才を出てからも、依然せっせと実験を重ねて近代科学の闇の中をとぼしい光をかかげて進んだガリレイとくらべてみると、ニュートンは非常に対照的であった。ガリレイの晩年の迫害とくらべてみても、ニュートンのサー・アイザックのナイトの名誉称号授与は、彼にとっても最大の幸運だった、といわなければならないであろう。国をあげて、科学の王国たらしめたニュートンを祝福したのである。

ところで、ニュートンが近代宇宙理論を総合的にうちたてたといっても、そういう宇宙の原因となるものについての形而上学的理論をうちたてなかったことについて、いろいろと不満の声があるかもしれない。それはまた、自然哲学の尽き果てぬ愚論をわかす問題だったのに、ニュートンはそれに答えなかったからである。人は、ニュートンと微積分学発見の先着順を争ったライプニッツのように、予定調和の形而上学をうちたてたりすることを、ニュートンに求めたかもしれないが、彼は、神の配慮については『プリンキピア』の第三部においても、はっきりと、

私たちは経験によって神の属性について若干知っているが、その実体については何も知らない。が、神について事物の現象から論究することは、たしかに自然哲学に属するということはいえる。

という意味の序説（「古代篇」五七頁）でも触れた言葉をのべている。そして最後に次のようにいっている。

以上私は天体と海の現象を重力によって説明してきたが、まだこの力の原因を与えなかった。……しかし今まで私は、諸現象から重力のこれらの性質の原因を見つけることができなかった。しかし、私は仮説を立てようとは思わない。それは現象から導き出されないものはすべて仮説であり、仮説は形而上学的なものであれ、物理的なものであれ、潜在的性質のものであると、機械的性質のものであるとを問

わず、実験哲学においては、採用されるべきではないからである。この哲学においては、特殊命題を現象から導き出し、それを帰納法によって一般化するのである。このような方法によって、物体の不可入性、可動性、撃力、運動および重力の法則が見出された。重力が現に存在すること、それがさきにのべた法則によって作用すること、またこれによって天体と海のすべての運動を十分に説明できることで満足すべきである。

さらに語をついで、いろいろの霊的な力や働きについては、

すなわち霊的なものが振動し、感覚の外部器官から神経の堅い繊維を通って脳に、脳から筋肉へつたえられる。しかしこれらのことはわずかの言葉で説明できるものではなく、またわれわれは、この電気的、弾性的、霊的なものが作用する法則を精密に決定し、証明するために必要な実験を十分にもっていないのである。

と、つつましい科学者の知恵を語っている。

ニュートンの知っていることは、大海の大きな砂浜に遊んでいる子供が、その中でひときわきれいに光る貝殻を見つけて喜ぶ、そういう喜びであり、もともと無限の神の全知全能は、とてもはかり知ることはできないのであって、自分は知りうる最善のことで満足せねばならない、というのである。同じ「知

恵を愛する」哲学（ニュートンも自分の探究していることが哲学の問題であるといっており、このころは数学も力学も一つの哲学であった）のうち、ニュートンのような見解を選ぶか、ライプニッツやデカルトのような見解（主として形而上学）を選ぶか、これは古代ギリシアでもアルキメデスを選ぶか、プラトンやアリストテレスを選ぶかの問題にもつながる。人間のタイプとして、簡単に一方を科学者的、他方を哲学者的として類型化してしまうことは早計であるかもしれないが、いずれにしても、近代の学問にも、この二つのはっきりしたタイプがあり、近代思想史を渉猟していく者にとって注意しておかねばならないことである。

近世はこの両者がだんだんとはっきりわかれる傾向を強め、科学者像がくっきりとしてくる。しかして哲学の中に含まれていた自然の現象知識は、ニュートンをさかいとして哲学からわかれはじめるのである。これはあるいは致し方ない面をもっているかもしれないが、われわれは序説からものべてきたそれぞれの知恵の源泉に立ち返り、全体への思慮とともに、貧しい敬虔な愛知の態度を、たえず神（自然）に対してとりつづける努力をしなければならない、と思う。

第四節　ボイルと近代実験化学

レオナルド・ダ・ヴィンチの残した手記五〇〇〇枚の中には、天文・物理・地質・解剖・生理・植物・力学・

技術等々、自然科学関係の考察が、天才の鋭い洞察でもってメモ的にのべられている。しかしこれらはすべてトルソのように断片で、その深い洞察力はひときわ光っていたが、何一つとして一つの体系にまとめられるものはなかった。が、中でも「化学」については、最も貧弱であり、錬金術的で、また土・水・火・風の四大元素説を奉ずる在来の基本概念を一歩も出るものではなかった。

古代以来めぐまれた研究領域であった天文学、さらに物理学（力学中心）は、上にも見たように近代科学成立の牽引力となったが、プラトン以来数学の研究発達、いわば物理学の言語としての数学の研究成果にまつものが大きかったのである。ピタゴラス学派は数の比を音楽に適用したが、さらに天上の秩序は数という純粋なものの関係、すなわち比例関係による整合性をもつと考えた。音の和音を調べると、そこには数の美しい比例がある。もちろん弦の長さの比である。

ピタゴラスを受け継いで、移り変わることのない常住の国イデアの国の建設図を完成しようとしたプラトンのアカデメイア学堂も、幾何学（数学）の理法を天のイデア解明の鍵言葉と考えた。下って、さきほども見たように、レオナルドの自然解明に当っても、

数学者でない者には私の理法はわからない。

と彼がいうとおりである。数学は、一枚とか一冊とか一匹とか一人とか一個という一連の性質も形もちがうものから、いわばそのような特殊事実から「一」というある一般的なものを抽象的にひき出して、

全部に共通するものをとり出してくるのである。数学的に表現される物理現象を、精緻な観察と実験によって定量的に計算し、数量的に計算し関係づけていく操作が必要だが、それが、ガリレイの振子の観察や落体の運動によって、力学の数量的関係の新しい理論形成へと結晶したのである。

化学分野においては、しかし事情がちがっていた。定量的な測定が進まなかったのである。近代物理学を完成したニュートンでも、物質の変化になると錬金術の領域にとどまっていた。卑金属の金への変成が数量的な配分によっておこなわれることは疑わなかったが、土・水・火・風という四元素にとどまっている限り、この数量配分はまったく徒労に終わらざるをえなかった。しかしごく徐々に、物理学で成功した測定技術を化学に適用することが進められていった。

風、すなわち空気は四元素の一つであるが、例えば一様に空気といわれるものに種々性質のちがったものがあることに、だんだん気づきはじめていた。しかし錬金術師たちの実験から得られる基体の解明に、じつは化学を解く鍵があったが、振子や落体とちがって、これらは何といってもつかまえどころのない物質で、観察が困難であった。

またアラビアの魔術的操作の要素が化学を神秘的ないわゆる秘法あつかいにし、各自は自分の研究を一般に公開せず、そのため共同研究が行われなかった。しかし、ファン・ヘルモント（1577-1644）のような熱心な医者は、その実験観察を測定的に定量しはじめていた。彼は、燃えている木から蒸気を得て、これを空気と区別して「森のガス」と呼んだ。ヘルモントがギリシア語の「カオス」という言葉をその気体に当てたことは、まったくその言葉のごとく、「混淆物」であったことを意味するのかもしれないが、この区別は重要であった。その後、空気に対していろいろな実験が行われ、空気の性質への関心が異常に高まった。

ロバート・ボイル（1627-1691）の実験が中でもピカイチであった。アイルランド生まれのこの化学者は、空気ポンプを考案し、圧縮させたり膨張させたりの実験を行って、その結果、空気の体積と圧力の関係を反比例で定式化した。すでにこの定式化を進める上で重要だった水銀柱の研究は、さきにイタリアの物理学者トリチェリ（1608-1647）の実験で気圧計が解明されていたし、さらに空気ポンプについて

ボイルの肖像

ボイルの実験室。前列左から反射炉（蒸留用）、大型の炉（昇華用）、融解炉、ペリカン（循環用の容器）、細長い昇華炉、レトルト類など。後方にはいろんな用途に使う炉が見える。

は、ドイツの物理学者ゲーリケ（1602-1686）によって、容器外の気圧と内部の気圧の関係が究明されていたので、ボイルにとっては非常に幸運であった。しかしこれらの研究は公開的であった。

ボイルは曲がった水銀柱を使った実験で、一方は閉じ他方は開いた管を使って、開いた管から水銀を加えることによって、閉じこめられた空気圧を増し、そこの圧力を調べる操作をくり返した。その結果、倍の重さの水銀を加えると閉じられている部分の空気の体積は半分になり、圧力を三倍にすると体積は三分の一になるということで、体積と圧力増加の関係は反比例するということであった。この法則はやがてボイルの法則と呼ばれた。

ところがこの手はじめの研究は、空気の体積変化で、いわば物理変化であったわけで、化学変化への挑戦ではなかった。だがこの実験はギリシア以来の原子論議に拍車をかけることになり、折からガッサンディの原子論から感銘を受けたボイルは、すっかり原子論

トリチェリの肖像。ガリレイの最後の3年間、助手・秘書として仕えた。

ゲーリケの肖像　実験的に真空を本格的につくり出した。

者となっていたのである。しかしこの原子の考えが、物理的実験から発展して、化学を規定していくのであり、このプロセスが大事なのである。

空気は簡単に圧縮される。もし空気が小さい原子からできていてそれぞれの原子の間に空虚な空間がないなら、どうして圧縮ということがおこりうるかという問題は、さらに基体以外の液体や固体にもひろげられた。水が蒸発する。そのときは、水の原子が解き放たれて、より自由な水蒸気の原子になるのである。そのように、氷になるときは、原子のより緊密な集合がそこに行われるのだ、ということになる。しかし原子は目に見えず、数量化されず、折角のボイルの測定もこのままでは化学的にデータ不足であった。そしてこの解明には、一五〇年を待たねばならなかった。しかしボイルは、『懐疑的化学者』(*The Sceptical Chymist*) という本を書き、一六六一年にこれが発行された。そうして錬金術をあらわすAlchemy (Alchymy, Alchymistry) という用語は、Chemyというようになった。アラビア語の定冠詞であったalをとり除いてChemyとなった化学は、アラビア的神秘観と訣別しようとしたことを、象徴的にあらわしていた。ボイルは、錬金術をあらわしていた

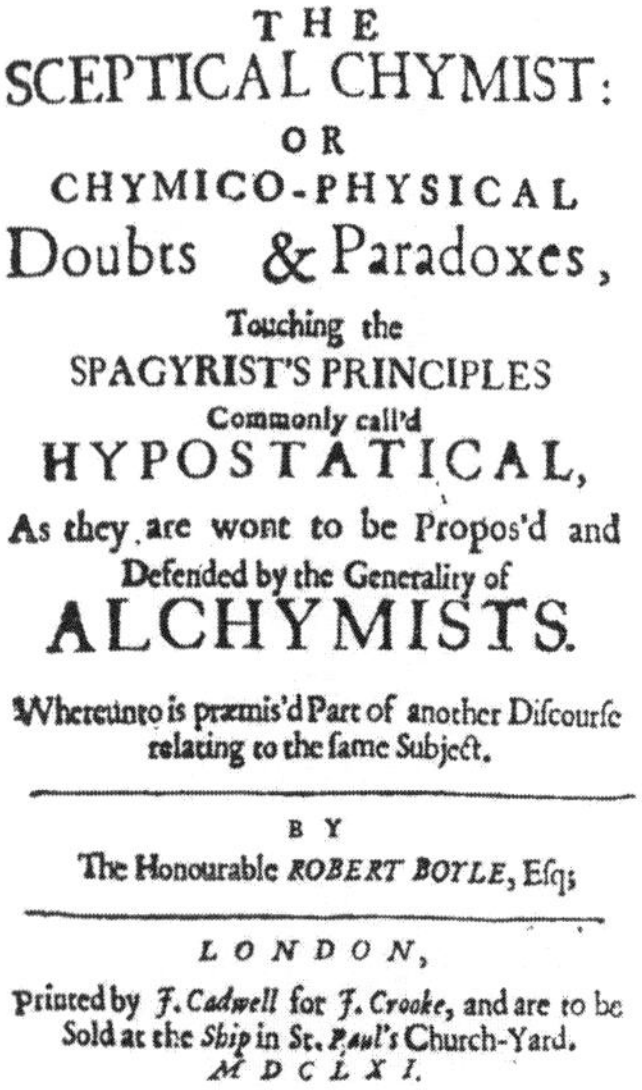
THE
SCEPTICAL CHYMIST:
OR
CHYMICO-PHYSICAL
Doubts & Paradoxes,
Touching the
SPAGYRIST'S PRINCIPLES
Commonly call'd
HYPOSTATICAL,
As they are wont to be Propos'd and
Defended by the Generality of
ALCHYMISTS.
Whereunto is præmis'd Part of another Discourse
relating to the same Subject.

BY
The Honourable *ROBERT BOYLE*, Esq;

LONDON,
Printed by *J. Cadwell* for *J. Crooke*, and are to be
Sold at the *Ship* in St. *Paul's* Church-Yard.
MDCLXI.

『懐疑的化学者』(1651年)　ガリレイの著書のように対話体で書かれている。

Alchymistry と自分の Chymistry とを区別するのに、古代の第一原理から推理される演繹を盲目的に受け入れず、まず疑うことからはじめた。

すでにこの時代は、あらゆる分野にわたって、古代・中世の権威を疑うことが一般化していた。十三世紀以来イギリスでは、何よりも「実験！実験！」が自然事物の観察に際しての合言葉であり、第一操作だったのである。演繹的推理によらず、事実に即した実験による測定が、元素決定にも必要であることが確認された。ボイルの元素の定義に従うと、それは実験的方法によってそれ以上の単純な物質に分解されてはならなかった。だからそれ以上に単純な物質に分解されないものは、一応元素と見なされた。この定義に従うと、空気が何かより純粋な物質に分解され、またその分解されたものを逆に化合させれば空気になることが、実験的に確かめられなければ、空気は依然として元素であった。水も同様であった。土も火も同様であった。ボイルにとって、いろいろな金属（金、銀、銅、鉄、錫、鉛、水銀など）は元素とは考えられなかった。彼が自分の元素定義に従ってごく単純に規定していくならば、各金属の多くは元素でありえたはずなのだが、鉱石はいろいろの金属を溶かしているし、これら金属の間には他金属への変化という錬金術の鉄則が、ボイルを依然縛りつけていたのである。彼は、かえって卑金属から金をつくることによって、原子論証明がうまくできる、と思っていた。ボイルは、数々の重要な点で、錬金術の魔圏から完全に解き放たれることはなかった。しかし、彼が示した過去への懐疑と物理的測定の化学分野への適用によって、特に気体への着目と、原子論への刺激と、元素決定の単純物質や化合物の定義などの方法論において、将来への道を十分に開いたといってよかろう。

気体への着目は、その後の化学発達にとって重要な意味をもった。ボイルの死後三十年後にスコットランドに生まれたブラック（1728-1799）は、酸化カルシウム（石灰）を空気中に放置しておくと、炭酸カルシウムになることから、空気中に二酸化炭素（ファン・ヘルモントの「森のガス」と同一物）があること、したがって空気が単一物質ではないこと、したがってボイルの定義によって、空気は元素でないことを明らかにした。さらに彼は、炭酸カルシウムの実験において一定量の酸を中和する炭酸カルシウムの量を測定し、定量観察をこの分野（化学）へもたらした。また二酸化炭素の中ではローソクが燃えないことから、弟子ラザフォード（1749-1819）のさらに周到な実験結果を通して、今日の窒素（この気体の中では動物は窒息してしまう、いわゆる窒素なのである）元素の発見の道が開かれた。

さらに同年ごろ生きたキャベンディッシュ

1787年のブラック（風刺画）。固定空気（炭酸ガス）について講義しているところ。机上には、蝋燭、籠に入れた鳥、固定空気の入った管が見える。

キャベンディッシュ。人嫌いが激しく、ものすごい恥ずかしがり屋。それゆえ多くの研究の成果を公開しなかった。

（1731-1810）によって、水素が発見される機縁ともなるのである。彼は、さらにいろんな気体の一定体積の重さの測定によって、水素が空気の1/14の密度しかなく、非常に軽いことを定量実験した。さらにプリーストリー（1733-1804）による酸素の発見（一七七一～二年）が相次いだ。こういうイギリス人による気体発見は、フランスの化学者ラヴォアジェ（1743-1794）に引き継がれた。これら気体の統一的な理論は、どちらかというと前述の好事家的実験屋のイギリス人によってではなく、体系的理論家のフランス人のラヴォアジェの天才を待たねばならなかった。彼が真の学としての「近代化学」の父となりえたのは、結局フロギストン（プロギストス、燃えた）説を綿密な実験によって打破したことによる。

フロギストン（熱素）というのは、ドイツの化

ラヴォアジェと夫人。彼女は14歳のとき28歳のラヴォアジェと結婚。実験室の助手として、あるいは外国文献の翻訳などをして彼を助けた。彼の死後には遺稿も編集した。

プリーストリー。発酵作用から生じる固定空気（二酸化炭素または炭酸ガス）を研究。炭酸ガスを水に溶かし甘味を加えて飲料を製造。飲料産業の父と評価されている。

学者ベッヒャー（1635-1682）とシュタール（1660-1734）によって唱えられた。フロギストンは一種の元素で、燃える物質とか金属はみなこれを含んでいる、しかし灰のような燃えかすはもうこの元素を含んでいない、といわれた。結局燃えるということは、可燃性物質からフロギストン元素がとび出して、あとに灰が残る現象というわけである。だから、すべて燃える物質は、灰とフロギストンとの化合物といってよいだろう。

こういう説が、十八世紀のさきほどあげたキャベンディッシュやプリーストリーなど特にイギリスの有名な化学好事家たちによって、強く支持されたのである。例えば、キャベンディッシュは、亜鉛に薄い酸を作用させるときに発生するさきほどの気体（すなわち水素ガス）がたまたま燃える性質をもっていたので、これに「可燃性気体」という名をつけた。そしてフロギストン説によって、これはたしかに金属の中のフロギストンがとび出して気体状になったのだ、という説をたてた。プリーストリーの発見した酸素ガスの場合も同様である。次々に発見される可燃性のガスは、こんなふうにしてフロギストン化された。

ベッヒャーの肖像。彼はシュタールのフロギストン説の先駆的な仕事をした。

もっともらしい様子はしているが一向にすっきりしないこの曖昧なフロギストンは、古代ギリシアからのまたは中世錬金術者たちの思考による、いわゆる想像産物にほかならなかった。想像はどこまでも想像であって、物理量ではなく、したがって測定不可能であるのに、それが物理量的な元素としてあつかわれるところに、問題があった。この古代・中世的残存産物との訣別が思考の上で完全になされないかぎり、真の近代化学は成り立ちえなかった。その意味で、キャベンディッシュもプリーストリーも、その方法に近代科学を用いながら、今一歩のつめを欠いていた。しかし、ラヴォアジェは、徹底した唯物的な思考と根気強い正確な測定技術によって、ついにフロギストン説にとどめをさしたのである。

もともとフロギストン説の信奉者たちには、水とか土とかをまだ元素と考え、相互の移行もあるいは可能と、想像している人たちも多かった。古代・中世を疑い、せっかく近代化学の方向を先取りしたはずのボイル自身がまだ古代・中世的であった。しかしラヴォアジェは、まずあの古代ギリシア以来の元素観にさらに深い懐疑の眼を向けた。じつに根気よく、彼は、水を百一日間も煮沸して、それから何ができるか、土が生ずるかどうか、を実験した。もちろん、この実験中にできる水蒸気なども外に逃げないように、すべてに綿密周到な量の測定をやった。その結果、たしかに、水から少しばかりの土ができたようだった。しかしフラスコの重さの測定の結果、この土は、熱水におかされたガラスの成分であることがわかった。それは土になった水ではなかったのである。

彼は、このように厳密な物理量測定の原則にまったく忠実に従いながら、フロギストン説にも挑戦した。彼は、密閉された容器の中にある金属を入れて加熱した。その容器中には、もちろん空気がある。するとその金属には、表面にいわゆる金属灰の薄い層がつくられた。フロギストン説によると、これは金属自体よりも重かった（もちろん、これは金属酸化物だから、酸化した分だけ重いのは当然なのだが）。しかし加熱の後、金属と金属灰、空気など全重量を測ったら、加熱前と同じであった。そこで金属灰の重くなった分だけ何かが失われているはずだ、ということにラヴォアジェは気づき、空気ではないかと考えた。だとすれば、容器内の空気はそれだけ失われて薄くなっている。案の定、容器を開くと、失われた分をとり戻すべく、空気が勢いよく入ってきた。今度は新たに全体を測ったら、重さは増していた。このことから、金属灰は、フロギストンという得体の知れないものが失われた結果ではなく、空気という物理量が加えられたものであることを推論した。もともと金属を燃やしてできる金属灰は、もとの金属よりも重い。

そもそもフロギストン元素を出してその結果重いということであれば、フロギストンはマイナス（負）の質量をもっているということになる。だのに木は燃やすと軽くなる。すると今度はプラス（正）の質量をもっているということになるのだろうか。こういう不思議な性質が、そもそも中世的神秘のヴェールをかぶったものだったのである。

ラヴォアジェは、フロギストン説にとどめをさし、質量保存の法則を考えつき、さらに酸素を新しい単体（元素）と考える仮説を提唱して、古代からの空気元素観を打ち破るいわゆる「近代化学革命」を成し遂げた。そういう化学の理論づけを『化学原論』という本（一七八九年）にまとめて出したときには、ちょうどフランス大革命のときに当っていた。しかも彼は、革命政府の憎む徴税のことに関係したかどにより、ギロチンで首をはねられるという不運に見舞われた。彼は、革命に直接の関係はなかったけれども、この革命を醸成したフランスの唯物論華やかな時代の児として、あとにとり上げるフランス啓蒙期第二期の最も円熟した思想発酵から生み出された人であることを忘れてはならない。

好むと好まざるとを問わず、時代の児として育てられ、時代の激流時に化学革命を行い、しかもそれとは一見関係のない革命の犠牲者となった化学的天才の一生に、私たちはまことに数奇な生涯を見るのである。ちょうど活躍時代にあった彼の突然の死は、化学界の大きな損失であったが、彼のかかげた火は、その後の道を照らす大きな光となった。そののち近代化学は、分析の方法が進み、化合物組成の一定の割合を見つけることに、幾多の努力が重ねられた。それまでに見出されていた酸素・水素・窒素さらに銅・銀・金などの単体元素と、これらの化合物に関して、組成物の量と相互の割合・比例などをめぐって、ドルトン（1766-1844）、ゲイ・リュサック（1778-1850）、アヴォガドロ（1776-1856）などキラ星のような化学者たちが輩出した。

立派な新しいスタートを切った原子論や元素観は、結局、イギリスの化学者ドルトンによって見事に受け継がれた。一八〇八年『化学哲学の新体系』という彼の本の出版によって、化学はますます単体元素の学問的裏付けを得、ここでもまた錬金術でいわれてきた物質変成説に訣別の形をとった。彼によれば、鉛元素（鉛原子）はどこまでも鉛元素（鉛原子）であって、金の元素にはなりえなかったのである。この見解は、現代では結局修正されることになるが、近代の化学理論の形成は、とにかく古代や中世の

ドルトン。近代原子論の創始者。気象学など、いろいろな分野の研究に手を出し、結婚する暇もなかったという。

錬金術的想像との訣別によって築かれた。そしてこれは、ボイルの懐疑が、正しく予言したところであった。ボイルと同様の元素仮説の上に立ち、それにラヴォアジェの新単体仮説（酸素、窒素などを単体としてみる考え）とを総合して、原子、原子量、分子、分子量、分子式までの新しい物質・物理量の概念をドルトンは導入したのである。

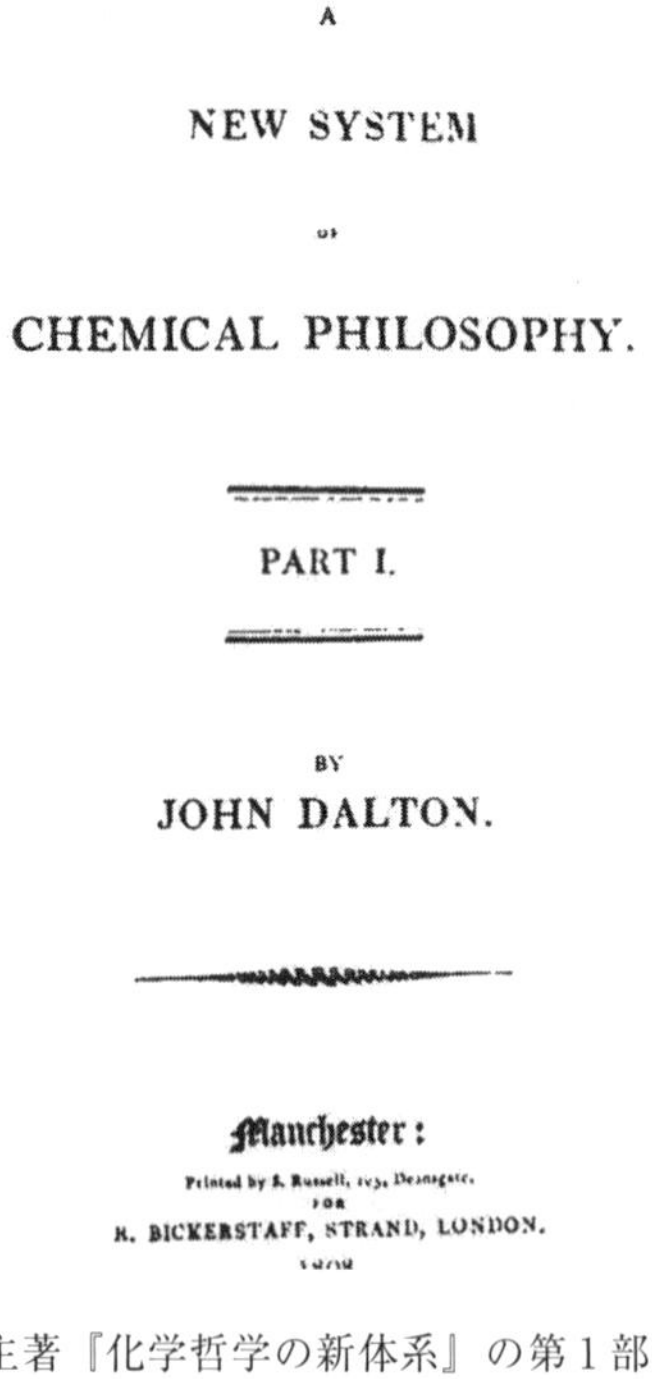
A

NEW SYSTEM

OF

CHEMICAL PHILOSOPHY.

PART I.

BY

JOHN DALTON.

Manchester:

Printed by S. Russell, 125, Deansgate,

FOR

R. BICKERSTAFF, STRAND, LONDON.

主著『化学哲学の新体系』の第１部の扉。

さきほどもいったように、現代の化学は、ドルトン説に反して物質の変成を学的に実証することになるが、これは、想像的錬金術を打破した近代化学の操作を通してはじめて形成されたものであることを、特に注意しておかなくてはならない。おぼろげなものに、あるしっかりした形や体系ができ、その体系がさらに大きい体系に包まれて発展するところに学問の進歩があるが、それはどこまでも測定可能であり実証された理論でなければならない。その測定なり、実証なりが、近代実験科学によってはじめてはっきりした方法を獲得できたことが特筆大書されなければならぬのである。これあるがゆえに、現代の化学、ひいては科学全般の進歩がもたらされたのであるからである。

第三章　近代哲学への途
―経験の哲学（ベーコン）と理性の哲学（デカルト）―

第一節　フランシス・ベーコンとイギリス経験主義

イギリスは、中世のところでみたように、その後半ごろから経験論が力強く芽生えた土地柄である。すでに十三世紀に、観察と実験をことのほか重んじたフランチェスコ教団僧のロジャー・ベーコンのような人がいた。彼は近代イギリス実験科学の父ともいわれている。人間の隠れた知力を大いに伸ばして、実際に人間が楽々と空を飛んだり漕手のいらない速い船を海に走らせたりすることを、機械の開発によって十分できるんだ、と彼は大胆に表明した。自然の理法を知り、自然を支配する能力の開発を、大いに呼びかけた人として有名である。しかしまだ、この時代は科学のいわば暗黒時代とて、ロジャー・ベーコンの呼びかけは、荒野に呼ばわる孤独な予言者であるにとどまった。が十四世紀には、つづいて同じ教団に著名な唯名論者たちがあらわれ、一派は先達の意をついで科学研究を熱心におこなった。

このようにして時代は進み、ロジャー・ベーコンを継承するフランシス・ベーコン（1561-1626）の時代は、印刷術・火薬・羅針盤の発明と、大探検に代表される近世初頭の技術革新時代であった。ベーコンは、この新時代に船出するシンボル・マークをあらわすかのように、彼の畢生《ひっせい》の書『大革新』の口絵に、二本の柱の間をぬけて大洋に乗り出す一隻の船舶を描いた。人間はその知力をもってすれば何でもできるのだという夢を、この時代ほど楽天的に信ずることのできた時代は、ほかにはなかったであろう。そしてこの時代精神をいち早く肌で感じ、「知は力なり」(Scientia est potentia.) というモットーをかかげたのは、ほかならぬフランシス・ベーコンであった。彼は、眠っている人間の力を呼びさまそうと陣頭に立った旗手であり、人びとの総合的な知識の結集力を唱導した人であった。そのためには知力とそれを十分働かすことのできる人と金の力が必要であった。金も力もある知恵者が望まれていた。が、こういう要求にこたえる十分な素地がイギリスにはすでにできていたのである。

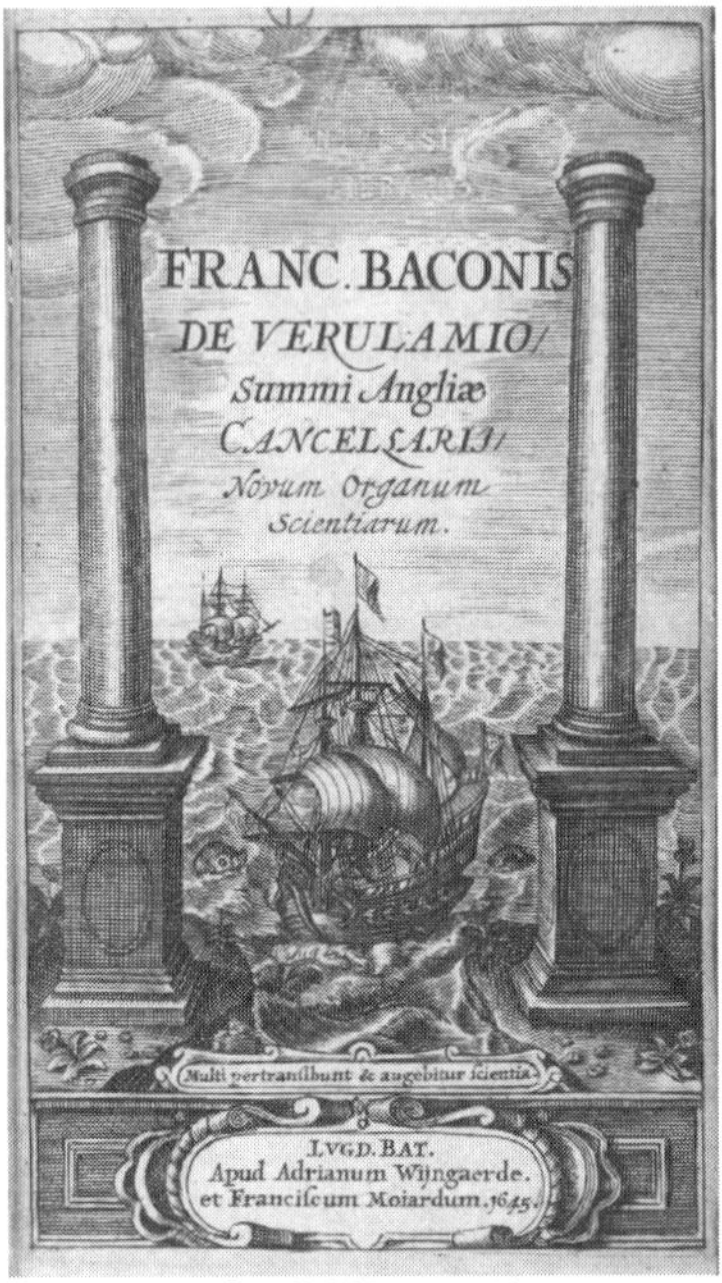

『大革新』の口絵

F・ベーコンの肖像

新時代の児フランシス・ベーコンが息づいていたイギリスでは、ヘンリー八世は、大陸の宗教改革を巧みに利用して、法王勢力からイギリスの土地・財産を奪い返した。そして彼は、それを国王領として俗人政治家たちに分け与えたのである。このように地の利を得たイギリスは、着々として実際上の利権を、中世封建ヨーロッパのいわば非生産の怠惰な聖職者（僧侶）の手から奪い返し、それを元気に生きる知恵をもったイギリスのたくましい実務家たちの手に任せたのである。イギリスは、この点でいち早く、これら知力・金力にめぐまれた俗人による産業資本を貪欲に貯えていった。大きな土地がどんどん囲いこまれることによって、イギリス資本主義発達の基盤をつくる羊毛産業が急速に成長していった。他方では、土地に寄生して零細な農業を営んでいた人々がその土地から追い出され、路頭に迷ったり殺されたりするという社会不安もあった。しかしそんなことを尻目に、イギリスの次代を背負う新人たちがたくましく育っていった。小国イギリスの生きる知恵は、こんなにも貪欲であり矛盾に満ちたものであったことを忘れてはならない。

ベーコンの父親も、このような環境から伸びあがってきた土地もちの新人であり、俗人政治家の一人であった。あるときは国務大臣もつとめたことがある。このように、修道院の解体ののちに、その荘園を買いとったいわば成り上がり者一家にベーコンは生まれたといえるのである。父はケンブリッジ大学で法律を学んだ教養ある実務家であったが、母もギリシア語で手紙が書けるというほどの古典の素養があった、といわれる。ベーコンも父と同じケンブリッジに入った。彼は十三才でそこのトリニティ・カレッジ（Trinity of College）に入学できたほどの早熟児であった。子どものころ、父にともなわれてエリザベス女王のところに行き、その利発さを認められ、とても可愛がられた、という話が残っている。

当時のケンブリッジは、古めかしいオクスフォード大学とは趣を異にしていた。俗人の新教徒実務官僚を養成する場でもあった、といわれる。だから、定石どおり、煩瑣なアリストテレス哲学（中世スコラ哲学を支配した哲学）を、すでに新時代の児ベーコンはとても嫌ったようである。アリストテレスその人を立派な論述の学者として認めながらも、そのあまりにも議論好きな哲学内容が、新時代にはまったく不毛であり、何の実際利益も生み出さない非生産的なものだ、と考えるようになった。質料とか形相とか、実体とか偶有性とか、必然的存在とか偶然的存在とか、という概念でいくら議論してみても、それはただあてどない暇つぶしでしかないように思われた。古代・中世の奴隷・農奴制度の上にどっかりとあぐらをかいているだけで、何ら生産的・実利的な人類の幸福増進を考えない時代ならいざ知らず、大きく大洋に世界に羽ばたこうとした「知・力」活動の新時代には、アリストテレスの論理学（オルガヌム、オルガノン）はそのままではほとんど役に立つことがない、と思えたのである。しかしそれが今だに絶大な権威づらをして人びとの心に重くのしかかっていたから、余計にたまらなかったのである。

ベーコンは何よりも力となる知、実利益をあげる知を望んだ。当時は、豊かな大地に知を働かせ、いかにして食糧・衣服・鉱石のよき収穫・収益をあげるかなどの生産的知識の手引きが望まれていた。彼は、全力をあげてこれにとり組み、新時代に贈る野心的な『新論理学』（ノーヴム・オルガヌム）を書こうとしたのである。これは、彼の大著『大革新』の一部をなす、いわばそのバック・ボーンともいうべき重要な部分であった。公務に忙殺されたり、また企画があまりにも膨大すぎたりしたために、この『大革新』

企画は断片の著述に終わったけれども、『ノーヴム・オルガヌム』で、彼は実験・観察中心の帰納法を説こうとした。

この実験ということは、人間が自然の理法を知ることによって、実際に自然に対し合目的に作用を加え、それを支配していくという人間の行動生産的な知恵である。とにかくこういう知恵によって、自然を善用し、それによって人類全体の幸福を増進する原理を説いたのである。それはまた、未完の著書『ニュー・アトランティス』の中のソロモン学院で語られる構想でもあった。アリストテレスのように動物の分類にいたずらに時間を費やすよりも、動物の飼育・品種改良へと生産的実験をしていく過程を研究する方が、どれだけみんなのためになることであろうか。ここにおいてベーコンは『進歩について』の中で「自然誌」の一つに「技術誌」を含める必要を説いた。彼はどこまでも実際家の立場に立ったのである。

ベーコンはたしかに『ノーヴム・オルガヌム』で帰納法の必要を説いた。しかしアリストテレスもその論理学によって一応帰納を説いている。アリストテレスはプラトンの演繹的方法とちがい、帰納的に諸事実からある真理を導き出してくるといわれるが、このアリストテレス自身、ベーコンにいわせると、少数の表面的な観察をもとにある原理をたて、それを前提として「三段論法」と呼ばれる推理の武器を使って結論をひき出す演繹的方法の指導者にほかならぬのだ、というのである。アリストテレスの思弁的三段論法の演繹方法の規則についてベーコンは論争しようとしているのではない。ベーコンは帰納の学問をどこまでも丹念な実験からつむぎ出そうとするのである。

その実験・観察はまことに骨の折れるもの、古代ギリシア人にいわせると低級であるかもしれないが、われわれは古代ギリシア人の権威に頼っていては、とんだまちがい、見当ちがいをすることがよくあるのである。ベーコンの時代はどんどん地平が拡大し、アリストテレスのせまい知見の地平では間にあわなくなったことから、何としてもこの権威に盲従しないで、自ら実験や観察をどしどしやらねばならなくなっていた。技術を低俗視していやしい風潮が古代ギリシア時代に根をおろし、実験もしないでただ形而上の演繹だけが偏重されてきたが、こういうことからくるいろいろの偏見は、打破しなければならない。これがやはり『ノーヴム・オルガヌム』の中で説かれている「古きもの」への訣別を語る「四つの偶像《イドラ》」(Four Idols) に関する教説である。「種族の偶像」(Idols of Tribe)、「洞窟の偶像」(Idols of Cave)、「市場の偶像」(Idols of the Market-place)、「劇場の偶像」(Idols of the Theatre) の四つであるが、

これらすべては確固不動の厳粛な決断をもって拒否され放棄されなければならないし、またその結果、知性は徹底的に解放され浄化されなければならないのである。

人間種族中心の偏見、人間の感覚それ自身を事物の尺度としてみる見方を排除し、各自の素質・環境というういわばそれぞれの閉じられた世界、すなわち洞窟内からものを見ることをやめ、人間の思想の流通の市場にあらわれる媒介物である空疎な言語によってまどわされず、過去からの歴史の劇舞台の上に

あらわれる哲学者たちの想像産物の脚本という幻想の世界をただ盲目的に信仰したりせず、色眼鏡をかけない純粋な見方をして自然に相対しなければならないのである。

このようなきびしい批判精神は、古くはソクラテスの哲学精神、同時代ではデカルトの懐疑の態度に共通するものがある。また同じイギリスの化学者ボイルや神学・哲学者ロックの（タブラ・ラサの）立場につながるものなのである。しかもベーコンの自立の実験科学精神には、あのキリスト教の素朴な愛の信仰の祈りがこめられていることに注目したい。『風の自然誌』への序文において、彼は次のようにいっている。

　宇宙の創造者で保護者で復興者なる神よ、人間に対するかれの慈悲とかれの哀れみに従い、われらと共なる神キリストを通して、かれの栄光へとこの仕事が上昇する道においても、人間の奉仕へと下降する道においても、この仕事を守り給え。

と。上昇の道はベーコンの帰納法の精神であり、下降の道は諸科学が産業社会へと応用され、人間の生活改善へと役立っていき、自然のよき支配者として実利を生み出していくいわば生産的演繹の精神なのである。

自然は服従することによってのみ支配することができるが、その自然への働きかけが、さきにみたように人間の技術的、実践的支配であり、あとでみる晩年のユートピア物語『ニュー・アトランティス』

に表現される構想である。この構想の知恵は、次々と受け継がれ、コント（1798-1857）の実証主義哲学を経て現代の科学支配時代へと傾斜を高めていくものなのである。しかし現実の科学天国は、ベーコンの考えるようなバラ色の夢物語のようにはいかず、それは現代にさまざまの矛盾を投げかけている。この矛盾は、ベーコンのもつような神への敬虔な祈りの精神を欠いた現代人間の虚栄からくるもので、科学そのものからくるものではないであろう。が、それはともかくいずれにしても、先駆的存在としてのベーコンは、科学しかも技術革新時代を開く立派な近代科学のパイオニアであり旗手であったことにかわりない。

しかし彼が実験近代科学の雄々しい唱道者であったにもかかわらず、いやまさに産業技術をあまりに重視したためか、もう一つの理性的・数学的な契機の重要な意義を軽視した点は、大きな欠点であった。実効性のある鉱山学とか、さきほどみてきた技術方面に研究が偏っていたため、同時代の偉大な天文学や物理学や医学の業績を正しく評価できなかった点があげられる。彼は、コペルニクス、ガリレイ、ケプラー、血液循環発見の生理学者ハーヴェイ（1578-1657）の仕事を十分評価できなかったのである。

ハーヴェイの肖像（全集の扉より、1762年）

特にプラトンによって守りつづけられた自然の明証性・単純性・経済性という学的合理の基本性格、自然によせる人間のこの信頼性は、コペルニクスをはじめとする以上の学者の自然探究へのいわば合鍵であり、ある意味で絶対の信頼をよせる仮説的信念であった。ガリレイはある手紙の中でいっている。

「仮定によって」静止から出発し、速度を増し、時間の経過に比例して速度を増加して、所与の点に達する運動を想像して、私は論ずる。それから私は、もし経験が生じることを示すならば、われわれは、その運動が、私の定義しておいた既述のものと同一であると真に確言できる、ということをつけ加える。もしこれがそうでなかったとしても、仮定にもとづいた私の論証は、その力と決定的性格を何も失うものではない。ちょうどアルキメデスが渦線について論証した結論が、自然において渦線のように運動するものが見出されないという事実によって無効にならないのと同様である。

と。前にもみたように、彼は当時イタリアの盛んになってきた諸技術の仕事場から教えられることが多かったし、数々の実験をこころみてきたところから、その考え方が経験的であったことは周知であるが、彼が自然を解く鍵として簡明な符号や数学の言語を信頼し、そういう合鍵に頼りながら自然の迷宮にわけ入ったことが、近代科学を新しく開くもとになったことを銘記すべきである。しかし他方、地動説を提唱するに至ったコペルニクスが、プラトン的数学（幾何学）の形相を信頼して、結局数学的にあまりに完全な円のイメージにとらわれたために、楕円軌道をつきとめることができなかったことも事実である。

これに対して、イギリスに出たニュートンは、コペルニクス、デカルトの大陸合理論の女王ともいうべき数学に対し、これは諸学の女王ではなく、ただ経験を明らかにしてくれる道具であり方法であると考え、こういう現実的な観点に立って、プラトン的な「自然の数学構想」を拒否したことにより、現実の宇宙理論をうちたてることができたのは、ベーコンの現実的な経験論を自然解釈にいかしたことになる、とも考えられる。これは、さきにもみたように、ニュートンの経験と純粋理論との見事な総合力による成果にほかならない。しかしベーコンが、あまりにも経験的現実的な産業社会の実利を重視しすぎたきらいがあったことは、否定できないのである。

ところで『ニュー・アトランティス』の中に語られる人間王国の頭脳・「ソロモン学院」の実状を読むとき、そしてそこに描かれる産業社会をみるとき、その縮図を数百年後の今日の産業技術革新時代にそのまま見るような気持になるであろう。人間が自然の奥深く分け入り、そこからその秘法をさぐり出し、このようにして自然に服従しながら自然を支配する技術、すなわち人工の池・海・井戸・泉などをつくること、さらに

果樹はもちろん、野生の樹木についても接木や接芽のあらゆる実験をおこない、多くの成果をあげ、さらにこの同じ果樹園や菜園で、人工により、季節よりも早くあるいは遅く樹林や草花を成長させたり、自然にそうなるよりもより急速に発芽させたり、実を結ばせたりする。人工により、それらを自然のままにしておくよりもはるかに大きくしたり、果実を自然のものよりも大きくて甘いものにし、味や

香りや色や形を変えたりしている。

というように、自然をどんどん人間の技術によってより有効に変革していく構想である。光学館、音響館、芳香館、機械館、数学館という各研究をみてまわるとき、それこそこれらは現代にそのはるかに規模の大きい夢が実現されているようにさえ思える。ここに、ベーコンがその当時の幼稚な産業社会にありながら、かなり遠い未来、すなわち数百年後の偉大な人類の産業革命社会を予見した姿をみることができる。しかし、このベーコンのバラ色の夢の科学構想の中には、病める現代の人間不在の技術万能主義、画一平均化された機械化の歯車の中に奴隷的に組みこまれた人間精神のあがきのような苦悩は、どこにも予感されていない。

ベーコン、デカルトとつづいて近代人間の知力が自覚的に強力に組織づけられ、結局はこれが帰結するところ、人間存在の破壊にたち至らしめる危機を招いていることについて、果たしてベーコンやデカルトの思想にその責任があるかどうかは重要な問題である。彼らをもってはじまる科学知と自我の大胆な構想の中に、現代病の根源をあとづけるべきであるかどうかについては、やはり私たちは慎重に判断し、軽々しく一面的に彼らを批判することは許されない。「神への敬虔」を欠いた現代のその現代病の責を負わすべきものなのかもしれないのである。

ベーコンもはっきりいうように、ソロモン学院の富は、神と人間への愛のためにささげられるものである。学院の富には、すべて深い真摯な神への祈りが込められている。

天と地の神さま、あなたは、お恵みによってわれわれ学会の者に、創造のお仕事その秘密を知り、そして幾世代もの人間のなしうるかぎり、神の奇跡、自然の仕事、人工の仕事とあらゆる種類の欺瞞と錯覚とを区別する力をお許しくださいました。

というような敬虔な気持ちで神の慈悲にすがる心が、ベーコンの産業大革新の精神をつらぬいていることを忘れてはならない。

『創世記』第一章にしるされる啓示的神の言葉は、この世の全創造物に対する人間の知力への限りない信頼があった。そこに見られるはてしない人間愛は、人間生活の特定のものの幸せではなく、みんなの幸せや生活改善への祈りがこめられていた。ここには、デカルトにはあまりみられない人間協同体の社会意識がはっきり認められるし、古代ギリシアの哲学者や中世のスコラ哲学者には認められない人間生活改善と偉大な社会建設の大構想が見られる。神への敬虔さと人間への深い愛をもつキリスト教的信仰をもつ人びとにのみ、これは分かち与えられる。人間知のこの宝石は、決して利己的な人間のエゴに委ねられてはいけない。現在、資本家であれ、国家であれ、各個人であれ、これら真の精神を欠いた者たちに、この科学知が与えられているために、それらは資本の金《かね》としてキング・ミダスの富に奉仕させられ、自縄自縛の悲運に立たされる結果になっている。だから、現在の状態をベーコンの技術大革新の構想のせいにすべきではないのである。

ところでベーコンは何といっても技術生産社会の大推進者であった。しかしこの社会の知恵からみると、アリストテレスの哲学は、たしかに知識の偉大な倉庫であり、その論理学はまことに精緻ではありえても、それらが未来に何かを新しく生産し、人間環境を改造し、創造する何の積極的な知識も与えてくれるものではありえない、とベーコンは思った。議論はたいへん上達するかもしれないが、これは、学者ぶった虚飾と不毛の論争性を身につける以外何ものでもないではないか。アリストテレスは、その言葉でもって観念を専制支配し、建設的な科学思想を制約し、その非生産的推論でもって、いろんな有益な技術理論を、卑しいものとして軽蔑したのである。動物をいくつとなく分類したり、国家形態をいくつとなく分類しえても、それは単なる知識にとどまって、これが生産的な力としての知になりえなかったのである。

事実アリストテレスは、アレクサンドロス大王のかつての師でありながら、アレクサンドロスの切り開きつつあった大いなる地平の世界、ヘレニズムを理解しようともせず、ただ「ポリスは最善」という幻影にとりつかれたままに終わったけれども、とにかく、ベーコンによると、アリストテレスはすべてを単なる言葉の手管で解決しようとし、ドグマ的哲学と詭弁の合理主義で片づけようとした親玉だったのである。

まだまだ牢固としてぬきがたく根を張っていたスコラ哲学とアリストテレス的教条主義の知的専制に対して、それからの脱出の叫びは、十三世紀のロジャー・ベーコン以来幾多の反アリストテレス主義者たちから発せられたが、フランシス・ベーコンもまた、この形骸化していた形式の偶像崇拝に対して、『もろもろの哲学の論破』の中で、次のように呼びかけるのである。

しかしアリストテレスがそう考えているとおりの人だったとしても、私は君に、一人の人の思想や意見を神話のように受けとらないよう警告する。この自分の押しつけられた奴隷制度を、どうして正当化することができようか。君たちは二〇〇〇年もたっていながら、アリストテレスをくり返すことで満足しているが、それでは七年たってなお、「独断的断言」を確信するだけしかしない異教の僧にくらべて君たちは劣っていないか。……アリストテレスは、二五五の都市の法律と制度を集めた本を書いた、といわれる。しかし私は、ローマの習慣は、軍事的、政治的学問に関するかぎりは、アリストテレスのすべてをあわせたものより価値があると信じて疑わない。その状態は自然哲学においても同一である。君は自分の才能だけではなく、時の恵みをも打ち捨てるつもりなのか。手遅れになる前に自己を主張せよ。事物自体の研究に打ち込め。永遠に、一人の人物の所有物となるなかれ。

と。ここに、かつて偉大であった古代ギリシア人の知恵の集大成者アリストテレスに対するコンプレックス・インフェリオリティ（劣等感）の呪縛から、自らを解放し、自分たち自身の足で大地に立つ自覚を得た立派な近代人の姿を、われわれはベーコンにみるのである。が、アリストテレスを偉大な人と考えることに、何の異存があったわけでもない。物質上の進歩観を窒息させることによって精神的にも人間に賦与されたすばらしい開拓者的進取の性格を腐敗させ後退させるようなプラトンやアリストテレスには耐えられなかったのである。

彼らの立脚点とは今やまったくちがった立脚点に立って前進しなければならない近代人の立場を、ベーコンはきわめて熱烈に強調したのである。自然についての真の哲学をつくりあげるのに、アリストテレスは今では最大最強の障害になっていたのである。次の節でのべるデカルトも、今なお諸学校で教えられているこのアリストテレス的思弁哲学には完全に反対の立場をとった。そして、人間生活に有用な実践哲学の重要性を、万人の幸福増進の上から推進すべきことを強調した。デカルトもベーコンも、神の創造の意図に従って、自然の主人公になりうる人間を大いに解放したい、と考えたのである。

ところで、いろんな面で非常に野心家だったベーコンは、その才能を巧みに生かし、ジェームズ一世に重宝され、官位人臣をきわめて大法官にまでなった。しかし、金銭の授受で慎重を欠き、収賄のかどで、彼は不覚にも裁判にかけられ、追放される運命をたどった。しかしどこまでも彼の本心は、巨大な科学の研究組織をつくることにあった、と思われる。多くの人間を動員し、建物や装置をととのえるには、莫大な資金が必要であった。彼自身がその高位高官と権能や富を利用したいという本心はわからぬ訳ではなかった。だから、こういう熱意が実り、死後数十年たった一六六二年に、国王チャールズ二世の認可がおりて、「自然的知識を増進するためのロンドン王立協会」がついに設立される運びになったのである。ベーコンの「ソロモン学院構想」のプランが、立派に公的制度として具体化されるに至ったわけである。

科学を人類の幸福増進に奉仕する力として、科学者たちの共同研究を推し進めようとする動きは、イギリスだけではなく、イタリアにもフランスにもあった。かつての錬金術師たちの閉じられた世界ではなくて、開かれたそれぞれの意見交換の会合が、立派に科学者たちの集団によってもたれた。一六一一年には、ローマで、ガリレイは「アカデミア・ディ・リンチェイ」（山猫の眼にも似た慧眼の士の学会）の会員にあげられた。またフランスでは、一六六六年「王立科学アカデミー」が公式に設立された。しかし、実際にはイギリスが、近代産業社会、近代国家として、有利に他を押さえておどり出ることによって、しかもロジャー・ベーコンとつづき、ニュートンへと受け継がれた経験科学の地盤をいかして、産業経済・政治・軍事・宗教的諸条件を有利に展開したことによって、他を圧して立派に伸びていくのである。

第二節　デカルトと近代哲学の成立

旧来の学問に強い不満をもち、根本的な再建を企図した点で、ルネ・デカルト（1590-1650）もベーコンと同様に学問の転換期に立った人である。ただその方法は、ちょうど逆で、さきほどもベーコンのところでのべた近代科学におけるいま一つの契機、理性的・数学的なものにもっぱら依ったのである。すべての学問を数学的方法によって統一すること、いわば「普遍数学《マテシウス・ウニヴェルサリス》」をつくるということは、彼の夢であった。

それにしても複雑なものをごく単純・明解なものに還元して、これを直観的にとらえ、そこから演繹により複雑なものにもどるという彼の『精神指導の規則』は、さきのガリレイの分解・合成の方法と類似しながらも、解析的方法を範としながら、幾何学の直観的明証性をも織りこんだ点、解析幾何学の創始者として知られる彼自身の面目をよく示しているといえよう。

デカルトにあって、古代ギリシアのピタゴラスやプラトン以来の数学重視という考えが、文字通りここに新しいエネルギーをもって復興している（ルネートル）、とも考えられる。古いものの復興であって、ここには何も特別新しいものはないように思われるけれども、デカルトの分析的方法は、まことに彼にとっての近代特有の発見につながる画期的な方法であった。特に数学的思考は、商工業の発達とともに古代ギリシアにうつぼつとして活動したことを考えれば、また近代の商工業の発達、その著しい富蓄積のエネルギーと正比例しての数学の勃興ということが、ギリシア時代との関連において興味深く思いおこされるのである。

デカルト（銅版画）

デカルトの呼吸した時代は、まさに発見の時代であった。すでに百年前にポルトガルによるインド航路の発見、スペインのアメリカ大陸発見などは、ヨーロッパ人たちにとっては、発見に次ぐ発見の連続であった。この新発見の時代に、デカルトはまたフランスにおけるいわば新興勢力である「法服貴族」の出身でもあった。近代国家としての中でも勢力のあった新フランスの中の古い後退的な封建貴族や上層の「剣の貴族」に対して、下層のしかし当時の政治の新しい動きをリードしていくこの新しい貴族勢力は、のちやや保守色を強めるけれども、何といっても伸びる若いエネルギーをもっていた。

デカルトは十才のとき、当時としては古代・中世の教養をしこんでくれる有名な学校、イエズス会のラフレーシ学院に入学して、比較的自由な気風のある教育を受けた。しかしいくら新教（プロテスタント）に対抗した旧教復興派の旗手イエズス会の学校といっても、やはり神学・哲学のワクはスコラ哲学の域をあまり出ることはなかった。フランシス・ベーコンと同じように、彼も、スコラ神学とスコラ哲学には飽き飽きするし、落胆もした。神学には尊敬の念を払っていたが、天国に行くにはこんな学問があるかないかはまったく別問題であったし、スコラ哲学の権威の論証も、すべての事についてまことしやかに語り、浅学のものの賞讃を受ける術にすぎないことを知った彼は、ポアティエの大学で二年ほどこの世の実際学である法律・医学を学んだあとは、学問のほとんどに愛想をつかして、実世間に出ることにした。

この間の事情・心情を、彼は『方法序説』に次のようにつづるのである。

このゆえに、先生たちの監督を離れてもよい年齢に達するや否や、私は書物による学問をまったくやめてしまった。そうして私自身のうちにか、あるいは世間という大きな書物のうちに見出されるかもしれない学問のほかは、どういう学問にせよ、もはや求めまいと決心し、旅行するために、宮廷と軍隊とを見るために、さまざまの気質や境遇を有する人びとをたずねるために、また到るところで眼の前にあらわれてくる物事については、そのものから何か利益をひき出せるような反省を加えるためにも、私は残りの青年時代を用いたのであった。一体、空理を真実らしいものに見せようと労すれば労するほど、いよいよますます多くの才智や作為を用いねばならなくなり、常識を遠ざかれば遠ざかるだけ、それだけまた多くの空なるものをそこに見出すであろうし、それ以外には何一つ実現するところなく、おのれに何の影響も与えぬ空理のために、学者たちが書斎であやつる推論においてよりは、一つ判断を誤ればすぐにも処罰されねばならぬ結果をきたすような、おのれにとって重大なことのために各人がこころみる推論においてこそ、はるかに多くの真理に出あうことができようと思われたからである。自分の行く道が明らかに見えるように、この人生において安全に歩けるように、真偽を識別することを学ぼうという、ぎりぎりの欲望を私はつねにもちつづけた。

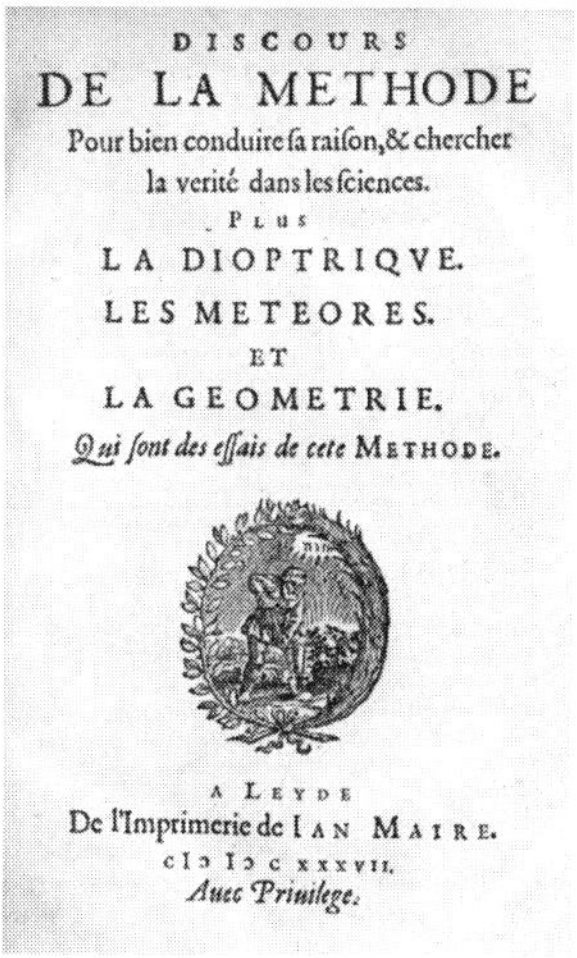
DISCOURS
DE LA METHODE
Pour bien conduire sa raison, & chercher
la verité dans les sciences.
PLUS
LA DIOPTRIQVE.
LES METEORES.
ET
LA GEOMETRIE.
Qui sont des essais de cete METHODE.

A LEYDE
De l'Imprimerie de IAN MAIRE.
cIↄ Iↄ c XXXVII.
Auec Priuilege.

『方法序説』の扉

という内容のものである。ここにパスカルの神への賭けならぬ、デカルトの実人生への真の学問確立へ向かっての賭け・真剣勝負がはじまったのである。新時代の原生命の一端に励起された天才のエネルギー活動がここにはじまったのである。

しかしこういう遍歴の中にも、数学にだけはその明証性に引かれ、特別やっかいな書物も必要でなく、頭と精神のトレーニングを楽しむことができた。後まもなくオランダの軍隊に志願兵として入ったときも、この軍隊（ナッサウ公マウリッツの軍隊）は特に名声をはせていたし、戦術上の力学や数学の研究が大いに奨励されていたので、彼もまたそのつど数学を用いて、こうした自然研究をやっていた。こんなわけであるから、デカルトの数学も、やはり何かを新しく発見していく新時代に即応した数学でなければならなかった。そこに見出したものが、新しい彼の解析幾何学であった、といえよう。この分析の方法を用いると、図形と数とに新しい対応の関係が見出せる、というのである。これまでは、一次元・二次元・三次元をそれぞれ線に面に立体に対応させていたが、デカルトは、これをいろいろな線（直線とか曲線）に対応させることができたのである。例えば、二次関数は円錐曲線に対応させうる。こんなふうにして、文字通り直観的明証性をもつ図形を数量化し、分析し、新しい未知の問題を、次々にx化して解いていくことができるようになった。

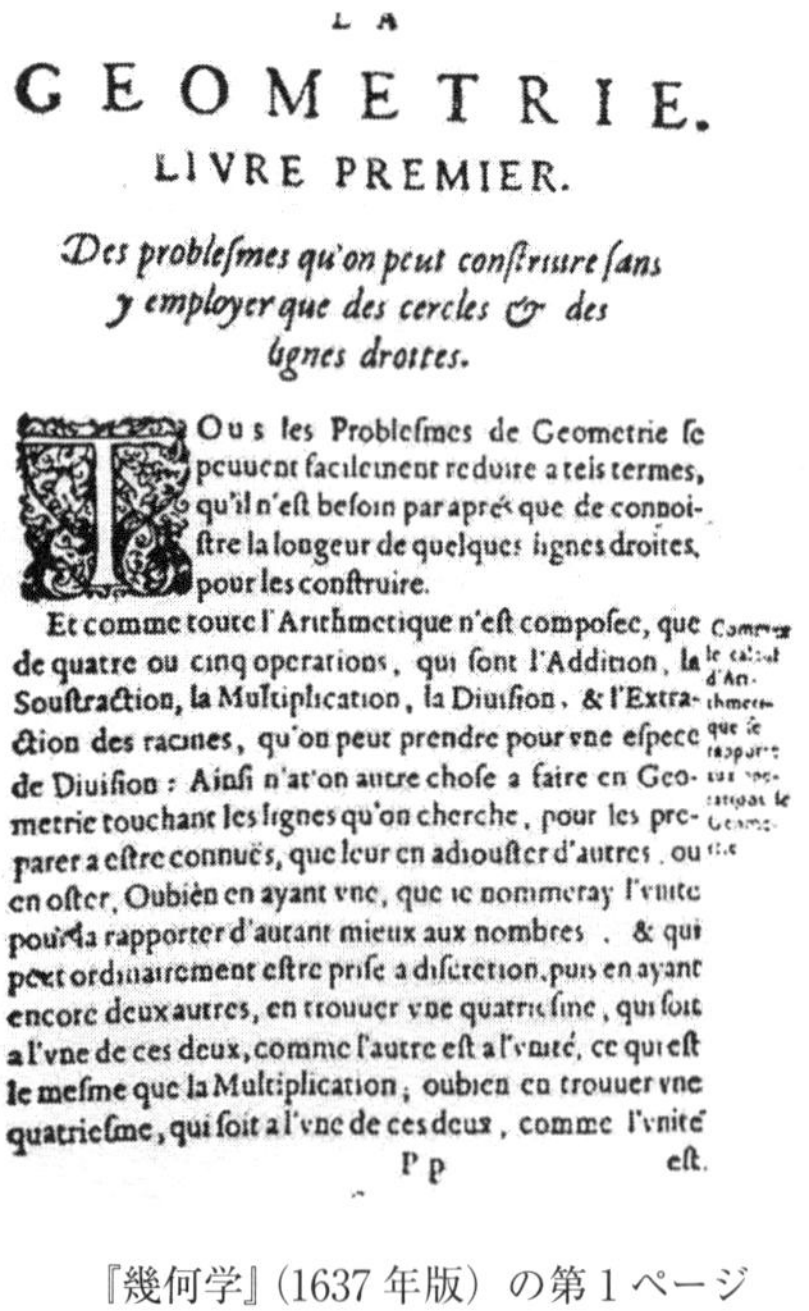
LA

GEOMETRIE.

LIVRE PREMIER.

Des problesmes qu'on peut construire sans y employer que des cercles & des lignes droites.

Tous les Problesmes de Geometrie se peuuent facilement reduire a tels termes, qu'il n'est besoin par aprés que de connoistre la longeur de quelques lignes droites, pour les construire.

Et comme toute l'Arithmetique n'est composée, que de quatre ou cinq operations, qui sont l'Addition, la Soustraction, la Multiplication, la Diuision, & l'Extraction des racines, qu'on peut prendre pour vne espece de Diuision: Ainsi n'a-t'on autre chose a faire en Geometrie touchant les lignes qu'on cherche, pour les preparer a estre connuës, que leur en adiouster d'autres, ou en oster, Oubien en ayant vne, que ie nommeray l'vnité pour la rapporter d'autant mieux aux nombres, & qui peut ordinairement estre prise a discretion, puis en ayant encore deux autres, en trouuer vne quatriesme, qui soit a l'vne de ces deux, comme l'autre est a l'vnité, ce qui est le mesme que la Multiplication; oubien en trouuer vne quatriesme, qui soit a l'vne de ces deux, comme l'vnité est.

Pp

Comment le calcul d'Arithmetique se rapporte aux operations de Geometrie.

『幾何学』(1637年版）の第１ページ

さきにいったデカルトの「普遍数学」も、ある代数記号を用いて、線や曲線の図形や力学的諸問題を代数式をたてて解いたり、また微積分解法にまで至る「解析学」の全体を示す数学であるということにある。こうして複雑な自然のメカニズムは、解析学によって解明され、再び新しい生産的な自然力へと適用されていくようになった。これが新時代にデビューしたデカルトの「数学大革新」といわれるものであった。

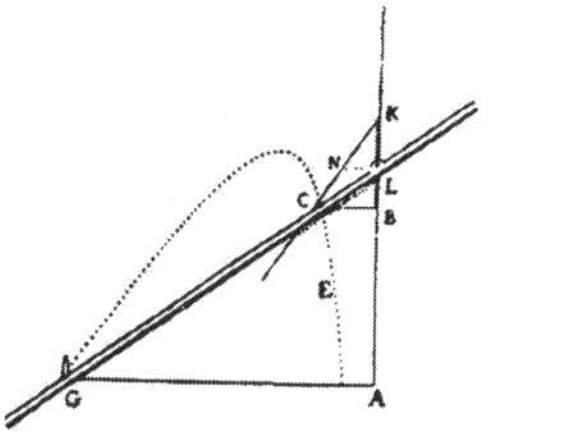

Aprés cela prenant vn point a discretion dans la courbe, comme C, sur lequel ie suppose que l'instrument qui sert a la descrire est appliqué, ie tire de ce point C la ligne C B parallele a G A, & pourceque C B & B A sont deux quantités indeterminées & inconnuës, ie les nomme l'vne y & l'autre x. mais affin de trouuer le rapport de l'vne à l'autre; ie considere aussy les quantités connuës qui determinent la description de cete ligne courbe, comme G A que ie nomme a, K L que ie nomme b, & N L parallele a G A que ie nomme c. puis ie dis, comme N L est à L K, ou c à b, ainsi C B, ou y, est à B K, qui est par consequent $\frac{b}{c}y$: & B L est $\frac{b}{c}y - b$, & A L est $x + \frac{b}{c}y - b$. de plus comme C B est à L B, ou y à $\frac{b}{c}y - b$, ainsi a, ou G A, est á L A, ou $x + \frac{b}{c}y - b$. de façon que mul-

S f　　tipliant

放物線の代数方程式を論じたところ（『幾何学』より）

しかしデカルトは単なる数学者にも科学者にも満足できなかった。学問の根底をきわめることに賭けた男にとって標題にもかかげた「近代哲学」の大革新者となるためには、さらに奥深く探究を推し進めなければならなかった。哲学の精神はソクラテス以来とことんまで批判し吟味する思考にその生命を保ってきた。これはまったく古くて新しい問題である。ソクラテスの吟味と賭けとが、ソクラテス自身にまたとない貴重な無知の知を教えたように、デカルトもあらゆるものを懐疑にかけて浄化し、この無知の知に浄められたいと念じ、思考をすすめた結果、ついに存在の根の根の確実性、ソクラテス的無知の知に達したと悟るようになった、と思う。

その次第を、彼はやはり『方法序説』で次のようにのべるのである。

けれども今この場合としては、私はひたすら真理の探究に没頭したいと願うのであるから、まったく反対の態度をとらねばならないであろう。いささかでも疑わしいところがあると思われそうなものは、すべて絶対に虚偽なものとしてこれを斥けていき、かくて結局において疑うべからざるものが私の確信のうちには残らぬであろうか、これを見届けなければならない、と私は考えた。それと共に、私どもの感覚はややもすれば私どもを欺くものであるから、在るものとして感覚が私どもに思わせるような、そのようなものは在るものではないのだ、と私は仮定することにした。また幾何学上の最も単純な事柄に関してさえ、証明をまちがえて背理に陥る人があるのだから、自分もまたどんなことで誤謬を犯さないともかぎらないと思い、それまで私が論証として認めてきたあらゆる理由を虚偽なるものとして棄てた。最後に、私たちが目覚めていてもつ思想とすべて同じものが眠っているときにでもあらわれる、このような場合にそのいずれのものが真であるともわからない。このことを考えると、かつての私の心のうちに入ってきた一切のものは夢にみる幻影と等しく真でないと仮定しようと決心した。けれどもそう決心するや否や、私がそんなふうに一切を虚偽であると考えようと欲するかぎり、そのように考えている「私」は必然的にも何ものかであらねばならぬことに気づいた。そうして「私は考える、それゆえに私は在る」というこの真理がきわめて堅固であり、きわめて確実であって、懐疑論者たちの無法きわまる仮定をことごとく束ねてかかってもこれを揺るがすことのできないのをみて、これを私の探究しつつあった哲学の第一原理として、ためらうことなく受けとることができる、と私は判断した。

と。彼の手記には「一六一九年十一月十日」と記されているが、このときデカルトは一生を哲学に賭けることにはっきり決心した、といわれている。このときドイツでの軍営（ドイツを荒廃させた三十年戦争のときの出陣）にあって、ある冬ごもりの炉部屋の宿舎で受けた霊感が、デカルトの使命を決定づけた、といわれるものである。すなわち、

私は霊感に満たされ、おどろくべき学問の基礎を見出した。

とあるものである。彼は単なる数学者・科学者たりえずという自負のもとに、さらに十年の孤独な放浪をつづけ、厳密な学・根底の学としての哲学の基礎づけに志した。さらにそれから一六二八年にはオランダに仮寓をかまえ、ほとんど死ぬまで二十一年間哲学研鑽に彼の「私」を捧げとおしたのである。

デカルトの哲学への抱負は、多くの科学者からは、デカルト的哲学者の独りよがりの自負とあるいは呼ばれるかもしれない。しかしデカルトにとっては、大真面目中の大真面目な問題であった。一六三八年ある人にあてた手紙の中で、自分の仕事をガリレイの仕事と比較し、ガリレイは枝葉の問題をあつかっていて、学問全体の基礎を考えていない、というとき、デカルトは明らかに一六四七年に出版した『哲学の原理』の序文の考えに立ってそういったのだ、と思う。デカルトの語るところによると、

こうしてみると、哲学全体が一本の樹のようなもので、その根は形而上学、幹は物理学、この幹から出る枝は他のすべての諸学で、これは大別して三つの主要な学、すなわち医学、力学、道徳にまとめられる。

という内容のものであるが、ガリレイが形而上学を真剣な問題としなかったといって、彼を単に技術屋呼ばわりすることは許されないであろうし、それは哲学者の傲慢というものであろう。

人間の知恵への参画は貧しい精神から行われなければならないが、哲学者は全体としてものを見ることの偉大さの自負をあわせて、えてして時としてこういう罪をおかすのである。これはデカルトにかぎらず、ほとんどすべての哲学者に、さらには人間の全体として知ろうとする偉大な精神たちに、すべてあてはめることのできる躓きの石であるだろう。しかしこの偉大さへの挑戦があるゆえに、人間はその対極の卑小・悲惨の自覚を通して、神意を深く抱きしめることができるのである。

ところで、哲学者としての、いや哲学者たろうとしたデカルトは、さきほどものべたように、あらゆることへの懐疑を真剣にはじめた。在来の学問に徹底的に批判を加え、一切を根本からやり直すために、疑いうるものをすべて疑い、それらを取りのけることによって、究極の疑いえぬものを析出し、もしそれ以上に疑いえぬものが見つかれば、その確実なものに基づいてすべてをそこから解明し直そうとするその方法は、やはり一種の解析的なものであった、といえるであろう。いわゆる「方法的懐疑」というものである。古代以来の懐疑論のように、すべての知識が疑わしいと決めて、いろいろな判断を中止してしまうという消極的な非生産の方法ではなく、まったく反対に、絶対に揺るぎのない基盤の岩を見つけようとする、きわめて積極的・生産的な方法を通しての、懐疑なのである。

さきにもいったように、デカルトは内外の感覚的知識をすべて疑い、ついで古来からこれだけは疑いえぬとよくいわれてきた数学の真理も疑う。全能の神か悪霊が、これを真理だと人間を欺いて思わせているにすぎぬ、と疑ってみる。このようにしてすべての知識は一つとして真理ではないと考えて、ふとそのように判断し思考し徹底的に疑おうと努めている自分自身を振り返ってみると、ここに厳然として、そのように自省し自覚する自分自身のあること、そのように疑っている「私」の存在は否定できない、という根底の思考に達した。この思考する自分を最後に残して、それを自覚的にとり出したところに、人間の自我の旺盛な近世のエネルギーがあった、と考えなければならない。長い間の苦闘のあとのこの自我の明証性が、

私は考える、それ故に私は存在する。（Cogito, ergo sum.）

というラテン語に定式化されるものであった。

有名なデカルトのこの「自我の発見」は、しかし、心なき者たちの多くの批評を受けた。彼は、自分の人間の全意義をこの形而上学的懐疑に大真面目で賭けたのであるから、心ない者のあれこれの批評に対しては、あるいはまったく無視しあるいははげしい調子で反駁も加えた。デカルトの一生一代の仕事であったものを、何でもないこんなことと思って通りすぎる人たちには、これはまったく無縁の思想であろう。

さすがに、内容はちがうが、同じように自分の生命の賭けを行った同時代のパスカルは、デカルトの思考のこの独自の価値を十分に認め、『幾何学精神』の中で次のように語った。

デカルトがたとえこの偉大な聖者（アウグスティヌス）を読んでその原理を学んだのであるとしても、私はデカルトがそれの創始者でないなどとは決していわない。というわけは、一つの言葉を偶然に書くだけで、さらに長い間のかつ広い範囲にわたる反省をしないことと、その語の中に物質と精神の区別を証明する推理のすばらしい系列を認め、これを一つの自然学全体の確かな原理とすること、との間にいかに大きな相異があるか、を私は知っているからである。

たしかにアウグスティヌスには、「コギト・エルゴ・スム」というような発言が『神の国』とか『独語』などに散見される。例えば前者の十一巻に次のような言葉が見えるのもその一例である。

どんな幻想をもってしても欺かれることなく、私は私の存在すること、そして私がそれを知ること、またそれを愛することをたしかに知っている。なぜなら、私が欺かれるなら欺かれる私があるのだ、無いものが欺かれようはない、私が欺かれるなら、それが私の在る証拠だ。……われわれは内的直観によって、私が存在し、私がそれを知ることをたしかに知る、そしてこの二つのことを私が愛することをも同様にたしかに知っているのである。

が、それはとにかく、同時代人のガッサンディ（1592-1655）の批判に対しては、「真面目さを欠いている」と激しくやりかえし、また「それゆえにergo」を説明し、「ゆえ」とはいってもこれは推理ではなく、――「私が考えつつある」ことの―直証（直覚的確証）である、とのべている。

これは古代アリストテレス・中世スコラ風な三段論法の推理で一般化されるものではなく、どこまでも人間としての個人・「私」としてのデカルトの奥深い体験・悟りにも似た明証であろう。ソクラテスはダイモニオンの声によってその一生が支えられたが、デカルトの哲学精神とて、さきのドイツの炉部屋の霊感はそういうものの類似を物語っている、と思う。

P. ガッサンディの肖像

ところで、以上のことから、「精神」としてのこの私の本性が「思考」として規定されるとともに、またこの究極的に確実なものから、一般に認識の確実性の規準が、「明晰・判明に（clair et distinct）知られていること」に求められるのである。それはこの節のはじめからいってきたデカルトの解析精神の信条であった。デカルトのいう「思考《コギタティオ》」は「疑い、理解し、肯定し、否定し、欲し、欲せぬ、想像し、感覚する」働きとして、いわば意識活動一般を意味しているが、しかし彼の場合は、それはまだ「意識主観」の働きを通してではなく、「精神」という実体（自立的な存在）の属性として理解されている。またこの精神のもつ種々の観念のうち、精神に本有的とみられる諸観念が基本的なものとされ、明証的な幾何学的・理性的なものであり、この哲学は、この種の理性に基づくいわゆる合理論（理性論）の体系にほかならないのである。

彼はこのような立場から近代科学の基礎づけを行った。すでにガリレイに見られた自然の数学的・客観的な規定は、いまやデカルトにより、物体を一つの実体と認め、その属性を「延長」（拡がり）とみることによって、哲学的に意味づけられる。すなわち「延長」という本有観念に関して精神が明晰・判明に知るところに、客観的な自然認識の成立があるのである。この「延長」に関する理性的認識が幾何学的であることはいうまでもない。事実彼が自然を物体と運動とにおいてみるとき、その「運動」の理解も結局は力学的観点からでなく、「場所の移動」としてもっぱら幾何学的観点からなされている。ここに彼の自然学の性格と同時にその限界があるといえよう。

ところで以上のように、精神と物体とをそれぞれ「実体」として独立的とみ、相互の別を明らかにすればするだけ、両者の関係の事実をどう説明したらよいかが問題となる。そこでデカルトは、形而上学的には、この両者を「有限的実体」として「無限的実体」としての神に依存させ、現象的には、有名な「松果腺」による関連づけを説くのである。しかしこの苦しい説明に彼の哲学体系のウィーク・ポイントがみられ、その解明は後のデカルト学派に一つの宿題として残された。

しかしここで注意すべきことは、デカルト哲学のこの問題点に、同時にその哲学の思想史上の意義があらわれている、ということである。すなわち、その二元論には、中世的束縛から自由になった人間と自然との独立性の哲学的把握が、その意味で近代哲学の誕生が示されており、その二元の関係・統一の問題は、この近代哲学に与えられた課題にほかならないのである。その点この課題に対するデカルト自身の回答が十分ではなく、またとにかくその「神」の理解をめぐって、その哲学の本質の解釈になお問題が残るとしても、それはとりもなおさず、この近代哲学の発足の歴史的位置を物語るものといえよう。

ところでデカルトは、中世の束縛から思想をまったく解き放ち近代を開いたといっても、それは、主として方法論上のことであり、彼の内実の精神は深く中世の中に浸っていたことが、いろいろのことからわかるのである。デカルトのうちで彼を支えてきたものは、論ずるにはあまりにも深い啓示の神・キリストの神であり、これは中世を支配しつづけた神であった。デカルトが形而上学において論ずることができると考えた自然神学の神とその証明、すなわち『哲学の原理』という本の中でのべている神存在の証明も、十一世紀（中世）のカンタベリーの司教アンセルムス（1033-1109）によってなされたいわゆる「本体論的証明」をそのまま踏襲するものである。すなわち、アンセルムスが『独語録』の中でなす証明方法で、われわれのうちにある最高・完全・絶対の本有概念から、こういうことをどうしても考えないではおれないために、当然そういう存在である神も必然的に存在する、と推論していく証明法である。これは後世に賛否両陣を張らせたいわく因縁の深い証明方法で、遠くは古代ギリシアのプラトンにさかのぼることのできるものであり、デカルトの同時代ではさきほども触れたガッサンディがこれに反対し、スピノザやライプニッツが賛成したものである。のちカントはこれに反対し、ヘーゲルは無限者としての神を考える場合は他の場合とちがって許されるといい、これを弁護した。こういうわけであるが、デカルトの思考と深い類似を示すアウグスティヌスの考え方といい、近世は中世と非常に密接な関連をもっていることを忘れてはならないと思うのである。

第三節　近代国家観とホッブス

トマス・ホッブス（1588-1679）はデカルトの影響を強く受けたというけれども、この体系の「物」・「心」の二元論には強く批判的で、どこまでも唯物論的な立場にとどまろうとした。ホッブスにあっては、心（精神）は単なる運動において第二の物質にすぎなかった。彼には、デカルトやパスカルの繊細さはなかった。彼は、どちらかというと、現実的な処理をする実際人であったように思われる。その実際家の彼に、デカルトの幾何学の胸のすくような証明方法は、大いに価値があった。またこんな関心から、ホッブスはガリレイの力学にもひどく興味をもち、一貫した宇宙の物質的機械論をうちたてようとこころみた。宇宙の中の人間、それは、一個の運動する物体であり機械であった。大陸合理論が海を渡ってイングランドという経験論的地盤に育つと、こうも実際、一元論的経験論の形而上学となってしまうかと驚くほどである。

デカルトがガリレイに失望したような、全体として考える理性の欠如は、ホッブスにあっては、宇宙構造全体として考える形而上学思考としてはガリレイを補ったけれども、それは依然としてデカルトを失望させた。というより、ホッブスに対しては、デカルトは一種の嫌悪感さえもっていた。ホッブスは、ガリレイのようなつつましい技師・科学者として人間味をもつこともなく、まるで鼻もちならぬ怪獣の専制的人間像につくりかえられたような嫌悪すべき存在、とうつったのかもしれない。

デカルトの大真面目な「コギト・エルゴ・スム」の原理を、ホッブスがまるで理解しようともせずに否定的に批判したとき、そんな批評はまったくくだらないといって、仲介者のメルセンヌに、これからはこのイギリスの紳士の手紙を取り次いでくれるな、といったほどである。繊細なエスプリに欠ける、どちらかというと大あじなホッブスの唯物論的な考えは、物理学の領域だけならまだしも、全領域におよぶ形而上学となるに至っては、おそらくデカルトにはたまらなかったであろう。機械論的自然観の人間生理への適用、たしかにデカルトにもありはしたが、この点がホッブスにおいてはいっそう徹底されていたのである。

ところで、彼は人間の社会的な在り方を見る場合にも、何よりも自然的存在としての人間というものに基礎をおく。そこに、「自らの自然、すなわち生命を維持するために、彼自身の欲するままにその力を用いる自由」としての「自然権」が、すべての人間に認められることになるのである。各自が自己の自然の欲求を求めて、かえってそのために各自が他から脅威を招くというこの不合理を、イギリスの現に存在する具体的で切実な社会問題としても絶対に回避できないことだ、とホッブスは考えた。こういう彼の現実感が、彼にこの不合理脱却のために互いに社会的協定を結ぶよう導くのである。それが彼のいう「自然法」なのであり、こうしてこの「社会契約」によって成立する巨大なメカニカルな「人工的物体」が「国家」にほかならない、とする。これは人びとを再び自然状態に逆戻りさせぬよう、この契約を保証するものとして「公的権力」をもつ。そこに「怪獣」(リヴァイアサン)にも比すべき絶大な権力をもった絶対主義国家の理論的基礎づけが行われたわけがあるのである。デカルトは政治問題にはほとんど介入しなかったし、介入しないことによって、かえって近世の思想の研ぎ澄まされた理論を純粋に追求もできた。しかしこれがその当時としてあまりに立派に理論づけられてみると、今度はそれの応用や適用やまたは変型が行われるものである。

ホッブスは一五八八年に生まれた。この年はちょうどイスパニアが国力を傾けてイギリスの征服を図り、一挙に無敵艦隊アマルダを派遣してきた年であった。しかしこの艦隊をイギリスは幸運にも打ち破ることができた。まことにこの年は、イギリスにとって記念すべき年であり、きわめて象徴的な年であった。ところでイスパニアの恐ろしいアマルダの来寇に、ホッブスの母は彼を早産してしまったといわれている。この母親は、非常な恐怖を感じて、彼を恐怖と共に産んだとさえいえる、と彼は後になって語っている。祖国イングランドのこの危機感は、生まれたてのホッブスにきわめて強い国家観を植えつけたといえようか。

父親が牧師をなぐったことが原因で、彼は妻とわが子のホッブスたちを捨てて逃げ、そののち家族の面倒を見なかったことも、ホッブスをしてますます現実の厳しさを教えるものがあったかもしれぬ。伯父に引き取られて、ホッブスはオクスフォード大学に入学したが、その当時のオクスフォードははげしいピューリタンの勢力と旧い勢力とが相争う混乱期にあった。また一六〇八年卒業後の社会は、大陸フランスでは反宗教改革運動、新教カルヴァン派のはげしい暴君放伐論、本国では新教ピューリタンと国教会派の対立、議会と王権との対立など激動する世相であった。こんな中で、しかしホッブスは大陸への旅行で啓発されたり、余暇を歴史研究に使ったりした。

ここでも彼の関心は古代ギリシアの政治、しかも政争の渦中にあった『ペロポネソス戦記』（トゥキディデス著）の研究であった。アテナイの民主政治が、「万人の万人に対する戦い」の最も醜い自然権の野放図の濫用からくる弱体化を如実に示していることに特に興味を示し、この戦記を翻訳した。さきほどものべたように、人間はその自然権として自己保存権をもつが、これが万人の万人に対する戦いを招くから、これを脱却して自然権を合理的に使い、愚かにもアテナイ民主制のように生命を破壊することのない国家形態をつくることが望ましいのである。

ところでこれは、人間の自然権という近代の自覚した個々人の権利意欲を地盤に踏まえている。さらにまた近代において伸びてゆくためには、近代国家というきわめて強い中央集権国家が必要であって、この食うか食われるかというときに、かつてのスペインに飲まれかけたイギリスのような物騒な近代にあって生き延びていくためには、リヴァイアサン（超人的なきわめて強い怪物）的国家形態がどうしても必要であることを、ホッブスが鋭い嗅覚で嗅ぎつけたことが重要なのである。ここに彼の近代国家観がある。これは決して単に一方的な専制国家観ではなくて、近代市民社会の自覚からひき出された近代国家観なのである。

マキャベリの個人主義的要素の強い『君主論』には、近代国家集団の理論づけがなされていない。国家権力がそれの構成要素員である人民との単なる対立から引き出されることなく、強者と弱者の単なる力関係で考えられることなく、どこまでも近代人間の自己保存権を全うする意味で近代国家をこの基盤の上に築いたことが、ホッブスの近代観である所以《ゆえん》である。

この自己保存の擁護を彼自身は、まことに地でいくことになった。主著『リヴァイアサン』（一六五一年）にあらわされた政治的見解にも見られるように、彼は非常に熱心な王党派であった。王党派対議会派に分れてのはげしい内戦が各地に激突していたちょうどこの革命期に、彼はある一つの政治論文を書いた。しかしこれが、ステュアート絶対王政の正当化を擁護したというかどで、問題になった。デカルト批判を通してデカルトと不和になるのも、この時期であるが、それはとにかく、イギリスでの王党派不利の形成の中で、亡命先のパリでは亡命宮廷に親しく迎えられ、一六四六～四八年の間、皇太子（後のチャールズ二世）に数学を教えたりしていたが、その後この宮廷内でもあることからだんだん異端視されるようになり、結局一六五一年の終わりに

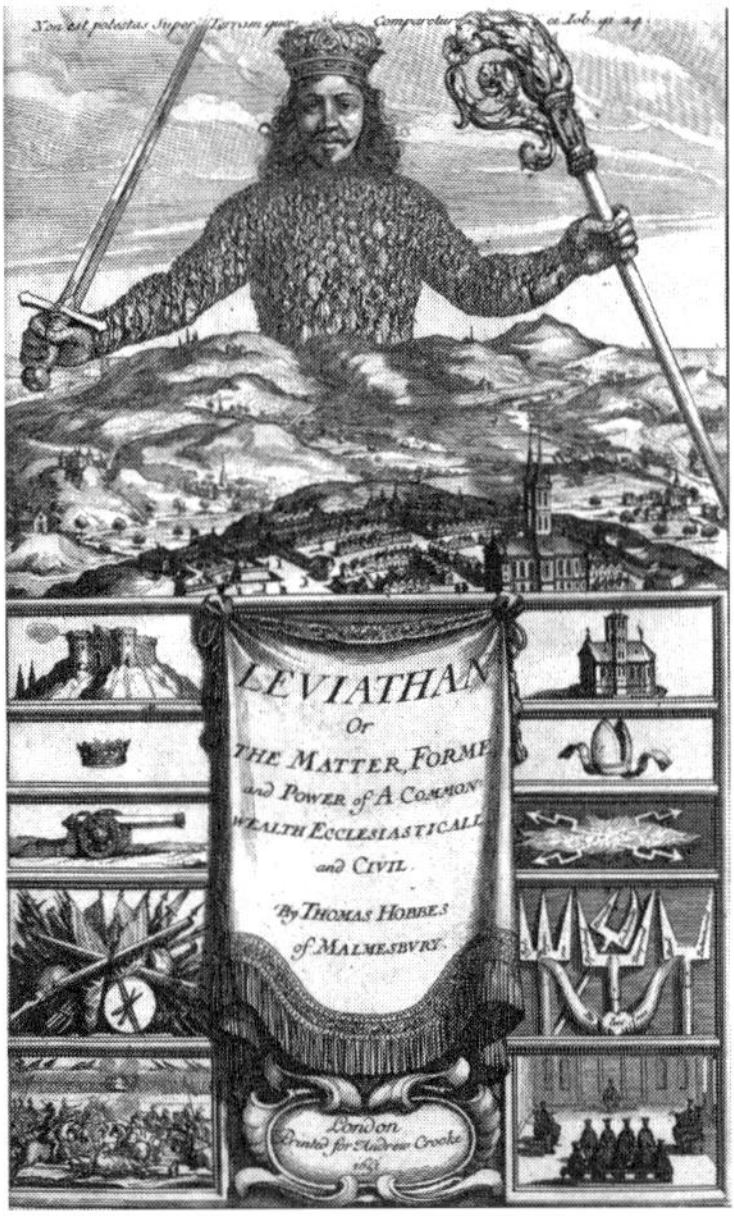

『リヴァイアサン』の表紙。上の支配者の体は多くの人間から成り立っている。

彼はひそかに本国に帰り、革命新政権のクロムウェルに服従を誓い、一切の政治活動を停止することになったのである。

彼の自己保存はこのような二重性をもっているが、しかしこの性格は、現実的なイギリス人たちの実際生活に根ざすものであると共に、ホッブスの属するジェントリー族の両棲類的生き方に根ざすものであった。また彼と親交のあったデヴォンシャー伯爵も、一六四五年には亡命先から帰って新政権に服従し、自分の領地の返還を受けた。生活保存権・土地所有権をめぐって、時の強力な政権（新しいリヴァイアサン国家）に忠誠を誓い、混乱なく安全と平和を獲得することは、まったく正当な何にもまして基本的な自然法であったのであり、ホッブスも、これにのみひたすらに忠実であったのである。

新しいブルジョアの勃興と旧い封建体制の対立の中にあって、その両棲的存在を全うしていく彼の態度の中には、革命を先取りして危険をおかしてもそれを積極的に推進していくという姿勢はみられないが、ホッブスが、力でもって、揺れ動く現実世界を経験的に現実的に把握し、単に牧歌的で共産主義的な一見センチメンタル的にさえ見える自然状態への憧れを断ち切る厳しさを見せたことは、時代の子としての面目を躍如たらしめている。しかもこれは、彼の政治および社会哲学へのベーコン的経験論の適用という点から、一貫したイギリス経験論の一系列としてあとづけることができるのである。

経験論というのは、経験することによって学んでいくのである。だから、ピューリタン革命というものを経験して、その勝利の成果に敬意を払い、それを受け入れ、その秩序に服従するのである。経験を重んずるこの態度は、人が苦労し傷つき、あるときは死によって勝ち得た成果を、他の人はあまり苦労しないでその分け前にあずかるという、体のよいご都合主義のようにとられぬわけでもない。が、よくイギリス人とドイツ人の性格比較において語られる言葉に、ドイツ人が考えついたものをイギリス人がうまくくすねていくというのがあるが、イギリスという国土の中でも、このドイツ的徹底理想主義とイギリス的経験便宜主義の傾向がみられぬではない。革命をどこまでも推し進めてその犠牲となるのも辞せぬグループと、ある意味で傍観者的にその成果を見て、その果実だけの分け前にあずかろうとするグループが、同じ民族の中にあることは事実である。しかし、これが便宜主義とか、ご都合主義とかで片づけられる性格のものではないことは明らかである。他国民と較べてあるいはこういうふうに見えるかもしれないアングロサクソン的傾向も、マクロ的には、イギリスの苦難の議会主義、さらにはピューリタン革命を通して、立派に名誉革命を勝ち取ってきたのである。

イギリス議会民主主義をつらぬき通してきた良識ある中道派は、これに誇りをもち、狂言を強く排するある信念の持ち主なのであって、一概にこれを両棲類だとか二重性格とかご都合（日和見）主義だと軽蔑し去る性質のものでは決してないと思う。現実への着実な分析というものを踏まえて、あまりにも行きすぎた極端を廃する良識として、賞讃すべき要素を多分にもつからである。現実の分析から得たしっかりした信念とか理屈とか、筋が、それなりに通っているのである。

ホッブスは『リヴァイアサン』の中で、

人間は生まれつき平等である。

として自然の論理を経験からたてる。肉体や精神の能力の良し悪しは多少あるにしても、結局は五十歩百歩であることをのべたあと、彼は、そういう

　平等から不信が生ずる。

とのべ、そしてこれをいとも現実的に次のように理由づけるのである。

　この能力の平等から、われわれの目標達成についての希望の平等性が生ずる。そしてそれゆえに、誰か二人が同じ事物を意欲し、しかしながら双方がともにそれを享受することは不可能だとすると、彼らは敵となり、彼らの目標にいたる途上で互いに相手を滅ぼし、または屈服させようと努力するのだ。

と。このようにして、

　不信から戦争が生ずる。

という推論を進めるのである。そしてこれが、

万人の万人に対する戦い

として定式化される理屈である。「このような戦争の諸不便」からたまたま生命とか所有とかの最も基本的な自然権が著しく脅かされてくるのである。だから人びとは、ただ自然的自由はもつが、破壊的戦争をもたねばならぬか、それとも非常に強い絶対的権威に従属するが、安全と平和は保障されるという二者選択の結果、その後の方を結局は選んだのである、とホッブスは論を進める。そしてそれを、彼は「人びとを平和に向かわせる諸情念」として、最も強い、

死への恐怖と快適な生活に必要なものごとへの意欲であり、彼らの勤労によってそれらを獲得する希望である。

といい、これらを理性的といい、さらに自然の諸法というのである。

こういう次第だから、彼は王権に身を委ねて、この自然権を守ろうとするのである。この際、ホッブスは、

無条件にその主権を一人の人か、あるいは集会に委ねることに、お互いに意見を一致させたのである。

と「無条件」という言葉を入れている。が、これはきびしい国際間なり内乱なりの苦しい経験を経てきた一種の恐怖心と、ホッブス自身のその当時の王権への帰依心（ある相当の利益を王権から得ていたことから自然におこったであろうと思われる忠誠心）から出てきた言葉であろう。が、それだけにここに問題があるし、マグナ・カルタを戦いとってきたイギリス内にあっては、ホッブス流の契約説は、チャールズ一世の国民への協約無視を理由づけるものとして、国民側にはまったく不行届千万なものと映じたかもしれない。が、それはとにかく、ホッブスは、このような王権（イギリスの場合は君主権）を定義づけて、

君主あるいは主権は、その性格において、自然とは対立する目的を追求するものであるかもしれないが、人民は彼に対して戦争を開く権利をもたない。なぜなら、人びとは君主のすべての行動を権威化し、彼に主権的権力を与えて、彼ら自身の君主をつくったのであるから。

というようにして、集権的権力をもった巨人であるリヴァイアサン的国家とその機能をひき出してくるのである。

ここまで推論してくると、いろいろ問題が出てくるのであるが、いずれにしても、イギリスの近代国家がせっかく伸びていくべきものを、この時点で内に争っていてはいけないという、差し迫ったホッブスの国家意識に根ざしているものにほかならないのである。王権のもとで伸張してきたホッブスの境遇と、さらにはイギリス近代国家意識と、さらに何よりもホッブスの一元論的統一を結論づける哲学的見

解とに裏打ちされたものにほかならないのである。そしてここに当時の忠実な縮図を見るのである。激動する内戦の危機と外国に対する国家意識とが、ロックの時代になると、恵まれた状況となっていたし、自覚した中堅市民社会もかなり輪郭がまとまってきていたのであるが、ホッブスのときはまだ痙攣的な流動期にあっただけに、リヴァイアサン的巨人が要求されたのである。何としても安全が要求されていたからである。

自然状態から進歩して社会契約をつくるに至るプロセスを性悪説的にあとづけるホッブスと、自然状態から市民的状態のプロセスを勝利した時代の進歩観が人間の性善説に裏打ちされているロックとに、はっきりした対照も見られるが、これらは、さきほども見たように、またロックのところでも見るように、現実的に経験的にものを見、理論づけを行おうとするアングロサクソン的性格、いわゆるアングリカニズムの同じ流れに掉さすものにほかならないのである。

第四節　合理論の展開
―スピノザとライプニッツ―

哲学はその人その人の主体・主観の精神が賭けられており、だからそれぞれ人格とか性格がにじみ出ることが多い。科学は主として客観の精神であり、その点少なくとも外観の上では、両者は大きく相異なるものを感ずる人が多いであろう。デカルトの知的発見の手腕によって達成された大陸合理論には、もちろん彼自身の強靭な知性の情熱がこめられていた。しかし、その知性の追求の開花というか、結実としての、「いかに生くべきか」の道徳の問題は、なるほどデカルトにとっても重要であったが、それはどうもバルフ・デ・スピノザ（1632-1677）のためにとっておかれたように思う。

デカルトが、さきにあげた『哲学の原理』の序文のところで、哲学の木の三つの主要な枝（医学、力学、道徳）をのべたつづきで、

ここにいう道徳は最も高くかつ最も完全な道徳のことで、これは他のもろもろの学問の知識のすべてを予想するという点で、知恵の最後の段階である。

という部分があるが、これは、まったく期せずしてスピノザのために書かれた条文であるように思われるのである。

スピノザの肖像

スピノザは、ユダヤ人として生まれ、ユダヤ教の学問で教育を受けたが、ものにとらわれない自由な

精神をもっていたから、かたくななユダヤ正教派には、どうしてもとどまれなかった。どうしても自分に偽《いつわ》ることができなかった。しかも自由の気運が周囲に横溢する新興国オランダに生を享け、この時代背景は、スピノザの自由の精神をいっそう勇気づけるものがあったであろう。まもなくユダヤ教から破門され、文字通り天涯孤独の生涯を送ったのはもとより、いろいろの迫害をも耐え忍ばなければならなかった。高潔で自由で偽ることがなかったため、教条主義のキリスト教徒たちからも、無神論者呼ばわりされて嫌われ、ほとんど四面楚歌の非難の渦中におかれた。

しかし彼は、自分の中に光る神に忠実に、きわめて質素な静かな生活を送った（最初はアムステルダムで次にハーグで）。レンズ磨きを生計のたしにしながら、彼は貧しく生きた。それでも、美しい玉のように光るスピノザの魂とその知性を評価する人もあり、ハイデルベルク大学からは手厚い招き（一六七三年）があり、当然そこで静かな学究生活も約束されたが、自由な学究の徒としての立場からこれも断った。こうして四十五才に満たぬ生涯を終わるまで、彼は、二十年あまり痼疾《こしつ》の肺結核におかされながら、ひたすら神への想いに高潔な美しい一生をつらぬいた。この姿は、神的な人格の至宝と今なお仰がれている。スピノザの境涯は、外面的には誰しも暗黒としかいいようのない人生であったが、決してそれを呪うことなく、きわめて明るく楽天的に神の使徒たるものとして恥じない一生を送った。

スピノザの主著『エチカ』（ラテン語で書かれた倫理学書）は、五部からなるが、主として三つの事柄を取りあつかっている。まず形而上学、それから心理学、最後に倫理学がのべられる。詳しくは、『幾何学的秩序に従って論証されたエチカ』といわれるように、その明証性を象徴する定義・公理に定理や系を配しての論述方法は、デカルトの精神を体したものであり、特に形而上学はデカルト的であるが、その倫理学に至ってスピノザはがぜん独創的になる。彼の魂の純化がどんな人よりも深く美しいものであったからであろうが、彼が最も情熱をこめるのは、宗教と倫理の問題である。

　スピノザの倫理観は、人から見れば自己に求めるにきわめてきびしいものがあるが、彼が無限の神を信ずることができること、憎悪をもそれを打ち砕く愛で解消していくこと、嘆きやつらい運命があれば、さらにそれよりも耐えがたいものを考えて克服していくことを美しくうたっている。とにかく人間のことなど無限の神の世界ではとるに足らぬもので無限小でしかありえないと考えること、しかしただひたすら賢者として自らの精神に尽きることのない深い神への愛を通してすべてのものに愛をおよぼすこと、しかも動揺のない魂の静かな喜びの生を送ること、こういうことがスピノザの精神であった。

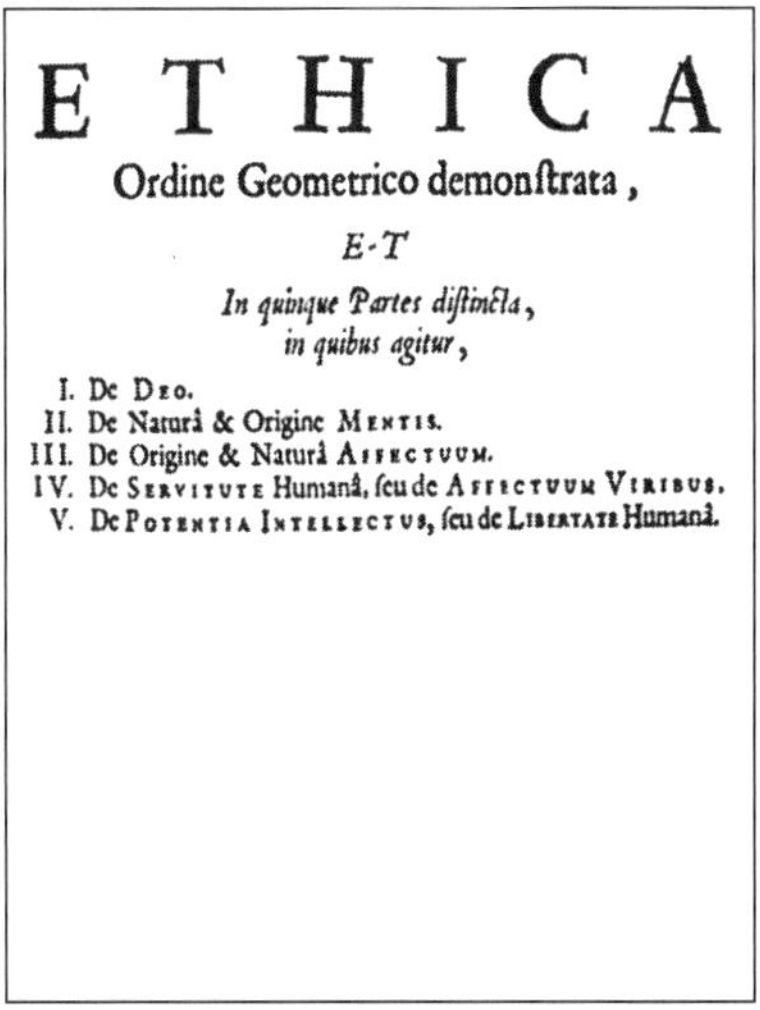
ETHICA
Ordine Geometrico demonſtrata,
ET
In quinque Partes diſtincta,
in quibus agitur,
I. De Deo.
II. De Naturâ & Origine Mentis.
III. De Origine & Naturâ Affectuum.
IV. De Servitute Humanâ, ſeu de Affectuum Viribus.
V. De Potentia Intellectus, ſeu de Libertate Humanâ.

死後刊行された『エチカ』の初版

　デカルトの二元論にまつわる問題は、オランダの代表的哲学者スピノザにあっては、一元論的体系によって、一つの鮮明さを与えられた。彼が『エチカ』の中でいう、すべて在るものは神の内に在る。そして神なしには何ものも在りえず、また理解されえない。

という言い方においては、たしかにデカルトと共通するものがあるが、神にささげる絶大な愛と帰依は、人間を含む他のものをすべてまったく貧しいものにしてしまうのである。貧しい精神に徹することによって、彼は救われ喜びを覚える。だからこういうスピノザにとって、「実体」(substantia) と呼ばれるものはただ一つ、「神」(deus) をおいてほかにありえない。そしてこの神は無限の「属性」(attributus) をもつ。デカルトにとっては近代的自我「私」が強調され、実体としての精神や物体というわれわれの世界がほとんど中心に考えられていたのに、スピノザにおいては、人間はきわめて限られた貧しい位置に立たされる。しかしこの貧しさは近代精神をつらぬく貧しさであり、大いなる歓喜、神への無限の愛・帰依にふくらむ自由の精神である。もはや決して中世の精神ではありえない。しかしパスカルのように、ペシミスティックに人間の悲惨に苦悩する貧しさを、スピノザはうたわなかった。スピノザのパトスはどこまでも楽天的《オプティミスティック》そのものであったことを忘れてはならない。

神の無限の属性のうちで、われわれ人間の知りうるものは、「思考」(cogitatio) と「延長」(extentio) だけであるが、このそれぞれの属性によって限定された実体の「様態」(modus) が、「精神」(mens) と「物体」(corpus, 身体も含む) にほかならないのだ、とする。こうして一切は神においてあり、また神が一切でもある(「神」即「自然」)がゆえに、スピノザの一元論は、哲学史の上では、よく簡単に「汎神論的一元論」だといわれる。しかし、このようにして、さきのデカルトにおける物(身)と心との二元論的アポリアは、原理的には容易に解かれる、といわれる。デカルトは神と精神と物質という三つの実体があるとした。もっともデカルトにおいても神が他の二つの副次的実体を創造したのであり、はるかにすぐれた主体としての実体性をもっていたし、必然性をもっていた。神は、その気になればこれらの実体を打ち壊すこともできたが、デカルトの神はきわめて理性的であったので、そんなことをするはずのものではなかったし、神の全能と善意と完全性をこのままで信頼することができた。

もちろんスピノザの神もきわめて理性的であったし、完全であったが、それだけに自分以外の実体は許さなかった。いや、スピノザの神への帰依が、貧しい人間の精神などとても実体化できなかったのである。こういうところにソクラテスの哲学精神である無知の知は、デカルトにおいてよりもはるかによく生かされているように思われる。ところでこの自然にあるものはすべて有限で自己充足性をもたず、神の属性として「思考」と「延長」（ひろがり）をもつが、無限な神は、このほかにもわれわれに知られないいわゆる未知の無限の多くの属性をもつのである。

しかしここで、デカルトの二元論の問題が、もともと近代的な自然と人間との自立性の問題であったことが思いおこされなければならない。その点ルネサンス的な茫漠として無限の汎神論的自然を脱皮して、そこからくっきりした近代的自然の輪郭をデカルトが与えたのに、スピノザの汎神論的一元論はまたルネサンスに逆戻りした観なきにしもあらずである。しかし、彼が近代新興の自由寛容の国オランダに住んでいたこと、また彼がいだく自由主義思想は、やはりデカルトの明晰・判明さの近代的自覚を勝ち取って得られたものであるかぎり、スピノザの思想はルネサンスとデカルトを総合したものと考えることもできる。しかしスピノザの思想は、どこまでも「永遠の相のもとに」(sub specie aeternitatis) 事物をみる、という時代を超えた卓越性をもっている。しかもその永遠は、彼にとっては、論理的必然性の意味をもつものにほかならなかった。

デカルトには、理性による情念の制御など理性的な自由意志の存在がうかがわれる余地があったけれども、スピノザには、デカルトにおいて背後にあった神による決定論が前面に押し出されている。「永遠の相のもとに」みられるとき、一切は、「実体」すなわち「自己原因」(causa sui) である神の自己限定のもとに服するのである。こうした合理論の展開においては、理性自身が変貌してくる。幾何学的な方法は、神の必然性を明晰・判明な論証形式で表現するものにほかならない。これらに一貫して流れるものは、とりもなおさず「神への知的愛」において、同時にその無限の深く広い神に酔う神人合一の神秘的直観の性格なのである。

スピノザにくらべ、ゴットフリート・ヴィルヘルム・ライプニッツ（1646-1717）の生涯は、またちがった意味で鷹揚で自由であった。俗物根性を強いられることの多かった当時の後進国家ドイツの思想家らしく、俗っぽいことにも割合平気で反応できたライプニッツは、スピノ

ライプニッツの肖像

ザのように深い透徹したきびしい真剣さと反面ほんとうにやさしい愛を奥深くたたえているという性格ではなく、すべてに楽観的・便宜的でありまた調和的であった、といえよう。こういう性格が、やはり何といっても彼の哲学体系の中にも流れていた。ここでもその人となりがその哲学にあらわれている顕著な例を、われわれは見ることができると思う。

ライプニッツには、スピノザの影響が相当強いようであるが、当時公的にいろいろと嫌悪されていたスピノザに対しては、そしらぬふりをすることが多かった、という。が、それはとにかく、スピノザが峻厳なまでの深い倫理の世界に生き、しかも自由意志を認めなかったのに対して、ライプニッツは自由意志を大いに認めたのである。しかし実際には、スピノザはきわめて自由に生き、それに対してライプニッツは世間の思惑をはばかりながらかなり不自由な気持ちで生活せねばならなかったことは、皮肉なことである。

スピノザにあっては、あらゆることが神の絶対的な必然によって支配されているし、精神において自由意志は存在しないし、物質の世界にも偶然はない。ただただ測り知ることができない神の本性が、あまねくすべてのものを善く支配しているし、その本性の一部を知る明晰な知性（幾何学的知性）が人間には与えられている。この必然の世界を観想し、そこに生きる喜びを感じ倫理を知ることができる人間は何とすばらしいことであろうか、そしてまた自由であろうか。およそスピノザにあっての自由人というのは、『エチカ』の中でもいわれているように、神を愛する者はその代償として神も自分を愛してくれる。

というように、神からの愛の返報を求める「とらわれた」気持ちや期待をもたない人である。また死の恐怖にとりつかれるという奴隷的心境をも完全に断ち切ることのできる人でなければならない。同じ本の中で、

自由な人間は死というものをもっとも軽視する。死ではなく生について瞑想することが、その人の知恵なのである。

というし、またキリスト教徒が信じている個人的な不死性にこだわることない自由人を彼は望むのである。

以上のようであるが、とにかく無限小の自らをそのまま素朴に謙虚に自覚するところには、自由意志の存在する余地はまったくないのであるが、しかしライプニッツにはこれが大幅に許容されたのである。ここに両者の立場の大きな分れ目があると思う。ライプニッツによると、神と人間はともに必然性に縛られることがない。論理の諸法則に反することはできないが、論理的にできることは、最大限選択自由に何でもできるし命ずることができる自由なのである。ライプニッツの神は、巧妙至極な工人（技術家）であり、あたかもあらゆるものを予定調和のぜんまい仕掛けに仕組むことができる近代力学の神なので

ある。しかしこの力は、普通考えられる物質的なものではなくて、精神的なものである。ここにルター以来特に強くとり出された精神主義の著しいドイツ的変型がある。

しかしそれを考察する前に、ライプニッツが新説『単子論』を一七一四年に出版する前（一六九五年）、ある雑誌の批評に対する答弁の中でのべた予定調和説の妥当性を、少し以下に引用しておきたいと思う。

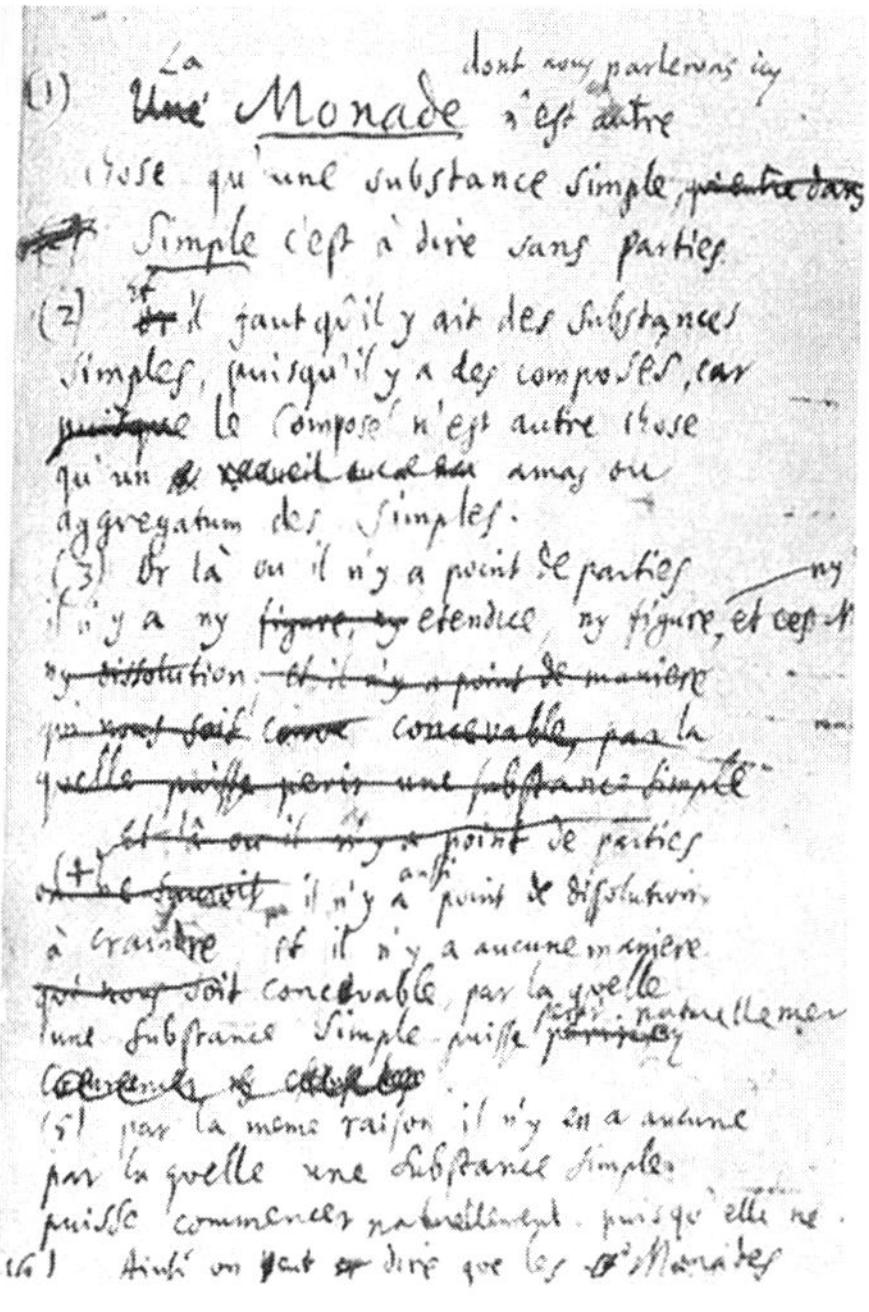
(1) La Monade dont nous parlerons icy n'est autre chose qu'une substance simple,
Simple c'est à dire sans parties.
(2) Et il faut qu'il y ait des substances simples, puisqu'il y a des composés, car
le composé n'est autre chose
qu'un amas ou aggregatum des simples.
(3) Or là où il n'y a point de parties
(5) par la meme raison il n'y en a aucune
par la quelle une substance simple
puisse commencer naturellement.

『単子論』の草稿

今この二つの時計の代わりに精神と物体とをおいてみる。そうすると、その一致も次の三つの仕方のどれかによって行われることになる。作用による道は普通の学の道である。しかし、この二つの実体の一方から他方へ移ることのできるような物質的分子を考えることはできないから、この意見を棄てないわけにはいかない。助力による道は機械原因説の道である。しかしこれは、自然的な通常の事象の中に都合のよい「機械仕掛けの神」をもち出すことになると思う。合理的には、そこに神は、他のあらゆる自然的事象に協力すると同様にしか干渉してはならないのである。してみると、残るのは私の仮説すなわち（さきまわりした神の技巧によって予め定められた）調和の道だけである。神（の技巧）は、はじめにこれら実体の各《おのおの》を造ったときから、各実体がその存在とともに受け取った自分自身の法則にのみ従っていっても、他の実体とあたかも相互の作用があるかのように、もしくは神が一般的協力以上にいつもそこへ手を下しているかのように一致するようにしておいたとする。これだけいえば私は何も証明する必要がないと思う。ただしお望みとあらば、神はきわめて器用であるから、当然このさきまわりした技巧を用いうるということを、証明しよう。……

ライプニッツも、もちろん、デカルトやスピノザと同じ大陸合理論者の一員として、「実体」という考えから哲学説を展開した。さきほどもみたように、デカルトにおいては実体は三つ（神、精神、物質）、スピノザでは一つだけ（神）であったし、デカルトでは「延長」（拡がり）が物質の本質であり、スピノザではこの延長は（思考とともに）神の無限にある属性の中のただ一つにすぎなかったのであるが、両者の幾何学的知性にとっては、とにかく「延長」は最も重要な「もの」の概念であった。しかしライプニッツにおいては、この「延長」とか「拡がり」といわれるものは、デカルトのいう「実体」でもなく、スピノザのいう「実体の属性」でもなかった。

一七一四年の『単子論』といわれる本の中で、ライプニッツは、冒頭に自分の「実体」を規定して次のようにのべている。

「実体」は作用することのできる存在である。実体には単純な実体と合成された実体とがある。単純な実体というのは、部分をもっていない実体である。合成された実体というのは、単純な実体すなわち「単子」(モナド）の集まりである。モナスというのはギリシア語であって、「一」もしくは「一なるもの」を意味する。合成体すなわち物体は「多」であり、単純な実体、生命、精神、理性的精神は「一」である。単純な実体は到るところにあるにちがいない。なぜかというと、単純な実体がないと合成体はないはずだからである。したがって自然全体は生命に満ちている。

このように「実体」を「単子」とした上で、その単子はいわゆる形をもつものではないとして、さらに詳しく、彼は次のようにのべている。

単子は部分をもたないから、造られることもないし壊されることもできない。単子は自然的には生ずることも滅びることもできない。また単子は形をもつわけにはいかない。もし形をもてば部分をもっていることになる。したがって一つの「単子」がそれ自身において、しかもその瞬間において、他の単子と区別されるには内的な性質および作用によるほかはない。……実体が単純であるといっても、実際その同じ単純な実体の中に一緒に存する様相が多であることは差しつかえない。これらの様相は、外にある物との関係がさまざまであるところから生ずる。

こうして「モナド」理論を展開することによって、ライプニッツの形而上学が生まれてきたのである。彼によれば、普通の複合的な実体の「もと」のものとして考えられる単純な実体は、いわゆる原子ではありえない。「拡がり」すなわち「延長」あるかぎり分割が可能だからである。真の単純実体は拡がりをもたないものであるにちがいない、そういうわけで無限の個数をもつ実体をすなわち「単子」と呼んだ。それゆえにこのモナドは、非延長的・非物体的なものとして、精神的な力、すなわち「表象（欲求）するもの」であり、その種の精神的な存在となったのである。アリストテレスは実体を「主語となって述語とならぬもの」としたが、それはまだ名目的な規定にすぎない。主語（主体）としての実体は、あらゆる述語を内包するものであり、多即一であって単子は一切を映すのである。この表象の完全性の度合いの区別が各単子の区別に当たる。そしてある表象から他の表象への変移の動きを欲求と呼ぶならば、単子は表象とともに欲求の能力をもつわけである。こうして一なる世界を無数の単子が各様に映す、そこに諸現象の連関と調和があり、それは究極においては、さきほどのべた全知全能の「工人」（デミウルゴス）としての神による予定調和の体系にほかならない。

デカルトの解析幾何学的思考に代わって、（ニュートンとともに）微積分学の始祖とされるライプニッツは、その種の発想法のもとに、やはり一種の力学的世界観を構成した。その卓抜し多才な頭脳は、当時の学問、技術の成果をその思想の中に多分に織りこみながら、しかし他方、後進国ドイツの思想状況を反映して、スコラ的な実体的形相を復活した。また大陸合理論の伝統の展開において、結局は、すでにスピノザにみられた物心一体観を、いっそう唯心論的に徹底した特有の形而上学を説くに至った。

実体を無数に分割してそれぞれ小さな無限無数の神となったモナドは、「拡がり」という物体的性質をもたず、徹底的に精神的なものである。しかもその精神は、ライプニッツのいう論理的前提、すなわち矛盾律と充足理由律をおかさない論理のあらゆる自由な選択によって、自由に全能ぶりを発揮できる不思議な存在なのである。俗受けもし、かなり楽観的で官権の制約も受けない才気渙発の理論であったところで、デカルトの自我とくらべて、ライプニッツの場合、世界を無数の主観の連関においてとらえている点、そこに市民社会の存在の形而上学的表現があるといえるかもしれないが、何よりもあとのドイツ観念論へ導く萌芽がここに用意されている点、ロマンティシズムへの道がある点などが、注目されなければならない。

第五節　繊細の精神とパスカル

ルネ・デカルトがブレーズ・パスカル（1623-1662）とくらべて、ひどく宗教と倫理を欠いていた、ということは決していえないであろう。デカルトのところでものべたように、彼には近代哲学の基礎づけという未踏の大きな仕事があった。それに、宗教そのものや神をごく身近に感ずるために、幼少のとき乳母からきいた神が、ごく素朴にデカルトの魂の中に生きていたのである。それ以上に何が必要であったであろうか。しかも彼の近代人として生きる知恵は、きわめて鋭く、煩瑣な中世のスコラ神学の死を感じとっていた。それについては、すでに彼が学生のときの話がある。というのは、神学が天国へ行く道を教えるということで、彼は一時これを非常に尊んだことがあったが、天国へはその学のあるなしにはかかわりがないということを知るにおよんで、神学を学問として研究することをやめた、というあの『方法序説』の中の話である。

聖書の啓示をかたく信ずることさえできるならば、何も神学だ、何々信仰だ、ということをやかましく論じなくてもよいということは、やはりデカルトが近代プロテスタント精神の洗礼を受けていたことを物語っている。しかもそれは、きわめて「オプティミスティック」（楽観的）にそうだった。だから宗教上の具体的な問題をほとんど素通りできたし、同じく社会の具体的ないろんな問題に関しても、それらを傍観し、ただただ近代的人間像を彫ることにその天才のすべてを打ち込むことができたのである。彼は典型的な近代人であったし、そのいわば彫刻家であったから、近代像を彫るためには、あたかも森の中にいては森が見えず、森の外に出てはじめて森の全貌を見る者のように、母国フランスから離れ、最も自由な新興国オランダのアムステルダムに、誰からも煩わされない仮居をかまえる必要があった。ここで彼は、二十年もまったく傍観者として過ごすことができたのである。

パスカルの肖像

しかしホッブスと同じように、パスカルには、このようなデカルトの態度は、どうしてもとることができなかった。デカルトはフランスの近代の理性の代表であったが、パスカルはフランス的な繊細な信条の代表者であった。時代の矛盾したいろいろの騒乱、政治・宗教上の具体的な問題は、あまりに繊細なパスカルの精神と肉体には、当然ビンビンとこたえ、種々の深い波紋を容赦なく投げかけてきたのである。そこに冷徹な知性のデカルトとは、まるで反対の「ペシミスティック」（悲観的）なパスカルの姿が濃く映し出されたのである。

パスカルも、やはり新興の法服貴族の出身であり、きわめて新しい知的な意欲と財力をもつ家庭に育った。父親は、時の絶対権力国家の官僚として、高い地位を占めたこともあるが、それなりのきびしく苦《にが》い浮沈を経験した。徴税と金融という、非常に現実的な職業世界にあった父親は、それで財を貯えたが、理財家らしく、また新興の数学の道の達人でもあった。いわば理論と実際の世界にまたがる達人であったといえよう。父親は、また非常に厳格な宗教信仰の家庭を主宰していた。こんな中に、その父親をもはるかに凌駕するような数学的天才児パスカルが生まれたのである。パスカルは十才あまりで幾何学にその天才ぶりをみせ、デカルトが解析幾何学の創始者というなら、彼は後の射影幾何学の創始者ともいえるような才をみせた。また物理学においても、パスカルの定理や真空実験で目覚ましい業績を残した。しかし、こんなに幼いときからすぐれた数学者・科学者であったのに、パスカルは、デカルトの幾何学精神では決してつらぬくことができない他のより深い精神をもっていた。デカルトにあって、数学の明証性は、何よりも彼の巨人的理性の探索の道を照らすこの上ない武器であり、これへの愛着は棄てられないものであったが、パスカルには、このデカルトにとってのかけがえのない道づれも、それほど切実なものではなかった。『パンセ』において「幾何学的精神」(l'esprit de géométrie) といわれるものとはちがったある「精神」が、パスカルをとらえて離さなかったのである。
デカルトは感情とか情念を理性に服従させる。しかしパスカルはまったく逆の理論をもつ。

心情は理性の知らないそれ自身の理性をもっている。
(『パンセ』二七七)

というこの「心情の論理」、これこそ、パスカルにあってデカルトの「幾何学的精神」である理性哲学を愚弄する哲学であった、といえる。

哲学を愚弄すること、それが真の哲学である。
(『パンセ』四)

というパスカルの精神が、とりもなおさず彼の「繊細の精神」(l'esprit de finesse) にほかならなかった。
デカルトが、自らの足で立とうとしてあらゆる公認のものへの懐疑をはじめたように、パスカルも同じことをして、デカルトは幾何学的精神（理性）の勝利に、パスカルは繊細の精神の勝利へと導いた、ということができるかもしれない。

パスカルにおいて、繊細の精神の理性に対する優越は、結局、人間が人間の理性では不可解である、ということを、理性以上に繊細の精神がよく見抜いていることにあった。そして、

　私の何も知らない、そして私のことを何も知ってくれない、もろもろの空間の無限な拡がりの中に呑みこまれて私は恐れる。……これらの無限な空間の永遠の沈黙は私に恐怖をおこさせる。

（『パンセ』二〇五～六）

というその恐れという心情から、はじめてパスカルのいうほんとうの知恵への道が開かれるからである。この道へ導くものは、理性の論理ではなく、ほかならぬ心情の論理（繊細の精神）だったのである。

理性のおよばないところへ、心情は分け入っていく。そしてこれが開示してくれるものが、パスカルを救ってくれるのであって、理性は彼を救いはしない。こうして、彼の中に根強く巣食う二つの精神（幾何学的精神と繊細の精神）は引き裂かれなければならなかった。哲学・科学と宗教の各精神は、このようにパスカルの中では分裂し宥和しなかった。二つは深淵を隔てていた。科学は現世を肯定し、宗教精神は現世を否定した。はげしい頭痛と胃痛に悩まされ、下半身の麻痺状態にあった彼は、一六四六年ごろ、突如深淵をのりこえてジャンセニズム宗教に回心した。

ジャンセニズムは、ジャンセニウス（1585-1638）に由来する神秘主義の宗教浄化運動の一つで、世俗

化していくイエズス会宗教に対する近代カトリック内部のアウグスティヌス的信仰復活運動であった。パスカルの内部の矛盾と大きく口を開《ひら》けた深淵を埋めるものは、こうして引き入れられた原始にかえるキリスト教の神秘をおいてほかになかったのであろう。しかしこれへの回心のあとは肉体の上でも小康を保ち、やがて健康を回復したパスカルは、社交生活をエンジョイし、このあいだにも、エピクロスの快楽とかエピクテトスの禁欲生活にもいろいろ思いをはせる。このとき依然として止みがたい幾何学の精神は、彼にサイコロの賭けの理論や確率論を考えさせた。しかしそうであればあるほど、また幾何学精神によって無限を考えれば考えるほど、彼は信仰の方に押しやられていった。

突如パスカルは、三十一才のとき、第二回目の回心におそわれた。忘我の状態の中でパスカルが感じとった神とは、次のような神であった。

恩寵の一六五四という年

火

アブラハムの神、イサクの神、ヤコブの神、哲学者や賢者の神でなく。

確実、確実、感知、歓喜、平和、

神イエス・キリスト。

……

義なる父よ、世はあなたを知ってはいませんが、私は知りました。歓喜、歓喜、歓喜、歓喜の涙。

（パスカル『覚え書《メモリアル》』）

かつてアウグスティヌスを回心させたと同じようなこの決定的回心を転機として、それ以後三十九才でその劇的な生涯を終わるまで、彼は、

不確実と誤謬とのごみだめ、宇宙の栄光であるとともに屑物。

（『パンセ』四三四）

としての人間の悲惨と偉大さを人びとに説き、しかも救われるただ一つの道は、心情の論理をすすめに従い、神を抱きしめることにほかならない、ということを説いた。真の神から離れていく、その意味で偉大さから遠ざかっていく不幸な友人たちに、神を信ずることへの賭け、人生の賭けをすすめるのである。

こういう賭けへの道の先導者として、パスカルは彼の幾何学的精神をとことんまで使い、行き詰まった深淵のぎりぎりのところで、それを捨てなければならないと説く。彼にとっては、この深淵を結ぶのは、キリストの神の無限の神秘をおいては、ほかに何も考えることができなかった。

さきにみたことであるが、デカルトは、神の信仰の問題に関しては、単純素朴な乳母の教えに従い、それ以上さらに深入りしようとしなかったように、また「無限」という問題にもあまり深入りはしなかっ

た。これに対して、パスカルは無限をとことんまで問題にし、それによって神への賭けを追求したのである。デカルトは無限という問題を考えなかったわけではない。しかしここでも彼は次のようにいうのである。

無限という名を神にだけとっておきたい。神の完全性のうちには何の限界も認められず、またそういう限界などはありえないことをわれわれは知っている。
（デカルト『哲学の原理』）

デカルトの立場は、どこまでも構成的であり、人間の思惟をできるだけ有限ということに限定し、現世を楽観し肯定しようとした。そうして彼は、自分の手で新しい時代の宇宙像を明るい輪郭で浮き彫りにしようと努力してきた。

デカルトとパスカルは、同時代の天才としては、ほとんど同じ思想の基盤の上に立ちながら相《あい》対立し、前者がものを肯定的にみようとすれば後者は否定的にみようとする傾向が目立っていることに注目せねばならない。パスカルは、デカルトが避けて通ったところに、どこまでもとどまろうとする。彼は、無底の底を神の絶対無の無限に依ることによって、すべてのデカルト的有限の欠陥を鋭くえぐり出し、神の無限からだけ、人間の有限・無限の幾何学精神の悪矛盾は解決されることを確信した。デカルトが、ルネサンス時代のうち開かれた無限の宇宙観という巨人的な思索に、はっきりした分析を加え、それを一つ一つ光にあてて、宇宙像を構築していったのに、パスカルは、それを無限の神の前に立つ卑劣な人間像としかみなかった。

偉大であるべき哲学の知恵の限界づけを、パスカルは、たえず否定しつづけ、それによって人間の卑劣と悲惨をその極みにおいて見つめ、その苦悩の中からキリストの神への思慕を高めようとした。これが、パスカルの立場であった。彼は、『パンセ』五二七において、次のようにもいうのである。

自己の悲惨を知らずに神を知ることは、傲慢を生む。神を知らずに自己の悲惨を知ることは、絶望を生む。イエス・キリストを知ることは中間をなす。というのも、われわれはそこに神とわれわれの悲惨とを見出すからである。

人間のほんとうの偉大さとは、こういうことを知る知恵であり、できることなら神なしですませられるようなことを示唆するものは、パスカルには決して許せぬことだった。だから、たまたま次（『パンセ』七七）のような発言も出てくることになったのだ、と思う。すなわち、

私はデカルトを許すことができない。彼はその全哲学の中で、できれば神なしにすませたいと思った。だが、彼は世界に運動を与えるために、神の最初のひと弾きをさせないわけにはいかなかった。それがすめば、もはや彼は神を必要としない。

パスカルの神によるこのデカルト的近代像への否定精神によって、近代像にはかえって深い陰影が与えられた、といえるかもしれない。またパスカルの心情の洗礼を受けることによって、近世のキリスト教時代も、フランスの知性（哲学・科学精神）にも、底知れぬ深さがいっそうの鋭さをもって与えられたといえるだろう。それも、無限というものへ全身心を傾けて立ち向かう、哲学者・科学者・宗教者としての、パスカルの一生一代の賭けを通してのみなされたことを、私たちは忘れてはならない。

数学者であり科学者である者として、深い思索をしたパスカルは、無限に関して、数の無限・運動についていろいろと考える。どんな数・どんな空間・どんな運動・どんな時間についても、いつもそれよりいっそう大きいもの、小さいものを考えることができるし、また事実存在するはずである。

無限の上に一を加えても無限は少しも増加しない。無限の長さに一ピエ（約三二センチ）を加えても同様である。有限は無限の前では消え失せ、まったくの無になる。

（『パンセ』二三三）

無限な運動、すべてを満たす点、静止している質量、量をもたぬ無限、不可分にしてかつ無限。

（二三二、以下『パンセ』の書名略）

では私は、君に無限であってしかも不可分のものを一つ見せよう。それは無限の速さで至るところを運動する一つの点である。なぜならそれはあらゆるところにおいて一つであり、おのおの場所において全体であるからである。以前には君にとって不可解だと思われたこの自然の事実から、君は自分のまだ知らない事物がほかにたくさんありうる、ということを知るがいい。君は、君の学習的知識から、自分には知るべき何ものも残されていないなどというような結論をひき出してはならない。むしろ、自分には知るべきことが無限に残っている、という結論をひき出すべきである。

（二三二）

このような着想は、科学者・数学者としてのきわめて自由な発想である。こういう考えは、ルネサンス以来の自由・大胆な無限の宇宙観に、深い論理を与えるものである。

また、その当時は決して知られていなかった現代科学の、例えば、相対性理論や、分子生物学などへの着想へも自由に迫ることのできる余地をもつものである。いわば、これはきわめて未来的な生産的な天才の着想であった。例えば、それは一匹のごく小さなダニの考察にもみられる。

人間は、自分の知っているものの中で最も微小なものを探してくるがいい。例えば一匹のダニにはその微小な身体において、くらべものにならないほどいっそう小さな諸部分を、関節のある脚を、人間に示すであろう。さらにその脚の中に血管を、その血管の中に血を、この血の中に液を、この液の中に滴りを、この滴りの中に蒸気があるのを示すであろう。この最後のものをさらに分析していくならば、人間は、自己の力をこのような思考のうちに使い果たさなければならない。このようにして彼の到達しうる最後の対象、それがわれわれがいま問題にしている対象であるとしよう。彼は、おそらく、これこそ自然のうちで極小のものである、と思うであろう。私は、そこに一つの新しい深淵があるのを、彼に見せてやりたい。私は、このアトムの略図ともいうべきものの内部に、眼に見える宇宙ばかりでなく、およそ自然について考えられるかぎりの広大無辺なものを描いてみせたい。彼はそこに無限の宇宙をみるであろう。

（七二）

というように、極大極小の驚くべき世界を科学者の眼を通してみた。彼は、真空実験や射影幾何学への道をつけたことで、その当時最もすぐれた科学者であり、数学者であった。

しかも、この科学者が、また哲学の批判精神をもって、デカルト哲学を批判したし、また宗教家の心情をもって、虚無と無限の間に無限に隔たりながら存在する有限の世界に、驚異と恐怖を感じた。そこにおかれているデカルト的な自我をみるとき、パスカルは、デカルトと同じような自己を見つめることはできなかった。

さきの『パンセ』（七二）の中でもさらにつづけて、パスカルは、次のように語り、彼のキリスト教信仰の道を開いていくのである。

このようにして自己を顧《かえり》みる者は、自己自身に対して恐怖を感じるであろう。そして自然によって与えられた全体の中に、無限と虚無とのこの二つの深淵の間にかけられている自己を顧みて、彼は恐れおののくであろう。

このようにして、人間とは一体どういう存在であろうかという、幾何学的精神ではもはやとらえられないところへ来る。そして、それがそこに依拠してはじめてその没価値の論理性をうるという、深い心情の霊感の世界への道が開かれるのである。

無限に比しては虚無、虚無に比しては全体、無と全体との間の中間者、両極を把握することからは無限に遠く隔てられているので、事物の終極やその始原は、人間にとっては、所詮、底知れぬ神秘のうちに隠されている。彼は、自分がそこから引き出されてきた虚無をも、そこへ呑みこまれていく無限をも、ともに見ることはできない。

この神秘な無限、しかもこの無限というものが深い価値の意味をもってあらわれるのが、幾何学的精神よりもはるかに深い人間心情の世界においてであることを悟る。

人間は自分の始原をも終極をも知りえない永遠の絶望のうちにあって、ただ事物の中間の姿を認知するほかに何をなしえようか。万物は虚無から発し、無限へ向かって、運ばれていく。（七二）

こういうことを真剣に考えなかったからこそ、人間は、僭越・高慢にも事物の始原を把握しようとか、すべてを知ろうとするに至る大それた企てをやろうとしたのである。

私はあらゆることについて語ろうと思う、とデモクリトスはいった。（七二）

が、それはキリスト教の人間を知らぬ、へりくだりを知らぬ者の躓きの石ではなかったか。また同時代人のデカルトにしても、

『事物の原理について』とか、『哲学の原理について』といったようなたぐいのありふれた書名が生じたのはそのためである。それらは外見上はともかく、事実上、『人の知りうるすべてのことについて』というあの人目を奪う書名と同様、虚栄的なものである。（七二）

このような人間の虚栄は、いたるところに見られる。最も深い人間真理を追求したといわれ、当時の心ある社会にも大きな影響力をもっていたストア哲学においても、この許しがたい人間の虚栄がみられる。ストア哲学はパスカルの生きた時代前後の血で血を洗う宗教戦争による社会の悲惨の中では、特に重んぜられた。これは、当時にも一つの生き方を教える重要な哲学であった。多くのキリスト教徒たちが、この克己の精神的な生き方に従った。しかしここにも、人間の虚栄、傲慢があることを、鋭くパスカル

は見抜いたのである。すなわちストアの生き方には、自分の力や人間の力への過信があった。彼ははっきりと次のようにいう。

ストア派の人びとはいう、「汝自身の内に帰れ。汝はそこに汝の平和を見出すだろう」と。しかしそれは真ではない。……幸福は、われわれの外にもないし、われわれの内にもない。それは神のうちに、われわれの内にして外にある。（四六五）

とパスカルははっきりいっている。

ストアの哲学とは対照的なエピクロス主義（快楽主義）を謳歌し、フランス的エスプリを大いに満足させていた自由思想家グループに対しても、パスカルはその考え方に鋭い鉾を向ける。若いころストアの賢者の思想に引かれ、その後はエピクロスの知恵の方に傾いていったモンテーニュ（1533-1592）の自由思想に対して、パスカルは、鋭い批判を加えるのである。モンテーニュは、人間の理性が真理に至りうるどころか、まったく百家争鳴、ただ一つとしてこれこそ真理というものに至りえていない現状を指摘し、無信仰になりエピクロス主義者（エピキュリアン）になっていった。パスカルは、モンテーニュの深い人間洞察にこの上ない甘い誘惑を感じながらも、それを完全に振り切ってしまわねばならない、と強く決意した。モンテーニュのような人間探究の結果は、何の救いもない思想の放浪者に堕していくだけだからである。こうした思想の遍歴を、パスカル自身も心深く経験し悩んだだけに、そうした人びとをそのままにしておくことはできなかった。

以上のすべての考察・遍歴を経たのちに提出されたのが、さきにもいったパスカルの「賭けの理論」である。鋭くて深く広い彼の苦悩の重みをもつこの理論は、それゆえにこそ、強くわれわれに訴えるものがある。こういう賭けにおいてはじめて、さきほどものべた哲学者・科学者の知恵と宗教者としての知恵とが結合して、一つの真正の知恵への道が開示されることになるのである。彼の説く賭けの理論は次のようなものである。

それでは、この点を吟味して、「神は存在するか、存在しないか」を言明しよう。だが、私たちはどちらの側へ傾くであろうか。理性は、その場合、何事をも決定することができない。そこには私たちを隔てる無限の混沌がある。この無限の距離が果てるところで、一つの賭けがおこなわれる。表が出るか裏が出るかなのだ。君はどちらに賭けるか。理性では、君は一方か他方かのどちらかを選ぶこともできない。理性では、君は二つのうちどちらかを選ばないこともできない。それだから、君はどちらか一方を選んだものを、まちがえているといって責めてはいけない。なぜというに、君はそれについて何も知らないのだから。――いや、私はそちらのほうを選んだのがいけないといって責めるのではない。どちらか一方を選んだということで責めるのである。というのは、表を選んだ者も、その反対の者も、同じくまちがっているからである。彼らは両方とも誤っている。正しいのは賭けをしないこと。――なるほど。しかし賭けはしなければならない。それは随意なことではない。君はすでに船を乗り出したのである。一体君はどちらをとるか。考えてみよう。選ばなければならないからには、どちらが君にとって利益が少ないかを考えてみよう。君が失うかもしれないものは二つ、真と善である。賭けるものは二つ、君の理性と君の意志、つまり君の認識と君の幸福である。そして君の本性が避けようとしているものは二つ、誤謬と悲惨である。どうしても選ばなければならないからには、他方を措いて一方を選んだところで、君の理性は別に傷つけられるわけではない。これで一つの点が片づいた。しかし、君の幸福はどうなるのか。神は存在するという表の側をとって、その損失を計ってみよう。二つの場合を見積もってみよう。もし君が勝てば、君はすべてを得る。もし君が負けても、君は何も失いはしない。だから、ためらわず、神は存在するという方に賭けたまえ。——それは結構だ。たしかに、私は賭けなければならない。しかし、私はあまりに多く賭けすぎはしないだろうか。——考えてみよう。勝ちにも負けにも同様の運があるのだから、かりに君が一に対して二の生命を得るだけであっても、君はやはり賭けてさしつかえないであろう。しかし得られる生命が三であるならば、賭けるのが当然である（なぜなら、君はどうしても賭けなければならない状態にいるのだから）。そして、このように賭けることを余儀なくされているときに、勝ちにも負けにも同様の運がある勝負において、君は三つの生命を得るために、君の生命を賭けないとしたならば、君は無分別のそしりを免れないであろう。しかるに、そこにあるのは、永遠の生命と幸福である。……この議論の結末。——ところで、こちら側にくみすることによって、君にどんな災難がおこるというのか。君は、忠実で、正直で、謙虚で、感謝を知る、親切で友情にあつい、真剣で誠実な人間になれるであろう。事実、君は有害な快楽や虚栄や逸楽におちいらなくて済むであろう。むしろ君は、他の多くのものを得るのではないだろうか。私はいっておくが、君はすでにこの世において得をするであろう。また、この道を行く一歩ごとに、得をする確かさがいかに多いか、君の賭けるものがいかに無に等しいかを、君は知るであろう。そしてついには、自分は無限で確実なものの側に賭けて、そのために一つも損はしなかったということを、君は認めるようになるであろう。

パスカルが、あらゆる人間の傲慢と虚栄を排し、人間の貧しさの中に偉大な栄光と豊かさを探し求めようとした態度は、人間の歴史を永遠に生きぬく人間の深い知恵にほかならなかった。しかも最後にパスカルを救ったものが、「アブラハムの神」であったことは、ユダヤの深い信仰の知恵の奇蹟が、最も鋭い近代科学者の中にも、依然として生きつづけていることを、私たちは素直に直視し、注目しなければならないと思う。ユダヤ教もキリスト教も、人間のこれからの歴史の中で、これまで以上の幾変遷の荒波を乗りきらねばならないであろうが、そこにこれまで結晶されてきた人間の貧しさと豊かさの知恵は、道を照らす灯として、永遠に光りつづけることであろう。

第四章　近代市民社会の成立とその思想
――自由啓蒙思想家たち――

第一節　イギリス啓蒙思想
――その市民社会の性格――

イギリスの啓蒙を話すには、やはりイギリス特有のある事柄についての記述からはじめるのが適当であると思う。さきにあげたトマス・モアの『ユートピア』という本の中の、次の記事を注目したい。

しかし以上のべたことだけが窃盗の多い唯一の必然的な原因でありません。私の考えますところでは、もう一つあなた方イギリス人だけに特有な原因があります。他でもありません。イギリス人の羊です。以前は大変おとなしい、小食の動物だったそうですが、この頃は何でも途方もない大喰いで、その上荒々しくなったそうで、そのため人間さえも盛んに喰い殺しているとのことです。そのお陰で国内いたるところの団地も家屋も都会も、みな喰いつぶされて、見るも無惨な荒廃ぶりです。そのわけは、もし国内のどこかで非常に良質の、したがって高価な羊毛がとれるところがありますと、代々の祖先や前任者の懐に入っていた年収や所得では満足できず、また悠々と安楽な生活を送ることにも満足できないその土地の貴族や紳士や、その上、自他共に許した聖職者である修道院長までが、国家のためになるどころか、とんでもない大きな害悪をおよぼすのもかまわないで、百姓たちの耕作地をとり上げてしまい、牧場としてすっかり囲ってしまうからです。家屋はこわす、町はとり壊す、後にポツンと残るものはただ教会だけという有様。その教会堂も羊小屋にしようという魂胆からなのです……。こういうわけで、たった一人の強欲非道な、まるで鵜《う》のような、疫病神のような人がいて、広大な土地を柵や垣で一ヶ所に囲ってしまおうなんて、とんでもない野心をいだいたばかりに、多くの農民が自分の土地から追い出されてしまうことになるのです。あるいは詐欺奸計にひっかかるとか、それともはげしい圧迫に屈服するか、いずれにしても、結局、土地を奪われるのですが、時には不当きわまる迫害のため、すっかり痛めつけられ、やむなく一切を売り払うということもあります。

『ユートピア』の挿絵（1516年）

このようにして、男たちはもちろんのこと寡婦や乳呑児をかかえた母親たちも、次々と路頭に迷い、あるものは泥棒を働き、そのとどのつまりは、法の裁きを受け絞首台にかけて殺されるということが相次いでおこった。毎日何十何百という人びとがこうして処刑された。このころの窃盗罪の処罰は死刑で、ヘンリー八世の治世のとき（十六世紀前半）だけで、一万数千の人びとが、たばになって首を絞められた、という。こうした世相の中で、トマス・モアは、ますます共産主義的ユートピア社会の建設を心中深く願うようになった。しかしこの社会の政体は代表制民主政体で、元首には君主（終身制）が選ばれるという変わったものだけれども、この君主も、もし圧政をおこなうなら、解任されなければならないのである。

　ところでさきにのべた二世紀前のジョン・ウィクリフも、イギリス社会におこっていた激烈な変革期に、所有と主権の問題に直面して、やはり王権と共産主義が両立できる、いわゆる社会改良君主制を主張していた。モアの構想の原型は、この二世紀前の先覚者たちがすでに抱いていたものである。しかも、フランス、ドイツとちがって、イギリスはすでに十三世紀のはじめ（一二一五年）、国王ジョンの失政と放恣《ほうし》な行動を規制するための「大憲章」（マグナ・カルタ）が成立した。ここには、もちろん一般大衆・国民の完全な自由のためではなく、市民特権階級の利益擁護が目的であった。とはいっても、イギリス人たちは、下からの要求として、都市民の利権尊重をいずれにせよ高らかに歌いあげることに成功したのである。

　このマグナ・カルタの精神が、紆余曲折を経ながら、たえずイギリス国民の民権発達の基盤精神になっていたことは、特に注目しておかねばならない。国王ジョンを廃位させずに、君主制下のままの、いわば議会政治形態の前段階となるものが、マグナ・カルタに盛り込まれていることに、大きな意味があるのである。いわば右翼の絶対王政と左翼の徹底共産主義社会とが、伸びあがってくるイギリス市民社会の中堅の階級という利益団体を核として、いかにバランスをとり、統一体としてまとまっていくか否かに、小さな島イングランドに住む人たちの今後の運命がかけられていた。しかし、それが曲がりなりにも、マグナ・カルタの精神によって、建設的エネルギーとしてまとまったところに、イギリス発展の原動力があった。

しかしながら、どこまでも伸びていこうとする中産階級は、イギリスの基幹産業である羊毛産業を中核として、農業・産業体制を完全に変革していくものであった。そういう貪欲が、モアのいった羊牧地「囲い込み」の不法さに、象徴的によく表現されているのである。もともと、この将来産業である羊毛の織物業は、十三世紀ごろ、特にネーデルランドの南部フランドル地方（現在のベルギー地方）で発達した。しかしこの原料である良質の羊毛は、イギリスが原産地であった。イギリスは原料をフランドルへ輸出して、加工された織物をこの地方から輸入していた。しかしイギリスは、やがて、この損な取り引きを止め、自らの国に織物業をおこし、原料の輸出を抑えるようにしたので、フランドル地方の熟練工は多くイギリスに移るという新しい事態が生じた。この羊毛産業の主導権争い・利潤競争にもその原因の一端があって、イギリスとフランスの間には百年戦争（一三三九～一四五三年）がおこる。とにかく、この後の植民地競争、種々の利権争いにおいて、フランスとイギリスは互いに激しく角遂しあうことになるが、イギリスはその都度優位に立った。こういうことから後の啓蒙思想運動においても、まずその先鞭はイギリスがつけることになった点を注目しなければならない。まずは羊毛産業の戦争においてイギリスが優位に立ったことが、その後に与える影響はすこぶる大きかったのである。

新興羊毛産業による利益の追求は、たしかにトマス・モアをして慨嘆させる局面が多くあったにせよ、とにかくこのはてしない欲望は、伸びるイギリスの生命であった。これの成長力は、その顕在・潜在の需要の大きさと利益の大きさから、とどまるところを知らず伸びつづける生命力をもっていた。たしかに、この利潤追求によって、放恣放蕩ののらくら者を多く生み出したことも事実であった。しかし、こつこつせっせと働いて利益をあげる中産階級をつくるのにも、大いに寄与したのである。いわゆるイギリスの次代を背負う中堅の実業家階級が、これによって育ってきたのである。

徐々に進んでいたイギリス封建体制の解体と平行して、こうした産業を軸として、利益は国民の中堅層に吸収され、いろいろな調査が明らかにしているように、封建制度単位の土地・荘園（マナ）の所有が、怠け者の古い領主から働き者の新しい領主へ移り、しかもこれら新しい領主は、古い封建的やり方ののんびりした利潤追求ではなく、近代のブルジョワの実業家的利潤追求へと向かっていくのである。イギリス国内に蓄積されてくる利益は、まわりまわって、こういう中堅層に潤《うるお》ってきたのである。そのために、十六世紀末には、ヨーマン（自営農民）はジェントリー階級（貴族階級のすぐ下の紳士階級）にのし上がり、半世紀前に彼らの祖父たちが小作をしていたマナを所有するようになった。これに対して、のんびりと中世封建社会の館主の中で利益を得、その反面、生活はますます贅沢になり、また戦争その他の費用で四苦八苦の状態だった国王や貴族のマナ所有は、売却によってどんどん減りつづけた。

一世紀あまりの間に、これまで名門旧家（貴族、僧侶）が平民たちの三倍以上ももっていた土地だったのに、十七世紀には僧侶は多くのイギリス宗教改革の際に土地を追われたこともあったけれども、とにかく、平民の所有地が貴族の九倍以上に達する、という大変動をおこしたのである。しかも、イギリスの貪欲な国力ともいうべき羊毛産業は、恐るべき「囲い込み」を通じてどんどん土地を囲い込み、そこから零細農民たちを追い出したため、浮浪者はイギリスの国土にあふれ、乱れた治安の中で盗賊は横行し、ヨーロッパの中では、おそらく一番物騒な国となっていった。それはモアが語る通りの実情であった。しかし、それでも「囲い込み」の勢いは衰えを見せなかった。

国情不安のために、王権・政府共に、とうとうこの「囲い込み」を制限する法案を、十五世紀末から矢継ぎ早に出していった。しかしそれにもかかわらず、やはりこれを止めることはできなかった。ウィルスやバクテリア細胞のように、これらはその原始的生命力をもって、はびこりのさばっていった。しかもこれは、十八世紀の産業革命期には爆発的に再燃した。いずれにしても、イギリスのただでさえ解体の度を早めていた封建体制の地盤は、「囲い込み」によって大きく揺れた。トマス・モアは、この「囲い込み」に著しい反感をもつ近世随一のヒューマニズム精神であったし、また英国有数の大法官でもあったのだが、当時うつぼつとして勢力を伸ばしてきた新教徒・ピューリタンたちは、かえってこの「囲い込み」の積極的な支持者だった。「囲い込み」で経済の安定を得たヨーマン、毛織物マニュファクチャの経営者や職人たちは、多くせっせと働く勤勉にして節約家の清教徒（ピューリタン）たちであり、新興イギリスの扶養者、また対外的には、勇敢な戦士の代表であった。

さきにルターのところで触れたように、利子つき貸借に関する論争において、ルターは利子取り立ての利潤追求には反対だったが、同じ宗教改革者であったカルヴァンは、ルターのように時代逆行的ではなく、前向きに利子の問題を考えたのである。土地の所有者が、その土地を小作人に賃貸することが許されているのに、まとまった金額の所有者が、それから利益をあげることがなぜ許されないか、と彼は考えた。彼は行きすぎた利潤追求を極度に戒めながらも、中庸・節度と貯蓄の精神を重んじながら、富の蓄積をはかり、この物質上の利益を神の奉仕に役立てることを望んだ。さきにみたベーコンの「力としての科学」を推進していくためにも、それには大きな財力を必要とする。人間の叡智と神への信仰を中核として、大いなるユートピアを建設し、発展させるためには、どれだけの富が必要であろうか。このような積極的プロテスタントの考えは、それこそ近代資本主義社会の健全な精神であり、新しいものを創造していく精神であった。

だからまた、清教徒たちの一味は、新天地・新キリスト教国建設を夢見て、一六二〇年、メイフラワー号を乗り出し、新天地アメリカへと移住の旅に出たのである。そしてこれが、今日のアメリカ建設の精神となったのである。教義的には、カルヴァンのプロテスタント精神の流れをくむものであった。これは、ただ聖書だけを唯一の権威として認め、ローマ・カトリック教会やイギリス国教会などの慣行に従わない点において、近代宗教改革の精神を強力に推し進めるものがあった。しかし、この「清らかな」（ピュアな）教会や国をつくろうとする精神は、その性格上、当然急進と穏健の諸派に分れた。そしてアメリカ移住者たちは、ピューリタンの中でも、純粋な急進の分離派（国教会から分離する派）に属していたのである。

　他方、イギリス国教会の内部改革を行っていこうとする非分離派のいわば穏健派たちは、教会牧師の腐敗、儀式の乱れ、規律の頽廃など三つの点を糾弾することによって、国教会の全面改革を行おうとするものであったけれども、こういう改革を議会に訴えてやるというのが、そもそも手ぬるかった。こういう議会主義は、カルヴァンの純粋な宗教改革の精神からすれば、少し曲がったイギリス的パターンともいうべき傾向をもっていたかもしれない。しかしこれは、国教会内部にも深く浸透する力をもっていたし、きわめてイギリス的であった。商業の中心であるロンドン、その他の特に羊毛織物工業の中心部に、これは大きな勢力を占めた。これが、アングロサクソンの妥協哲学といえばいえるものであり、またイギリスの生きる知恵であり、社会の秩序という便宜主義からくる平和論であった。いわゆるアングリカニズムと呼ばれるものである。あとにのべる、名誉革命（一六八八年）とその理論づけをするジョン・ロックの「市民政府」形態も、実はこの「混乱なき平和、理性的妥協の精神」をくんだものにほかならなかった。

　しかしここまでくるには、やはりはげしい右極端と左極端の両勢力の血で血を洗う、打ち合いと混乱を経てこなけ

ジョン・ロックの肖像

ればならなかった。最右翼には、王権神授説を唱える国王の絶対王政派があった。他方には、過激な左翼ピューリタンの共和理想派という体制破壊者がいた。これら両勢力が分れてはげしく争ったのが、いわゆる、人もよく知るピューリタン革命だったのである。結局こういう大震動がおこらなければ、おさまりがつかなかったわけであろうか。ところで、この嵐のただ中にあっては、中堅平和派は何とも手の施しようもなかった。

ヨーマン層という伸びゆく力強い自由農民層を組織して革命の起爆をはかったオリヴァ・クロムウェルの軍団は、対する敵方の皇帝軍とはまったく質的にちがう革命軍であった。烏合の衆の国王軍は、だから、ところどころでさんざん蹴《け》散らされた。軍事的にいっても、古い封建制度下の家臣軍団では、まったくすべてが間延《まの》びしていた。風紀も悪く、覇気のある質実剛健な農民軍に対しては、まったく劣っていた。ピューリタン軍は、その精神にのっとって、きわめて厳格な規律を重んじた。この規律こそ彼らの生命であったのである。

ここで思いおこすのは、かつてのローマ興隆のもとをつくった独立自由の気概をもった質実剛健のローマ農民戦士たちである。しかし彼らも、ローマ興隆後は、その勇ましい姿を消してしまわなければならなかったように、イギリスにおいても、ピューリタン革命成立後の絶頂期には、革命の主力ともいうべきだったヨーマン層が消滅した。クロムウェル革命政府のピューリタン精神は、いろいろの財政問題に直面し、美しい共和精神は失われ、社会秩序や階級は固定化した。こういう偏向のために、クロムウェル革命政府への不満は日々につのり、革命をともに戦ってきた農民戦士たちや一般民衆たちは、せっかくの革命がすっぽ抜けしていく不安を隠すことができなかった。

チャールズ一世を死刑に処す（一六四九年）ということまであえてして、その後を受け継いだクロムウェルの政治は、もちろん国王派の反撃にあったりしたため、種々の勢力への対抗上ますます独裁制を強めていかなければならなかった。イギリスの常識である議会勢力を無視して、クロムウェルはますます軍政を強化したし、一六五五年には全国を十地区に分け、それぞれに軍政官をおき、軍事権だけでなく行政権まで大幅に許した。また国王派へは財政的圧迫を加えて、その反乱を抑えた。きびしすぎるピューリタン精神の権力者意識と、この軍政の右傾化に、国情が不穏をつげていたとき、突如一六五八年八月クロムウェルは病に倒れ、九月ついに劇的な生涯を終えた。彼は、「王位簒奪者、極悪人」という悪口と、「ピューリタニズムの英雄」という讃美と、功罪きびしく分れて評価された人であった。

クロムウェルの死後、イギリス政情は文字どおり大きく揺れた。この結果、反作用として、また王政が復活されることになった。チャールズ一世の遺児、チャールズ二世とジェームズ二世が相次いで王位についた。カトリック信仰のあついジェームズ二世の宗教政策と外交政策は、たちまちイギリス国教会側と新教側両方の反撃にあって、絶対王政再建に狂奔する国王を排斥する運動がおこった。その結果、議会に忠誠を誓う国王をオランダから迎えた。これが、人呼んでいう「名誉革命」である（一六八八年）。ここにはじめてイギリスの穏健派は、やっと勝利を占めた。このようにして、大きく揺らいだ後、左にも右にも偏しない、中庸の中産階級に基礎をおく議会中心の君主政体が、成立した。しかもこの議会勢力は、土地貴族や商業資本家中心の、いわば保守トーリー党と、新地主階級や産業資本家中心の共和的進歩派ウィッグ党とのバランスの上に成り立つものであった。しかも、この後者・産業資本家たちは、革命勢力の中で、東インド貿易やフランス貿易の角遂の中で、せっせと産業資本を蓄積し、古いギルド制を破壊し、農村工業をおこし、織物業だけでなく、石炭業、鉄鋼業、ガラス工業その他の諸産業育成にもめざましく活躍した人たちであった。いわば、初期産業革命を推進することによって、イギリス資本主義を決定的に方向づけることに成功した人たちであった。

こうした勢力こそ、イギリスの封建制度を払拭して、近代市民階級を創り出した下の勢力であって、現実的なアングリカニズムの知恵をもつ人たちであった。妥協と中道のこの道が名誉革命の精神であり、その淵源はマグナ・カルタにまでさかのぼることができるのは、前にも触れたとおりである。名誉革命の理念は、やがて哲学的にまた理論的に、あとづけられることになった。そしてこれをなすことのできた人は、ジョン・ロック（1632-1704）であった。近代市民社会の自由というイギリス種混合酒のエキスともいえるこの結晶が、どのようにジョン・ロックによってとり出されているのかを、次に少し考察してみようと思う。

イギリス啓蒙主義の代表であるロックは、哲学上は、デカルトの合理論に対して、イギリスの伝統の上に立つ経験論を説いている。彼は、『人間悟性論』（一六八九～一六九〇年）を書いて、啓蒙主義的な「経験理性」を認識論の面から基礎づけた。ベーコンの経験論が自然認識の方法に関するものであり、ホッブスが自然認識に基づく唯物論であったのに対して、ロックは、そうした「認識」の働きそのものが「人間」自身の悟性の働きによる、とした。人間の立場から、これを自覚的にとらえた点が、注目される。

その意味では、デカルトの発見した近代の人間（自我）の自覚を継承し展開しているもの、といえよう。ロックでは、デカルトのように、これを「実体」としての「精神」、それに「本有的な観念」の展開という形而上学的な形をとらずに、どこまでも意識の事実に即して、体験現象的にとらえようとしている。その結果、デカルトの「本有観念」は否定される。人間の心はもと「白紙」（タブラ・ラサ）であって、知識の要素である各種の観念は、いずれも経験によってその上に書かれていく。そして知識の成立もまた、これら諸観念の「一致・不一致の知覚」に求められるのである。

　このように、ロックの経験を重視する見方は、一つには、同国人ニュートンで大成された近代科学の性格を認識論上からあとづけるものであるとともに、他面何よりも大事なことは、これが近代市民の自立的、現世的エートスを反映するものであるということである。事実ロックは、そのもう一つの重要な本である『市民政府論』において、主権在民の思想を説いた。彼も、その立場の基礎には、人間の自然状態というものを考える。が、唯物論者ホッブスのそれが、本能的・利己的な自然状態であったのに対し、

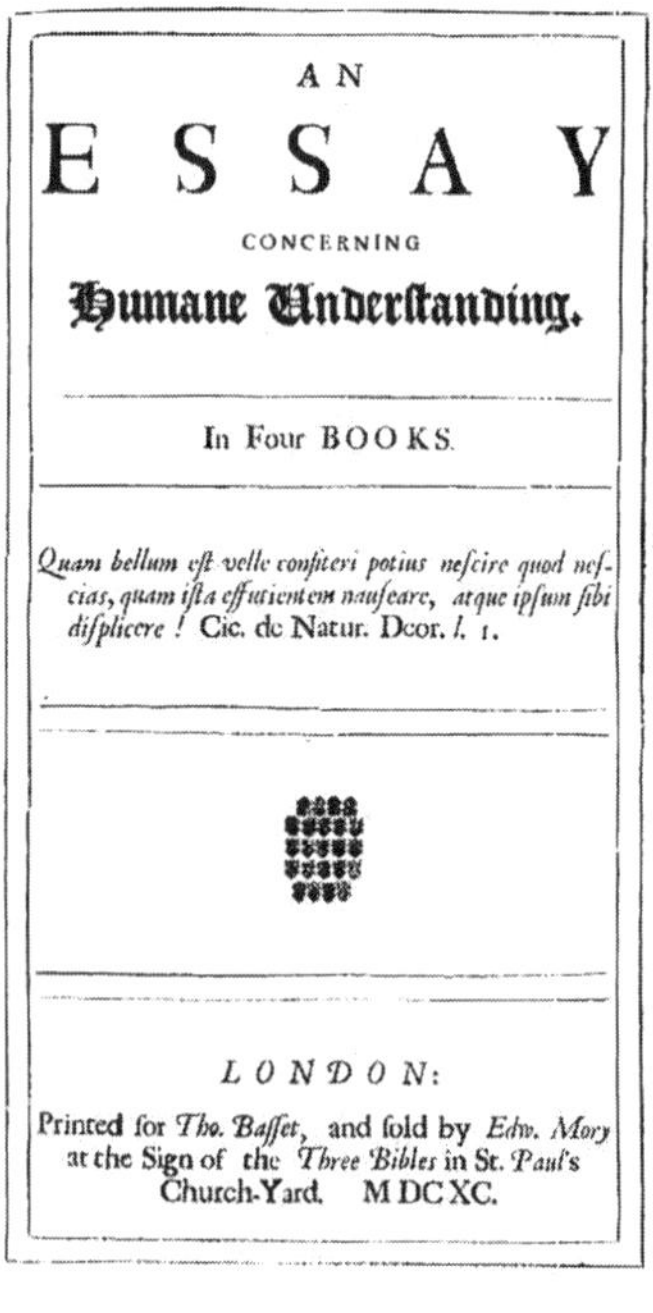

『人間悟性論』（1689年初版）

この啓蒙思想家の場合は、それが理性的・社会的なものであるとされる。すなわち、人間の自然状態は、ホッブスの考える「万人の万人に対する闘争」ではない。人間ははじめ自由であり平等であって、互いに支配・服従の関係に立つことはなく、「生命、自由、財産」の権利と自然権をもっており、そこに不完全ながらも、自然法が実現されているのだ、とロックは見る。ただその自然法の解釈なり執行が、各個人に委ねられていては公正妥当を欠くので、これを契約により、社会の代表者へ委託する。ここに「国家」の成立があると考える。しかし、ロックの場合、この委託は全面的なものではない。公共の権力が人民から委ねられたこの信託に反して行動する場合は、これを解任あるいは更迭する最高権力は、どこまでも人民の側に残っているのである。このように、「抵抗権」を認めることによって、「主権在民」の思想をロックは厳然とつらぬいた。

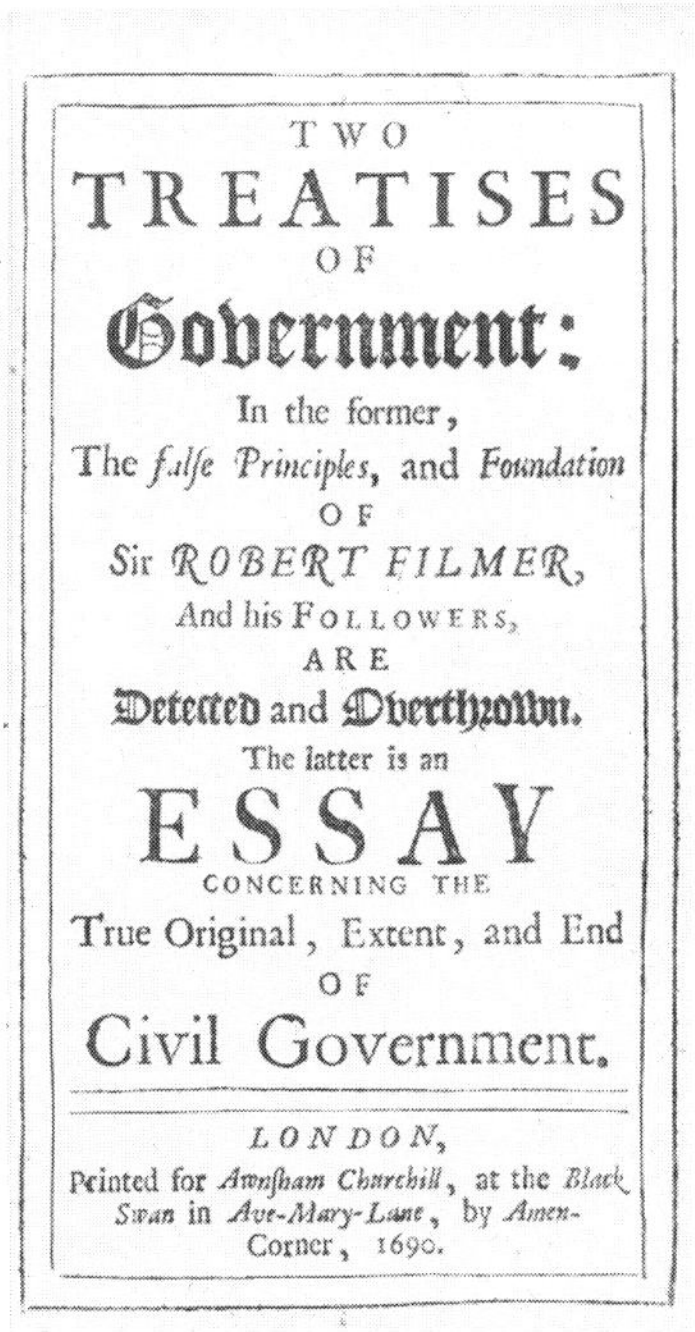
TWO
TREATISES
OF
Government:
In the former,
The false Principles, and Foundation
OF
Sir ROBERT FILMER,
And his FOLLOWERS,
ARE
Detected and Overthrown.
The latter is an
ESSAY
CONCERNING THE
True Original, Extent, and End
OF
Civil Government.

LONDON,
Printed for Awnsham Churchill, at the Black Swan in Ave-Mary-Lane, by Amen-Corner, 1690.

『市民政府論』(初版) アメリカ独立宣言、フランス人権宣言などに多大な影響を及ぼした。

　ロックのこのような市民的自由の思想は、政治上の拘束力に対してだけでなく、宗教の上で、教会の拘束力に対しても主張された。だから当然、「信教の自由」が説かれた。が、その啓蒙的合理主義は、さらに「キリスト教の合理性」を説くことによって、「理性宗教」（あるいは自然宗教）の思想を強く呼びおこすことになる。こうして彼よりのち、トーランド（1670-1722）からティンダル（1657-1733）に至る、いわゆる「理神論」の新展開が見られるのである。しかし、ここでロックの理性宗教を誤解してはいけない。彼の理性は、大陸合理論に見られるように、論理的原理をとことんまで、演繹的に徹底化することはなかった。きわめて穏健な、いろんなよりよいデータをもとにして、帰納的に経験的に、よりよい蓋然の真理をうちたてるということであった。

かつてのアングリカン神学の集大成者ともいうべきリチャード・フッカー（1533-1600）が、そのアングロサクソン人気質ともいうべきものを、『教会政策の諸規則について』（一五九四～九七年）という書物の中でのべているが、まったくこれがイギリス人の常識・良識の基本態度であり、ロックの態度もこれに共通しているといえるであろう。すなわち争いが、生ずるに任せてなかなか決着がつかないよりは、ときに誤っているにせよ、明確な判定が示され、その後その誤りに気づいたときは、これを改め、またくつがえす方が神の思し召しにかなうであろう、ということである。神は混乱をつくったのではなく、平和と秩序をつくり給うたのであ

フッカーの肖像

り、ニュートンの宇宙自然観の秩序もそれを宇宙的に示唆しているものにほかならない。少なくとも、ニュートンという人間の叡智は、それを自然において実験的に証明したのであり、またロックの時代には、名誉革命が、あのはげしい宗教・政治上の混乱のあとに人間の著しい秩序として、目の前に示現してみせたのである。

これこそ形而上学的本有観念の理論にまさる経験の道理というもの、良識というものである。論理は、論理としてどんなに筋が通っていても、敬意を払うに値するものであったとしても、実際の世界に徹底して適用しようとすれば、すべてのものをバラバラに破壊してしまうか、独断・独裁の氷結状態か灼熱状態かに投げ込まれずには、決着をみないであろう。ロックの真理は蓋然的であって、論理的には多くの欠点をもっているかもしれないが、それは実際には有用であり、よりよいものであり、混乱をひきおこすものではなく、平和と秩序を明確に判断づけるものである。ロックの思想は、当時の実際良識派のイギリス人たちの常識に裏打ちされたものであり、すべての論理的一徹さを忌避し、破壊を避けるためには、論理を犠牲にする方がよい、とさえ考えたことを忘れてはならない。ドイツにおこった宗教戦争の徹底さが、いかにこの国を荒廃させたか

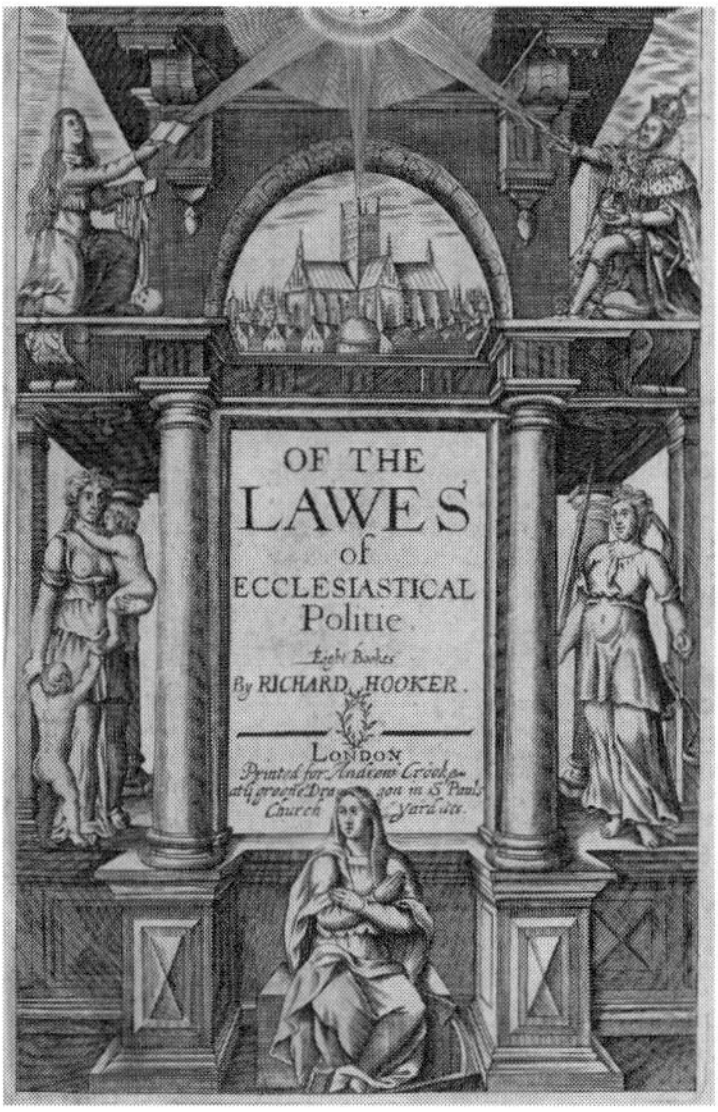

『教会政策の諸規則について』1666年版

ということ、また自国イギリスでの徹底したピューリタン革命によって得た教訓からも、イギリス人たちは、妥協がいかに重要なポリシーであるかをよく知っていた。だからこそ、一六八八年に名誉ある革命が成就したのであるし、ロックはこの時代を背景としたからこそ、最も成功した実際思想家のタイプだったのである。

彼はあらゆる狂信家を嫌った自由人であった。さきにみた哲学の主著ともいうべき『人間悟性論』は一六九〇年に出版されているし、この本は、実際に名誉革命を理論づけるものであった。

熱狂は理性を追いやって、理性なしに啓示を立てようとするが、これによってそれは事実上理性と啓示の両方を捨てて、その代わりに自分の頭の中の根拠のない、いろいろの空想でおきかえてしまうのだ。……啓示は理性によって判断されるべきである。

というのであるが、このような言葉から、人はすぐロックの宗教を理性宗教といい、啓蒙家としてのロックをあたかも理性を神として熱烈に尊崇したようにとる向きもあるが、さきほども指摘した通り、ロックの真意は熱狂的でも冷徹氷のごときものでもなかった。実際には、啓示を重要な知識の光として受け入れた。彼がキリスト教の熱心誠実な信者であったことは疑いをいれない。しかし、彼は、どこまでも通約可能な良識的理性のとりでをめぐらせて、狂信とか、アプリオリ的形而上論の突入を防いだのである。さきに、トマス・モアの『ユートピア』からも引用したように、狂信者のキリスト教徒は百害あって一利なしであり、追放すべきなのである。

ロックは、プラトンやアリストテレスにみられるような「ヌース」（理性）の信者ではなく、かえってこれのきびしい批判者であった。たしかに事物の中には確実に知ることのできるものもあるが、たとえ支持する確実絶対性はなくても、実際にそれを受け入れた方が賢明である、という蓋然性の判断に、多くの利点を見つけ、正しい理性の使い方を説いた。蓋然性の確実に従って行動することが、しばしば理性的行動となるのである。信仰の自由を認める寛容とか、議会制民主主義の話し合う民主主義のルールを確立することなどは、自説の正しさを主張する一人よがりな態度からは到底出てこない。さきにもいったように、彼は啓示の確実性を信じて疑わなかったけれど、その確実性をプラトンやアリストテレスのように論証の題目とはしなかった。個々人にとって、いかにそれが確実と思われても、社会全体としては、蓋然性の真実を重んずべきは重んじ、共通の地盤を最大公約数に求め、通約可能の域を求め、より確実性の大きい真実に向かって向上を図るべきであると考えた。

「われわれ相互の寛大と忍耐」によって裏打ちされた理性、すべての人びとでなくとも、大多数の人びとにとっても疑いえない確実さはとても望むべくもないから、さまざまな意見をもちながらも、人道・友愛（ヒューマニズム）の精神をもって、社会生活を主権在民の形で（自由奔放にも独裁的にもならず）推し進めていくことが大切なのである。ロックの意見は、イギリスの伸びゆく第三階級（中堅階級、ミドルクラス）の意見の代弁であった。それは決して一般大衆の多くの下層を含む者たちの意見ではなかったといえるが、このような考え方が徐々に各一般大衆に浸透し、イギリス社会を変えるエネルギーになっていくのである。ベンサム（1748-1832）やジョン・ステュアート・ミル（1806-1873）の功利主義も、また産業革命後の社会問題化した労働運動を指導した空想社会思想家ロバート・オーウェン（1771-1858）のその後の組合組織・協同組合組織などにも、アングロサクソン的・ロック的啓蒙理性は、しっかりと生きつづけていくのである。

第二節　フランス啓蒙思想
——そのフランス大革命への結集力——

知性は普遍的なものでなければならない。フランスの知性は、当時のヨーロッパにおいて、どこの国よりも普遍的であった。パリ大学は、その知性において、ヨーロッパの中心であったし、その意味でフランスの象徴的存在であった。ひどい腐敗から瓦解していったローマ・カトリック教会が、その末期、最高権威である法王がフランスのアヴィニョンに幽閉され（一三〇九年）、フランス王の傀儡として遇されていたことなどをみるとき、フランスの勢威は、王権の拡大に伴って、全ヨーロッパを威圧するものをもっていたことは事実である。王権の拡大そのものが、また近代中央集権国家成立という近代の普遍性格をもつものであった。が、何よりも、中世的封建体制を内部から崩壊させていくブルジョアジー（市民階級）の金《かね》の力と王権とが結びついて、この新しい富の蓄積を王権のバックとしてきたことに、フランスの前進があったといえる。

ブルジョアジーの富（金の力）は、近代の普遍性格をもつものであった。ルイ九世（サン・ルイ、在位一二二六～一二七〇年）以来、ブルジョア政策は、筋の通ったものとして、大体一貫してつづけられた。こうして、伝統的にフランスに巣食うローマ的地盤と、また旧教カトリックの古い普遍性をも手玉にとりながら、これを操縦する知恵（近代に生ける知恵）を、フランス国王はもっていたのである。

いたずらな混乱、妥協のない混乱は、国力のはかり知れない損失であり、また王権の衰退である。虚々実々の宗教対策の上からも、多くのローマ・カトリック信者を擁するフランス全土を平定するには、自ら進んで旧教に改宗するにしくはないと考えたアンリは、旧教に改宗して、ここにアンリ四世と称し、ブルボン朝の基《もとい》をつくった（一五八九年）。この王朝は、以来二〇〇年間フランスを支配することになる。旭日の太陽のように伸びていく間は、この宮廷に寄生する貴族やブルジョアジーを手なづけ、太陽王ルイ十四世の極点を迎えることにもなるが、その後の腐敗と動脈硬化は、形骸化した絶対王政の「アンシャン・レジーム」（旧制度）をつくりあげた。しかも長くつづいたその惰性があるだけに、これはもういかんともしがたい硬直状態をつくりあげた。

時代は近代に入ってから、動きのテンポは特に早まっていただけに、このアンシャン・レジームはフランスを余計にいびつなものにした。この間にあって、ブルジョアジーだけは、そのどこまでも伸びようとする普遍的金力によって、あるときは強力な王権のバックに寄生し、あるときはそれを突き崩して権力化しながら、町人風情よろしく利害打算を信条に、その富を蓄え、力を養っていた。

幾分濁った餌の多い湖沼に魚がよりよく繁殖するように、すぐれた人間の知性も、こういうブルジョアジーの中から、新興の意気に燃えて次々と育っていくものである。金をためたブルジョアは、その金でもって没落貴族の職を買いあさった。政府官職は、競売に付されることがしばしばだったし、これがまた、政府の大きな財源にもされるという有様だったから、なおさらである。

これら成り上がり貴族は、こうして種々の威信を身につけることになった。法服貴族のことは前にも触れたが、ブルジョアジーは商人・工業家としての実際勢力はいうにおよばず、官僚としては、強力な高等法院勢力をつくって裁判の権限をもち、事を有利にさばいていった。官職売買は、いろいろの抗議にも出あい、物議をかもし、醜聞の温床ともなったが、国王は、その贅沢な財政上、いつも金に困っていたので、これはこの上ない重要財源であり、この誘惑には勝てなかった。官職売買は、十六世紀前半のルイ十二世当時はもう普通のことになっていた。しかしこのような傾向は、成り上がり者を生み、やる気のある連中には、またとない自由な企業家精神をかきたてることになる。また、あとでみるように、金力をバックに、暇をもち教養をつんだ思想家たち、法律家たち、文学芸能家たちが、キラ星のようにあらわれてくるのも、まさにこの時代であった。

さらに、その絶頂期には、最大の野心家ルイ十四世の内外政策の派手さや、ヴェルサイユ宮殿に象徴される豪華さをも生み出しているのである。ルイ十四世に奉仕するブルジョアも、それなりの大きな利益はあったが、その絶頂期が過ぎた十八世紀の王権は、もはや彼らにとってあまり魅力はなくなっていた。偉大なフランス国を代表する王権は、国内的には、まったく腐敗宮廷化して、きびしい財政難におちいるし、対外的には戦争に敗れつづけて、ブルジョアジーの近代資本主義の温床であるはずの海外の植民地利権の争奪戦では、いつもイギリスに押されっぱなしで為すすべがなかった。だから、フランスのブルジョア勢力が当然さらに伸びていく道は、今や形骸と成り果てた厄介な王制を打ち崩してしまうしか方法はなかった。古いものと新しいものとの入れ替えに当って、あまりに硬直化し、しかも根を張っていたアンシャン・レジームの体制は、イギリスの場合のようには簡単にいかなかったのである。

イギリスでは、封建の伝統の力はそう重いものではなかったが、フランスでは、封建体制がガリア以来の非常に古いものであっただけに、それを突き崩す力は、さらにはげしい暴力を必要とした。そしてこのフランスの変革は、いろいろな面でイギリスの道をとりえないで、きわめて極端な大革命へと突進しないでは済まされなかった。首のすげ替えだけでは済まされない、全体的などんでん返しが、どうしても必要だった。

近代イギリス国家育成にとって、その華であったエリザベス朝においては、イギリスは、対内的にも新教対策の上で安定していたし、対外的には、スペインの無敵艦隊アマルダを破って、四海の海上覇権や近代資本主義の植民政策に巨歩を進めることができた。そういうわけで、国民全体の富の著しい増大もあったことから、市民革命の道も、あるゆとりをもって開かれていた。これに対して、フランスは、その近代国家の華であったルイ十四世のときに、調子にのって頻々と外征を企て、ヨーロッパ第一等の強国の実力は誇示したが、実際の利益はたいしてあげられなかった。また対内的には、ブルジョアジーを利用して贅の限りを尽くした大宮殿をつくりはしたが、その財政の破局は、その死後にもちこされる結果となった。イギリスの質実剛健に対して、フランスはあまりに虚飾が多すぎた、というこのハンディは大きかった。

こうして、さしも数世紀以上つづいたフランスの圧倒的優位も、ついにイギリスにさらわれていくのである。堅実な市民革命を一歩さきんじたイギリスにくらべ、フランスには、アンシャン・レジーム下の惰眠の中に、太陽王ルイ十四世の逝去を転機として、大きな変化がおこった。今や高いポテンシャリティをもつイギリスの市民的自由の風潮は、体制の緩みかけた低いポテンシャリティのフランスに向けて、それだけ急流をなして、どうと流れこむ気配をみせた。かつてのフランスの知性と文化に学び、それを輸入したイギリスが、今度はその市民的自由の啓蒙思想を、先進国フランスに逆輸出するということになった。このようなきっかけをまって、フランスの啓蒙思想は、その古い土壌に、イギリスから遅れて開花していくことになるのである。

全体を三期に分けるとすれば、第一期は、いわばイギリス啓蒙思想の移入期にあたる。すなわち、ヴォルテール（1694-1778）は、『イギリス通信』（別名『哲学書簡』）によって、ニュートン

ヴォルテールの肖像（『ニュートン哲学の基礎』1738年）

の物理学とロックの哲学および政治論を紹介した。モンテスキュー（1689-1755）は、イギリスの立憲君主制とロックの政治論から強い影響を受けた。彼は、のち主著『法の精神』（一七四八年）をあらわし、ロックの着想を修正・発展することによって三権分立論を説いた。

ヴォルテールは、その当時最も見事にブルジョア無血革命に成功したイギリス流の考えを導入することによって、このフランスにも個人的言論の自由と話し合いによる立派な議会政治を達成したいと考えた。イギリスの新興中産階級（ミドル・クラス）は、議会政治において優位を占めてきたのに、フランスにおいては、その同じミドル・クラス出身の自分（ヴォルテール）のような高い知性をもった者が、その実力にもかかわらず、腐敗したアンシャン・レジームの下では、正当な評価を受けない状態であったのを、大いに嘆いた。しかもまた、自国フランスの一貴族との悶着でイギリスに亡命しなければならなくなった彼は、この地（イギリス）では、知性が尊ばれ、正当に評価され、良識が自由な言論の立場を占めているのを、自分の眼で十分確かめることができたのである。彼の

ニュートン『プリンキピア』の仏訳の扉絵。エミリー・デュ・シャトレ（1706-1749）は、1749年にラテン語からフランス語訳への全訳を刊行。彼女は鏡を使ってニュートンの発する天からの光をヴォルテールに反射させている。

イギリス滞在中に、八十四才の長寿をまっとうして逝いた巨星ニュートンの葬儀（ウェストミンスター寺院での）があり、それに参列して、あらためてこの巨星の自由な科学精神と、それにささげるイギリス国民全体の尊敬に、ひどく心をうたれた。

ニュートンによって生み出された諸原理は、この宇宙の新しい秩序や調和を客観的事実として示したが、この美しい調和のある諸原理や諸体制と比較して、フランスの社会の現実はどうであったか。旧体制下の腐敗、金による官職や軍の将官職の買収、権力者（第一階級は僧侶、第二階級は貴族）の搾取・欺瞞・虚偽・混乱・迷信・教育の退化、その他いろんな悪徳の横行等々。これに反して、イギリスにおいては、正当にもロックのような賢者があらわれ、ニュートンの宇宙秩序を社会の上にうちたてるように、諄々《じゅんじゅん》として市民政府論を説き、また皆もそれに傾聴している。ヴォルテールは、折しも最もよき時代のイギリスを見て、すっかり感激し、そういうイギリス思想によって、完全な洗礼を受けたのである。

足かけ四年のイギリスでの滞在から帰国したヴォルテールは、敢然として一切の虚偽をきびしい諷刺とともに暴露し、虚偽ならぬ事実を優先させよ、とのモットーで、イギリス風の自由思想をフランスにはげしく吹きこんだのである。ヴォルテールの自由思想は、もちろん新興第三階級のブルジョア啓蒙哲学者の発想であり、決して一般大衆の代弁者でなかったことはよく注意しておかねばならない。バカで粗野な民衆どもに必要なのは、「クビ木と刺し針とほし草」ぐらいだ、と極端な民衆蔑視の眼を向けたのは、ほかならぬヴォルテールだった。フランス大革命の直接の起爆剤となったパリのゴロつき第四階級ともいうべき無産者大衆の暴動に対しては、ヴォルテールはおそらくツバを吐いて軽蔑したのであろうが、このときにはすでに彼はこの世から消えていたのである。

彼の生まれはブルジョアで、父は公証人・会計検査院の罰金領収官であり、ヴォルテール自身、株式売買などの投機によって金を貯え、財産管理には特に慎重で、そういうものをバックにして、学識経験を積み、生来の才気煥発さでもって、当時のあらゆる虚偽をあばき、科学・文学・歴史・宗教各方面に絶対権威者顔するやからを、すべて批判の餌食にしたのである。このようにして、彼は、カーテンの奥にいぎたなく隠されていた素顔や楽屋裏をわざわざあばきたて、一向に正当な社会的地位を得られぬブルジョア人としての腹いせを思う存分やらかすという啓蒙家であった。

この好き放題な皮肉屋がバスティーユ牢獄に入れられたのも二回におよぶが、禁書や焚書その他の弾圧にあうこともたびたびにおよんだ。彼は無神論者としても通っているが、読むべき唯一のバイブルは「自然」だとして、理神論的傾向をもち、ニュートンの物理学を聖書よりも高く評価した。そしてカトリックの狂信、その他の形而上学をきわめて有害な妄想産物だ、として退け、教会の頑迷、アンシャン・レジームの理不尽な権力にどこまでも反抗する気骨を示した。一七五五年のリスボン大地震に関連しては、神の遍在する摂理を疑い、無神論者や、無信仰者づらを大いに得意がった。そしてまた、彼のこのような態度は、ブルジョアにかなりうけたのである。また今度は反転して、宗教は民衆をおさめたり、小作料の支払いを保障したりするのに非常に効果的であるといって、これを認め、真の人間には無益でも、民衆には必要である、と宗教の実利的な見解をあらわすなど、いずれにしても皮肉とも真面目ともつかないヴォルテールの言辞や行動の数々は、混乱した当時の狂気の様相を、まことに如実に物語るものであった。

さらにヴォルテールとならんで、モンテスキューもかなり保守的ではあったが、保守は保守なりの良識をもって、旧体制を結果的には変革する知性と徳義心を、ひろくフランスに植えつけた。彼は、『法の精神』の序文に、自分は何ら革命的な意図をもっていないことをのべたが、彼は盛んに美徳を提唱した。彼は、美徳を失ったローマであったからこそ所詮は滅亡の運命にさらされたのだ、と説くのである。彼も、もとはブルジョアの出なのではあるが、一応法服貴族であり、ボルドー高等法院の院長を勤めたこともあったので、第三階級としての新興小ブルジョアであったヴォルテールとはちがい、同じようにイギリス訪問をしたときも、イギリス貴族のことに強い関心を寄せた。イギリス貴族たちと交わりもした。そして実際の政治が、各勢力の均衡の上に立ち、「三権分立」の精神でやっていくのが一番よい、ということを彼は説いた。彼の唱える美徳が強調されればされるほど、フランス社会の現状は、あまりにも正反対であっただけに、結果としては、大きな改革へのきっかけを彼自らが与えることになったのである。

モンテスキューの肖像

ところで、以上は第一期、主として十八世紀前半であったが、後半になると第二期、第三期で、啓蒙運動は、フランスの知性の地盤をさらに深く掘りおこし、より広く深い層へと伝播していく。広範におよぶこの時代の科学の勝利は、人類の進歩観を目覚めさせ、旧体制打破へと、いっそうその傾斜を増すことになる。第一期よりも、政治問題や社会問題へより現実的に波及した結果、今やあらゆる領域で、権威に対して伝統に対して、自由な理性（しかもわかりやすい理性の原理）を振りかざす傾向が強まった。

第二期は、このような社会改革傾向が幅広い「啓蒙」の運動として展開される。フランス啓蒙主義の最も盛んな典型的な時期であった。いわゆる『百科全書』（一七五一年）の第一巻の刊行は、その一大モニュメントであった。百科全書的なものが、イギリスにもドイツにもあったのに、これらを圧倒してその独壇場をつくれたのは、やはりヨーロッパ知性文化の伝統の地盤・フランスだったからこそである。責任者ディドロ（1713-1784）は、その『百科全書』の中で、

偏見、伝統、旧さ、世間一般の同意、権威、一言でいえば、多くの人びとの精神を抑圧しているすべてのものを踏みにじって、あえて自分で考え、もっとも明白な一般的諸原理にさかのぼり、感覚と理性

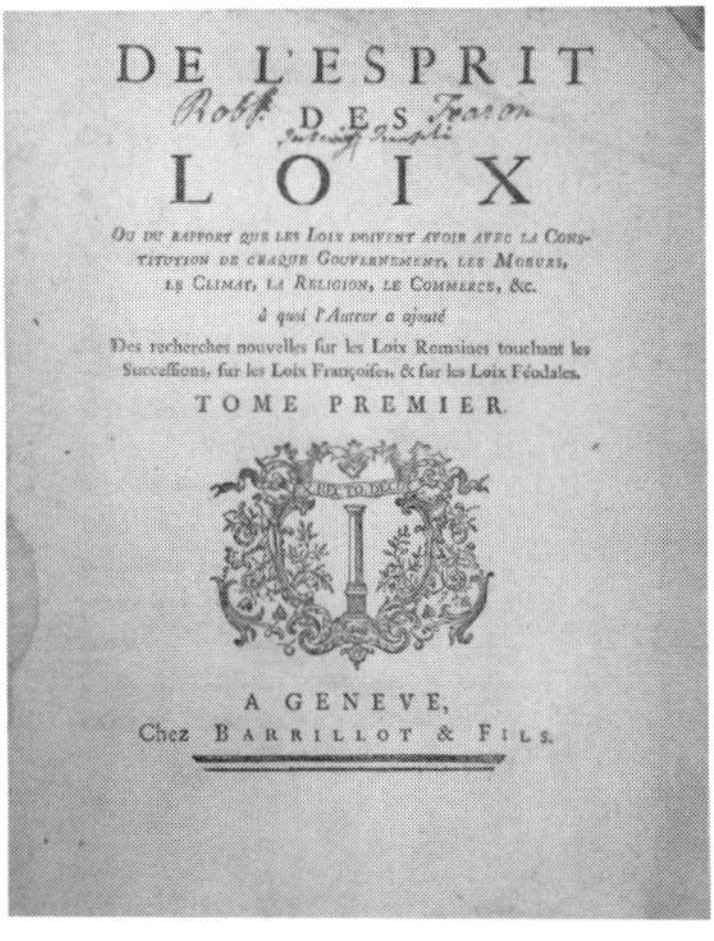
DE L'ESPRIT DES LOIX

Ou du rapport que les Loix doivent avoir avec la Constitution de chaque Gouvernement, les Moeurs, le Climat, la Religion, le Commerce, &c.

à quoi l'Auteur a ajouté

Des recherches nouvelles sur les Loix Romaines touchant les Successions, sur les Loix Françoises, & sur les Loix Féodales.

TOME PREMIER

A GENEVE,
Chez Barrillot & Fils.

『法の精神』(1748年初版)　検閲のために匿名で出版。出版されると2年のうちに20版を超えた。アメリカ合衆国憲法に多大な影響を与えた。

に照らした上でなければ何事も容認しない哲学者を推奨している。

この大事業に参加した「百科全書家たち」（すべての分野にわたってそれぞれ活動していた自由思想家群の執筆者総数は年長・年少者をあわせて一八四人、このうち身分の上でブルジョアが一〇二人を占めていた）をも含めて、この時期の諸思想家の活動に一般的にみられる傾向は、第一期に移入されたニュートンやロックの思想、また前代のデカルトの自然学の思想などが、きわめてラジカルな形で受け継がれ展開された、ということである。モンテスキューもヴォルテールも、大体において、王制の枠内での改革であったということができ、権力者への強い権力の集中を阻止しようとはしたが、決して人民大衆をひきあげようなどとはしない面が強かった。

改革派の人びとの間でも、所有権問題をめぐっては、法をもってこれを擁護しようとする空気が強く、君主から独立した自然法でもって（国家はただ取締り機能だけをもつものとして）守っていこうとする空気は、実は結局地主階級を守ることなのであった。ところが、十八世紀の中ごろから、イギリスのあの悪

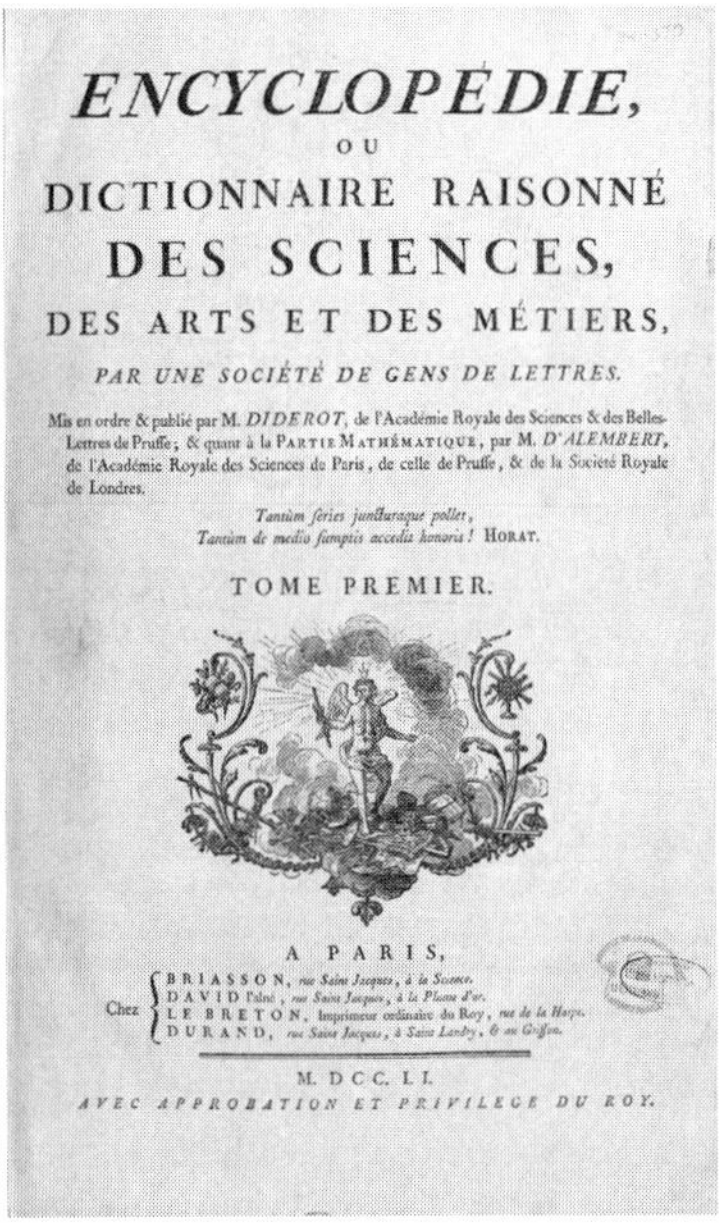

『百科全書』の表紙

名高い「囲い込み」式の農業経営が、フランスにもひろまりはじめた。そして共同地から農民を追い出す風潮が高まり、このため、地主や上層農民には好都合な成功のチャンスも与えられたが、下層農民は浮浪者化し、ところどころで暴動をおこすことになった。特にパリには、このような無産者たちがどんどん集まってきていた。イギリスやドイツにくらべて、これまでのフランス農民は、ずっと恵まれた境遇にあっただけに、この不満は相当はげしく、農民立国のフランスの屋台骨を揺るがすものになった。

こんなとき、さきのモンテスキューやヴォルテールとはちがって、より下層の庶民の血を受けたルソー（ヴォルテールはルソーを靴屋の息子といって軽蔑している）は、前二者よりはるかに密接に民衆と接触し、二人の唱道する市民社会の悪性を指摘した。彼は、市民社会を拒否したし、これら卑しい大衆を、そのごく自然な原始の姿に解放すべきことを叫んだ。ルソーは、ヴォルテールはもとより、百科全書派の人びとども対立していたし、その心情に訴える平等思想は、種々過激な思想となって、一般大衆というはるかにはげしい潜在的爆発エネルギーとなる層に燃え移りつつあった。また下級僧侶たちは、あまりに搾取的な上級僧侶に対するはげしい反発から、農村で、扇動的に権力者政府の転覆を鼓吹し、大革命への導火線となりつつあった。

いろんな矛盾が、十八世紀後半には特に顕在化していただけに、理論の上でも、前半より後半ははるかにはげしく推移した。ニュートンやロックの思想をよりラジカルにしたのは、コンディヤック（1715-1780）であった。彼はロックがあいまいに残しておいたものを、明晰に分析し、徹底統一化しようとした。ロックが感覚と反省とに区別を与えたところに、コンディヤックは、この区別を廃し、一元論的感覚論を唱えた。彼は、最も直接的な感覚の記号化されたもの、慣習化されたものを言語とし、この言語を精神の最も高い複雑な作業の表現として、「言葉を通して考える」という感覚論を展開した。徹底した感覚論者といっても、彼はれっきとした僧侶であり、神信仰に揺るぎがあったわけではない。要は対象を人間の側からとらえる方法を説くもので、特に当時は、抽象的科学を去って、実験的記述の科学へと向かっていた。詩的空想の文学は鳴りをひそめて、まさしく十八世紀は、分析・実証・批判・平明的に散文化された時代となっていた、ということに注目しておかねばならない。

また科学の分野でも、天文学や物理理論よりも、博物学や実験化学などに関心が向かい、また当時ますます進歩発達しつつあった産業に多くの眼が向けられた。ディドロの『百科全書』も、このような見地から、それ自体が産業の博物事典の性格をもち、その副題にもあるように、「もろもろの科学・技術・職業の合理的事典」なのである。産業工学的性格をもち、それは、またこの時代の思考を、そのような意味で変革する（例えば、産業革命が社会機構を変えるように、思想を変革する）性格をもつ点で、あくまでも進歩発達の書であったのである。言語の発明によって、人類が未開状態から文明へと飛躍的に進歩したように、この切り開かれた産業工学時代の流通言語であるべき『百科全書』は、人間精神の進歩発展を説く宣道書でもあった、といえよう。ディドロの共同編集者としては、若干三十才にしてすでに知名のダランベール（1717-1783）がいた。彼は、すでに一七四三年に名著『力学論』をあらわしていたし、ディドロを助けた人びとの多くが、少壮有為の学者ぞろいであったたし、希望に満ちあふれていた、ということも同時に注目しておかねばならない。

ところで、工学による発展の歴史を楽天的に唱道するこの哲学は、デカルトの機械論的自然観の一方向を徹底させることによって、ラ・メトリー（1709-1751）の『人間機械論』（一七四七年）を生んだ。人間を魂と肉体の二重性で考えること自体がひどい妄想なのであって、この魂という妄想に神信仰という宗教の毒が盛られ、神学者という奴らがこの毒でもって正しい自然を狂わし幸福を踏みにじっているのである、と説いた。そしてこの宗教上の妄想との戦いを終わらせて、自然や人間を正常な姿に変えさせなければならない、と彼はいった。人間のすべての活動は、ただ物質の力学的運動にほかならないのであって、物質的幸福こそ、人間の幸せのすべてであり、これをのみ追求すべきであるという享楽観と、徹底した唯物論や無神論が、彼によって開陳された。これは、当時のかなり進んだ生理学とか生物学などの科学の哲学的表現でもあって、多くのこの方面の科学や純学問の表現を、人間の生きるべき道の上にひきうつして表現した、いわば人生論哲学の定式であった。

L'HOMME

MACHINE.

Est-ce là ce Raion de l'Essence suprême,
Que l'on nous peint si lumineux?
Est-ce là cet Esprit survivant à nous même?
Il naît avec nos sens, croît, s'affoiblit
comme eux.
Helas! il périra de même.
VOLTAIRE.

À LEIDE,
DE L'IMP. D'ELIE LUZAC, FILS.
MDCCXLVIII.

『人間機械論』（1748年）の表紙

やがてこの体系化は、ドルバック（1723-1789）の『自然の体系』に結実した。そしてこれは、すべてを物質と運動に還元する唯物論や無神論に至るのである。すでにデカルト時代でみたように、イギリスではホッブスの唯物論があったが、これは極論化されず、かえってロックのヒューマニスティックな良識論によって緩和され調整された。しかしフランスでは、反対にますます過激化された。これは、イギリスとフランスの社会情勢と両者の気質のちがいが影響するところ大であった、といえるであろう。さきにもみたとおり、イギリスでは、王権神授説的絶対王政からピューリタン革命を経て、胸のすくような名誉革命に至る議会民主政体へと穏健化していった。それは、ホッブスの『リヴァイアサン』的唯物論からロックの『市民政府論』的経験主義の良識ある認識論への移り行きにシンボライズされるものであった。

しかしこれに反して、フランスでは、ルイ十四世以来、絶対王政は旧体制として享楽・腐敗・沈滞化する一方であった。そして、他方には、産業社会構造はどんどん変化発展し、その方面の機械論的技術化が進みつつあり、社会悪を暴露する旧体制の絶対王政の腐臭は、国内のあらゆるところに露呈された矛盾の温床となり、顕在化する一方であった。硬直するこのフランス社会内での絶対主義への反抗は、きびしい宗教政治社会の批判となり、うごめく非合理的なものへの批判が、急速度に反作用的に過激化していったのである。このように、唯物論や無神論の上に立って、絶対主義に反抗する過程は、ますます進んでいった。

この間の事情を、一八三一年に反動的なドイツを逃れてフランスのパリに移ったハイネは、ドイツ思想をフランス人たちに紹介説明するために書いた『ドイツにおける宗教と哲学の歴史のために』(一八三四年）の中で、フランスをドイツと比較して次のように語った。

ドイツでのカトリック教会との闘争はまったく唯心論、つまり魂を敬う意向からはじまった……。だから贖宥状の行商人は追放されたし、僧侶のかこっていたかわいらしいおめかけは、おちついた正妻ととりかえられたし、肉欲をそそるマドンナの像は打ち壊された。肉欲にきわめてはげしく敵対する清教徒が、あちらこちらにあらわれた。ところが、十七・八世紀フランスでのカトリック教との闘争はこれとは反対に、感覚主義、つまり肉を重んずる意向からはじまった。なるほど自分は事実上支配者ではあるけれども、自分が支配者としてすることとなすことが、表向き支配者だと威張っている唯心論から不法だ、とケチをつけられ、きわめて手痛くはずかしめられているのを肉が悟ったとき、この闘争をはじめたのだ。それゆえに、フランスでは、ドイツでのようにみさお正しいまじめな態度では戦わないで、いかがわしいふざけた態度で戦った。ドイツでのように、神学上の論争はやらないで、面白おかしい当てこすりの文句をつくった。この当てこすりは、普通もし人間が魂そのものになろうとしたら、どんな自己矛盾におちこむか、ということを示したものであった。思わず知らず、自分の動物的な本能に従ってから、聖者という評判を失いたくないために、よぎなく二枚舌を使う信心深い人びとのまことに愉快きわまる話が、盛んにつくられた。ナヴァーラの女王が、すでにこうした不正をその短編小説で描き出した。修道僧と夫人の関係がいつもこの女王の小説の主題になっていた。そしてこの女王はわれわれ俗人の腹の皮をよじらすだけでなくて、僧侶の身分そのものをよじらそうとした。こうしたおどけた筆戦から咲き出た一番意地悪い花はたしかにモリエールの『タルチョフ』であろう。……
と。人間的自然を求める声は、ごく自然な快楽の追求となり、それが約束される限り、他人の幸福を進めることとも両立するものであった。

事実エルヴェシウス（1715-1771）では、このような方向において、感覚論の立場から、道徳論と教育論が説かれたのである。彼は、フランス・ブルジョワジーの最上層に位する階層の出であった。だから、いろいろの権力に対抗しながらのし上がっていこうとしている新興のブルジョアジー（第三身分）とはちがって、すでに国家から徴税という特権を請負い、巨万の富をせしめた搾取階級であった。有閑な階級や特に有閑なマダムの主宰するサロンには、その保護のもとに啓蒙思想家たちが、甘美で軽妙なしゃれや知恵を楽しく発散して、彼らの発想の見事さを競いあうという風があった。彼らは、豊かさや幸福の享受の中に、暇にまかせて、いろいろの学問を語りあったり実験を行ったりしたのである。こんな自由な享楽的雰囲気の中に、彼らは談論風発を楽しみつづけ、それに適応した道徳論なり教育論を語ったのであって、ドイツの朴訥・粗野で厳格な貧乏書生の真面目さとは、もともと大いに趣を異にするものがあったのである。

ところで、第三期では、以上のような啓蒙合理主義が、歴史の反省において自覚された。こうして生まれたものが、いわゆる「古代・近代（優越）論争」を経てあらわれる「進歩」史観である。ルネサンス期には、キリスト教的中世からの脱却において、古典古代に範が求められたが、その後科学技術の進歩をみ、すぐれた合理精神のもとに、社会の改善を確信するにおよんで、ここに、古代に対する近代の文化的優越の意識があらわれるようになった。古代に対するコンプレックスが、ここにおいてすっかり吹っ切れた。考えてみれば、かつての野蛮人であったヨーロッパ民族が、プラトンやアリストテレスの大権威に対する自分たちの優越を確信するまでには、実に長い行程が必要であったが、この優越意識は近代の進歩史観を生み、この自信は一つの大きな威信となって、ヨーロッパの歴史に重要な意味をもたせることになった。

すでに十七世紀半ばから、主としてデカルト派の人びとの間に「近代派」の思想があらわれたが、ヴォルテールをはじめとする上記の啓蒙思想家たちの場合、特に「百科全書家たち」のところでのべたように、人間精神の「進歩」の観念は、その立論を支える根底となっていた。これを過去に対する切り捨てごめんの態度から進んで、時間的継続の線で打ち出すようになったのが、テュルゴー（1727-1781）であり、これを継承・発展したのがその弟子のコンドルセ（1743-1794）であった。

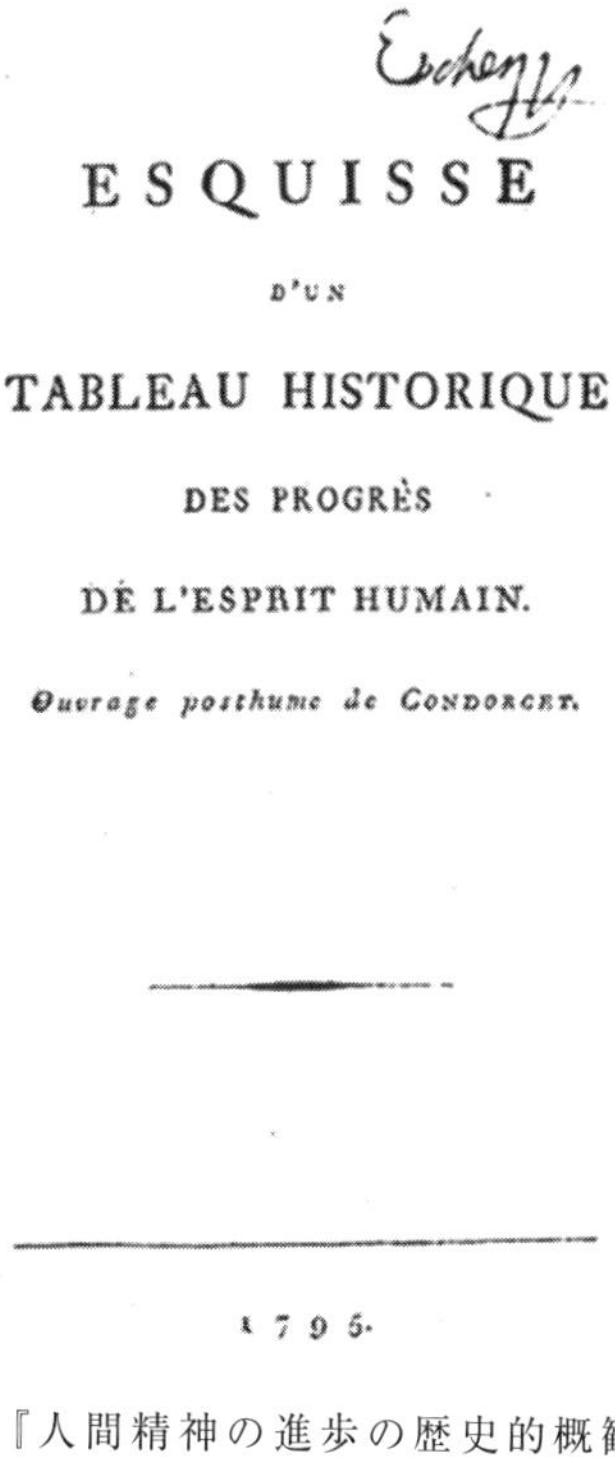
ESQUISSE

D'UN

TABLEAU HISTORIQUE

DES PROGRÈS

DE L'ESPRIT HUMAIN.

Ouvrage posthume de CONDORCET.

1795.

『人間精神の進歩の歴史的概観』（1795年）の表紙

コンドルセは、科学への信頼や人間教育に果たす科学の意義について、『人間精神の進歩の歴史的概観』（一七九三年）の中に情熱をこめて雄弁に語った。この著述は、フランスのみならず全啓蒙思潮の進歩観を示す一つの金字塔といえよう。しかもこれまでの啓蒙合理主義は、ここにおいて、理性の長い戦いの歴史における勝利を確認し、未来に明るい展望を確信する楽天史観として結実するのである。しかも、こういう書物自体が、フランス革命の進行中に書かれたものであり、またこれを書きながら、コンドルセ自身は、フランス革命の勝利や人類の進歩を固く信じ、まったくよき時代の到来を期待し、革命の犠牲として死ぬことができたのである。フランス革命はすでにはじまっており、長くつづいた啓蒙主義の闘争は今やその終点を迎えようとしていたのである。

第三節　ドイツ啓蒙思想
──その後進性と観念論の性格──

ルターの宗教改革運動に関連して、シュヴァーベンの農民たちが、封建抑圧階級（領主）に訴えた「十二ヶ条」の中に、次のような第三条があるのがまず目にとまるのである。

第三に、私たちを農奴と考えるのがこれまでの習慣であったが、キリストが尊い血を流して私たちすべてを羊飼いでも身分の高い人でも同じく例外なく解放しあがない給うたことを思うなら、これはたいへんひどいことである。したがって私たちが自由であり、自由であろうと望むことは、聖書からも明らかなことである。私たちがまったく自由でありたい、いかなる支配者ももつまい、などということを神が教え給うのではない。私たちは戒めに従って生きなければならないのであって、自由な肉の気ままさの中に生きてはならない。そうではなく、私たちは神を愛し、隣人の中に主なる神を認め、私たちも喜ぶようなことをすべて（隣人のために）しなければならないのである。

ルターが、宗教改革によって聖書以外にこの世の権威を認めず、またドイツ人たちに、聖書の生きた言葉をなまのドイツ語を通して与えたということは、誰もよく知るとおりである。これまでは、ローマ・カトリックの僧侶からいろいろ煩瑣な教義や儀式とともに、説教がましく教えられていたものが、ルターの聖書ドイツ語訳によって、すべてのドイツ人たちに、直接の生き生きした糧が分け与えられるようになった。

「はじめに言葉《ロゴス》ありき」といわれるその「神の言葉」は、はじめて直接ドイツ人たちの各々の魂に啓蒙の光を与えた。ルターの宗教改革が、どんなにドイツ的性格をもつものであり、すべてのドイツ魂をもつ者たちに感嘆されたかは、言をまたない。しかもこのルターの精神は、キリストの神には奴隷的に奉仕するという性格のものでありながら、この世のあらゆる権威からは自由であるという、まさにその自由精神において、ローマ・カトリックの権威に対しても、自由であった。そこには、近代人としての自覚がみなぎっているし、また領主諸侯の農民虐待に対しても、ルターは、彼ら抑圧者を、悪漢とか、農民の首を絞める無法者呼ばわりすることもあった。そして彼は、農民暴動にも、かなり理解を示すかに思われた。しかし実際ふたを開けてみると、そうではなかったのである。

さきの「十二ヶ条」に対して、ルターは『農民戦争文書』の中で平和を勧告し、その第三条に対しても、答えて次のようにいいわたしたのである。

「農奴はあるべきではない。なぜならキリストは私たちすべてを解放したもうたからである」。これはいったい何ということだ。これはキリスト者の自由を全面的に肉化してしまうことだ。アブラハムや他の族長や予言者もまた、奴隷をもってはいなかったであろうか。聖パウロが、当時はみな奴隷であった下僕について、何を教えているかを読みなさい。それだから、この条項は真正面から福音と対立するものであり、また略奪的なものであって、それによって、主人から彼の所有に属するに至った体を奪うのである。というのは、囚人や病人がキリスト者であって、しかも自由でないのと同様に、奴隷もキリスト者であって、キリスト者の自由をもちうるのだ。

と、ルターはもちろん同じ『農民戦争文書』の中で、諸侯と領主に対しても、さきの宗教改革の節でも指摘したとおり、大いに反省を促してはいるが、すでにのべたように、一五二四〜二五年にかけての農民戦争で、多数の領主（僧侶を含む）たちが虐殺・追放され、種々の建物も破壊され、多くの農民たちも、

その意に反して悪魔的な農民の同盟に加入するよう強制される事態に及んで、ルターは決然として、当局に対し、

前もって農民に和解の話を申し出ないで、これらの農民を打ち、また罰することができるし、またそうしようとする場合にも、私は反対しない。というのは、農民はいまや福音のために戦っているのではなく、彼らは反乱し惹起する、あてにならない、誓いを破る、不従順な殺人者・略奪者・瀆神者であることが明瞭になったので、当局は彼らに対して十分罰する権利をもつからである。

と、かえって手ひどい鎮圧・強圧的な示唆をした。このことから、大諸侯たちは安心して農民たちを討伐し、まったくの手ひどい復讐行為を重ねることになった。そのため、せっかくの農民への啓蒙はまったく水の泡となり、農民たちはかえって以前よりも悲惨なものになりさがっていった。こうして、それ以後ドイツ農民は、イギリスやフランスの農民に比較して、一番恵まれない窒息状態を呈したし、農奴解放もきわめて立ち遅れるということになった。

農民弾圧と平行して、これより少し前のドイツ騎士団の改革運動、再洗礼派の運動などにおいても、ルターは、ことごとに下からの運動を抑え、改革は上から、政府によってこそなされるべきであることを主張した。こういうわけだから、たえず、虐げられた大衆の下からの盛り上がりは抑えられ、ドイツの近代化はますます立ち遅れる結果になった。ルター自身、アブラハム時代の族長的感覚の持主であり、

またゲルマン族長制的気質の持主であったのかもしれない。

さきにものべたように、同じ宗教改革者でも、カルヴァンが利子の取り立てをかなり弾力的に考えたのとはちがっていた。彼は、法律家として、政治的現実的に着実に事を処理することによって、近代資本主義精神にこの新教精神を鼓吹した。しかし、ルターは、資本主義精神にはきわめて否定的で、そのために、ドイツの資本主義は種々の事情も重なり、まことに暗澹とした後退の性格を植えつけられることになってしまった。近代の鐘をはげしく打ち鳴らしたはずのルターに象徴されるドイツ精神は、種々の面で前を見ず、うしろを見ていたともいえるのである。

ルターの宗教改革精神に刺激されて、ドイツ的なものが大いに意識されたし、高揚されたのは確かだった。しかし、イギリスやフランスの燃えるような近代国家への主権意識は、ドイツ国王にはさらさらなかったように見える。上に立つ者の国家意識のこの欠如は、ドイツ国家の後進性をますます根の深いものにした。ルターという、いわば下からの小市民的精神の盛り上がりが、イギリスやフランスの新興ブルジョア精神にまで成長せずに、近代自我発揚の宗教改革であったはずのものが、上からの政治運動と結びついて下を弾圧したことが、ドイツの政治をますます硬直化させる結果になったともいえる。

チャールズ五世というような当時のヨーロッパ最大最強の皇帝をもったことが（一五一九年）、かえってドイツの下からの盛り上がりによる近代国家確立の大きな障害になったのは、皮肉といえば皮肉であった。一五一六年イスパニアの王位を継承しておいた彼は、アメリカにも大きな植民地を合わせもつほどの強大さを誇ったが、もはや過去のもの、亡霊的存在でしかないような神聖ローマ帝国の理想に、ただ狂奔したのである。しかも、ドイツを近代国家として中央集権的に統一することなどは、彼の眼中になく、かえってハプスブルク家という一族の繁栄をはかることに急であった。

イスパニアを領有する彼は、旧教国イスパニアの領主として、かえってローマ・カトリックに傾いたし、また新教地盤の強いドイツ諸侯たちを取り仕切る者としては、意に反しても新教的でなければならず、この難しい宗教政策の上に立って、種々失策を重ねた。帝位時代の晩年には、アウグスブルク宗教和議によって（一五五五年）、新旧両宗教は、同等に認められる（ただし領主にのみ限られ、各領民は領主の宗教に従わねばならない）ことになった。こうして紛争を解決したものの、ドイツ国内の根強い新教勢力に押し切られる不甲斐なさに、自らホゾをかみつつ、彼は帝位を去ったのである。ドイツには、イギリスやフランスのように、諸侯を抑えて王権が伸長することもなく、依然として強い諸侯分立割拠の無政府状態がつづいていたのである。

イギリスでは下からの盛り上げと、羊毛工業の中核産業としての資本の蓄積、国民総生産利益の蓄積があった。しかも、帝権は、種々折に触れて下からの制限を被ったとはいっても、折よいときに名君があらわれて、イギリス国家としての富を貪欲なまでに確保した。十三世紀半ばから十四世紀にかけて、隆盛期を迎えたドイツ中心のハンザ同盟は、自治権をもつ自由都市群として、生産・通商の権利・特権を享受した。イギリス王も、このハンザの勢力には譲歩せねばならないこともあった。しかし、十三世紀以降の外洋航路発達に伴い、特に君主権の伸張をみたイギリスに対し、ハンザ同盟が全然たちうちすることができずに後退したことは、ドイツにとってかえすがえすも痛手であった。地中海の内海貿易に代わる外洋航路の繁栄は、かつてのイタリアやドイツの繁栄を、まったく過去のものとして葬り去るほどのものだった。

ドイツそのものに、強い王権の近代中央集権国家ができておれば、勤勉なドイツ国民が、かくも無残に近代資本主義に見離されることはなかったであろう。前資本主義段階の産業育成に、イギリスやフランス各王権がいかに熱心であったかは、例えば、フランドル地方の羊毛工業利権に示す両者の熱意にも示されていた。重商主義政策として当時はまだ実現はしなかったが、一八三一年には、イギリスの交易をイギリス船に限るというような法の発布をエドワード三世が行った。これは、三〇〇年のちに、時のイギリスの支配者クロムウェルによる航海条例の発布となって結実するものであった。これらすべては、イギリスの近代国家主権による商工業階級の利益保護である。一四五五年には、国内工業保護の名目で、絹織物の輸入が禁止された。イギリスは、どんどんこのような保護政策を国家施策として打ち出したばかりか、エリザベス朝をはじめとしておこなった商業・産業資本の蓄積は、イギリス啓蒙思想のところで見たとおりである。

またフランス王権確立は、他のすべての国をこえて、はるかに強力に推し進められたし、それによって保護・育成されたブルジョアジーの例は、枚挙にいとまがないであろう。絶対王権の巨大な軍事費用（兵隊、糧食、兵器購入等々）の調達は、どこの国もそうであったとはいえ、フランスにおいては、特にそれが大きくブルジョアジーの成長を促した。しかし、ドイツにおけるブルジョアは、いろんな面で（宗教的にも国家権力的にも）冷飯を食わされ、さしも勤勉な国民もその力を結集して富の蓄積に向けることができなかった。あまつさえ、ドイツを舞台に、フランス、イギリス、スウェーデン、オランダ、イスパニアの各勢力が、この豊かなるべき国土を三十年間にわたって思い思いに踏み荒らすことになった。そのため、ドイツの困窮はまったく目を覆うばかりの状態になった。

この有名な三十年戦争（一六一八～一六四八年）の発端というのも実は宗教問題であった。旧教信者のハプスブルク家の領地であったボヘミアは、フスの宗教改革運動（一四一五～一四三六年）で新教勢力が強くなっていたところであった。しかしその後（十六世紀終わり～十七世紀はじめ）皇帝ルドルフのとき、ボヘミアに信仰の自由が認められたのに、その死後、旧教信者がボヘミア王になり、新教徒を迫害しはじめたことによるのである。

宗教戦争は、イギリスにもフランスにもたしかに絶え間なく勃発はした。しかし、これらの危機を、これらの両国は近代国家発展とかブルジョア的富の蓄積の方向で、プラスに処理した面が多かった。しかし、ドイツは、さきほどからのべてきたように、それらの近代的性格を獲得できなかったばかりか、長い三十年にわたる荒廃を通して、いよいよそのような性格から自らの国を引き離していったのである。皇帝中心の中央集権国家はますます遠のき、封建色の強い小国分立的な「領邦国家」が、三〇〇年ほどもそれぞれ思い思いに専制・族長的支配を重ね、政治の上でも経済の上でも、ますます立ち遅れる一方であった。何よりも、精神的荒廃や挫折感がひどかった。だから、目を覆うばかりに荒廃したドイツの啓蒙思想運動も、おのずから前記先進諸国のそれとはちがった様相を呈することになった。

ドイツでは、大切な村落が三十年戦争の結果まったく荒れ果て、人口が激減したり、また一部都市でも、一例をあげればアウグルブルクは八万の人口が二万そこそこに減少したともいわれ、戦乱にありがちな略奪行為が頻発し、気風はますます粗野になるばかりであった。ドイツ帝国領土は、フランスやスウェーデンにその重要な農工業地帯を奪われたり、スイスやネーデルラント地域が独立したりして、ロマンティックな過去の夢をむさぼっていた神聖ローマ帝国主権のドイツ皇帝の地位は、まったく亡霊化していったのである。しかし、こうした激変下のドイツにあって、その牙を数世紀にわたってみがきつづけてきたプロシアが、その辺境において、スパルタ的富国強兵国家として伸張しつつあった。ドイツの分立化・弱体化を決めた三十年戦争処理の国際会議であるウェストファリア条約（一六四八年）から、しかし約百年を経過して、イギリス、フランスのブルジョア的富の文化の隆盛を横目に、さしも宗教的純血精神に狂奔したドイツでも、宗教の色彩は徐々に失われていった（三十年の宗教戦争でエネルギーを極度に消耗したせいと、宗教諸侯の勢力が減退させられたから）。そしてやがてここでも、世俗の政治勢力が強くなりはじめていた。海外貿易による大きな富の獲得は、立ち遅れたドイツには到底望むべくもなかったが、勤勉節約のドイツ人には、百年のうちには、かなり富の蓄積もできた。

かつてのヨーロッパ一流国イタリアとドイツからフランスやイギリスへの勢力交代はあったとはいえ、ヨーロッパは何といっても一つづきであり、イギリスやフランスの啓蒙思想は、当然ドイツに及んでいった。ドイツの後進性は疑問の余地もなく、したがって新思想を生み出す力はなかったけれども、思想の受容は十分にできた。まずそれは、思想の自由を大幅に認めたプロシアで、しかもフランス啓蒙思想受容という形で伸展した。ルターのときにもみたけれど、ドイツの精神土壌においては、特にまた後進性をもつ国はどこにおいてもそうだが、上からのてきぱきとした改革や刺激策によってこそ、全体にある生気が、よみがえってくるものである。ドイツばかりでなく後進国のロシアにおいても、こうした上からの改革者・啓蒙思想君主があらわれてこそ、その統一的励起策によって、その後進性から集約的に抜け出ることができたのである。近代の日本もその例外ではなかった。しかしイギリスやフランスのように、下からの自然の盛り上がりに欠けるので、それだけ、その地盤も浅く安定度はなかった。上に立つものの啓蒙度いかん、叡智いかんによって、大きく左右された。

そうしたとき、十八世紀後半のプロシアに、折よくフリードリヒ大王という（「稀にみる」と多くのドイツ人が自讃する）啓蒙思想家の君主があらわれた。ドイツ・ブルジョアは、まだきわめて貧弱な状態ではあったが、少数は立派に存在したし、また外国産の新知識を吸収できる知恵にもことかかなかった。しかし一般庶民や農民の生活水準はきわめて低く、農奴が残存するプロシアでは、到底啓蒙思想は一般国民に浸透する力はなかった。

しかも上記の少数エリートたちも啓蒙君主にまったく依存していたので、ほんとうの自由はまだなかったといってよかった。しかもこのようなエリートたちは、まだ真の自国語での啓蒙思想の表現を十分もつことはできず、まったくの借りものであったことは、フリードリヒ君主自身、その著作をフランス語で書いた、ということにもよくあらわれている。また、プロシアの都ベルリンのアカデミーの報告・発表もフランス語、またライプニッツのようなドイツ啓蒙期を先導する哲学者もフランス語で著作するという有様だったのである。ルターの立派なドイツ語聖書の遺産は、残念ながら新しい思想を盛り込むには、あまりにももう古すぎた。このようにして、啓蒙期のドイツ語は、やっとライプニッツ哲学の後継者ヴォルフ（1679-1754）に至って、よちよち歩きはじめる。

一時フリードリヒ宮廷につかえたフランスの啓蒙思想家ヴォルテールやラ・メトリーなど本場のフランスでも危険視されたほどの思想家たちを、フランス文化の心酔者フリードリヒが招いたというが、これらの思想家は決して反プロシア政府的ではなかった。ヴォルテールのごときは、フリードリヒ大王がロスバッハで自分の母国フランスを破ったときなど、大いにプロシア国家のために喜んだぐらいで、「大いにやれ、やれ」と喝采を送り、プロシアを励ましたのである。

フリードリヒ大王の父王はフリードリヒ・ヴィルヘルム一世といわれた勤倹尚武の精神に徹した名君で、質素を旨としながらも、巨人軍養成をモットーとし、近代的軍国主義国家建設と実業の充実に邁進した人である。その子・フリードリヒ二世（大王）は、このかたいプロシアを文武両道に花開くよう、フランス文化を自信をもって導入したのであり、それが着々と成功した。この名君の自由を慕って、すぐれた知恵の花も、それなりに節度をもちながらも自由に咲き匂いはじめていた。あまりにも粗野なドイツ全体の中では、特にここはひときわ立派であったように思われた。しかしその実は、さきにも指摘したとおり、決して真の文化の匂いは讃美されるどころではなかった。何といっても借りものの軍国的大権の鎧を着けた、うわべの文化にすぎず、その内実は粗野であり、傭兵的精神のもので、真に創造的自由の文化ではありえなかったのである。

フリードリヒ大王は、かつてのハレ大学教授の席にありながら神学問題で追放されていたヴォルフを、その即位後すぐに大学に呼び戻し、また王の意にかない、啓蒙思想をフランス語ではなく母国語のドイツ語で表現するという功績を残すことになった。ドイツ哲学は、ここにはじめて、生硬ではあったがやっと自立し、母国語で語られることになり、ドイツ語の文化性を一段と高める結果になった。彼のやたらに分量の多い哲学的著作は、浅薄な形式主義と非難はされながらも、よくカントへと、その後の真に思想的な世界に誇りうる思想発展への足がかりをつくった。

しかし宮仕えをする者の俗物性格は、やはりヴォルフにも色濃く残っている。そしてルター以来のドイツ宗教の極端な精神主義も手伝って、同じデカルト哲学を理解する場合にも、ライプニッツのように、その唯物的性格を発展させることなく、かえって一方的にその観念的性格を極端なまでに発展させたように、ヴォルフ哲学も、イギリスやフランスの客観へのアプローチ、すなわち経験論や唯物論の実証性に向かうことはなかった。ただただ、内部の観念性へ向かって逃避をしていく観さえあった。水ももらさぬプロシア絶対君主体制の中にあっては、知らずとその圧力が強く、したがって思想形態としては、内面へ内面へと向かい、臆病で卑屈になっていったのであろう。官僚思想家にありがちのあの形式主義に堕していくのである。

大胆不敵の思想的表出や創造などは、決してできるわけのものではなかった。ただ内面とか主観を、形式的に一生懸命いじくりまわすのである。啓蒙合理主義といっても、その合理性はライプニッツの観念的合理性を受け継ぎ、その平俗化と体系的形式化を行ったものにほかならず、対宗教との関係においても、イギリスの信仰の自由とか理神論にみられる下からの抵抗性を示すこともなく、またフランスの急進性にまで自覚するエネルギーにはさらさら至らなかった。宗教の真の燃える問題や性格は、ほおかむりしてやりすごされ、ただ個々の魂の永続性とか不死の問題とかが問題にされた。

ドイツ人らしく、倫理道徳のあたらずさわらずか、それとも俗受けするような、主観論に終始することが多かった。イギリス、フランスにおけるような客観・現実的な市民政体問題とか市民の自由の問題とかに、自由に立ち向かうことはできなかった。理論の急進性や斬新性は、求めようにも求められなかった。当時のドイツでは、各地で下からの動きが少しでも限度をこすときは、すぐ容赦なく弾圧が行われる傾向が強かった。この国にもライマールス（1694-1768）のようなすぐれた理神論者があらわれたが、その見解の一部が遺稿としてレッシング（1729-1781）によって発表されたとき、それはすぐにはげしく攻撃された。

シュトゥルム・ウント・ドランク運動の旗手でもあったあのシラー（1759-1805）も、すでに十三才のときその才能を認められ、大公カール・オイゲンの意志で強制的に軍事教育を受けたが、戯曲『群盗』を二十二才で発表するや（一七八一年）、一七八二年には、その革命的精神のゆえに、大公によって禁固刑を受け、彼の生命ともいうべき文筆生活の全面停止を命ぜられる始末であった。結局シラーは、愛する父母をあとにして脱出、官権の目のとどかぬところでしばらく放浪の生活をせねばならなかった。

有能な人士がいかにドイツの官権（それぞれ領邦国家内での）の監視下、検閲下におかれたか、また官権に使われてその官僚事務のためにあたら有能な力を雑事に搾取され、その最良の力を枯渇させていったか、さきほどのシラーの例ではないが、比較的自由に意見をいった者たちのいかに多くが、諸侯たちの牢獄につながれたか、異国フランスのパリの空の下で人知れずほとんど狂気の日々を送らねばならなかったかは、枚挙にいとまがないほどであろう。

中でもレッシングは、最後までその燃えるような批判精神をもって、ドイツに万丈の気炎を吐いた一人であるが、彼もフランス人ディドロの見地に立ってヴォルテールを批判するなど、やはりフランス啓蒙の風下に立つ場合が多かった。しかし、レッシングにおいてはじめて、ドイツ人の真に活々とした啓蒙精神の姿、その心情と思想の合一した燃える創造的エネルギーを、われわれは見ることができるのである。

とにかく、レッシングの示した文芸・宗教両面におけるすぐれた批判活動は、まさにドイツ啓蒙思想の華であり、特に彼がその宗教問題と関連してあらわした後期の著作『人類の教育』には、宗教の低次の原始的状態よりその理想的状態に至る人類の発展史観が見られ、後述のヘルダーとともに一種の輝かしい進歩史観をうかがわせるものとして注目される。しかし、雄々しく種々の不幸にもめげずに戦いぬいてきたレッシングも、一七八一年には世間の人びとから誤解と中傷の嵐をあびながら、死んでいかねばならなかった。ところで、この一七八一年に世界注目のカントの『純粋理性批判』が完成するが、彼については、第五章カントの節でやや詳しくあつかうので、ここではそう多く触れない。ただこの節を終わるに当たり、カントの小著『啓蒙とは何か』（一七八四年）の中から、小文を引用して、このドイツ啓蒙思想の項目を終わりにしたいと思う。

カントも、この当時の進んだ考えの人びとと同じように、進歩史観の上に立っていた。人類の究極目的は、人類全体が完全な世界公民的組織をつくることにあり、この究極的な理念の実現に向かって進まねばならぬ、と彼も考えていた。そしてこのためには、人間は誰でも自分の理性を自分で使う、すなわち自分で考える勇気をもたねばならぬ、と教えた。

一人歩きせず怠惰で受動的に他から押しつけられるだけの未成年状態からの脱却を勧め、カントは、その『啓蒙とは何か』の中で最初に、

啓蒙とは、人間が自己の未成年状態を脱却することである。しかしこの状態は人間がみずから招いたものであるから、人間自身に、その責めがある。未成年とは、他人の指導がなければ自己の悟性を使用しえない状態である。またこのような未成年状態にあることは、人間自身に責めがあるというのは、未成年の原因が悟性の欠少にあるのではなく、他人の指導がなくても自分からあえて悟性を使用しようとする決意と勇気とを欠くところにあるからである。それだから、「あえて賢くあれ」「自己みずからの悟性を使用する勇気をもて！」これが、啓蒙の標語である。

といった。そして現在は、決して「すでに啓蒙せられた時代」ではないけれども、「啓蒙の時代」であるとして、啓蒙を呼びかけた。そしてドイツの全般的な啓蒙を妨げる障碍が次第に減少しているその明白なしるしとして、フリードリヒ大王の世紀である現在の「啓蒙時代」を挙げている。このような君主の下でこそ、自由の精神をのばすことができるのだ、とカント自身考えたところに、上からの受動的啓

蒙のドイツ的性格が彼によっても裏書きされている、と思う。

彼はこの君主のことをことのほかほめたたえ、

彼自身がすでに啓蒙せられた人であり、少なくとも政府の方で最初に人類を未成年状態から解放し、良心に関する一切事について、何人にも自己自らの理性を使用する自由を与えた人として、感謝の念をいだく当代および後代の人びとの賞讃を受けるに値するものである。

フリードリヒ大王の肖像

という。果たしてこの君主が、ほんとうにカントのいうように啓蒙された人であったかどうかは、はなはだ疑わしいし、カントも認めるように、この君主は、

訓練の行き届いた多数の軍を擁して公安を保障しうる君主にしてはじめて、共和国すら公言はばかること、すなわち「いくらでも何事についても意のままに論議せよ。しかしひたすら服従せよ！」といいうるのである。

たしかに、将校や財務官や聖職者たちが、諸方から、「論議するな、教練せよ」とか、「論議するな、納税せよ」とか、「論議するな、信ぜよ」とかいう中で、世界無二のこのフリードリヒ大王のみは、「いくらでもまた何事についても意のままに論議せよ、しかし服従せよ」と叫ぶのである。

そしてカントもいうように、「もちろん、この自由には制限がつけられている」としながら、その制限は決して啓蒙を妨げるものではないといい、例えば将校に例をとるならば、上官から何かを命ぜられた将校が、勤務中に、この命令についてとやかくいうなら有害であるけれども、学者として、軍務のある欠陥について所見をのべ、これの批判をのべることを禁止することは不当で、この言論の自由はもつべきなのである、とカントはいっている。すべてにこうあるべきであって、このようにしてこの傾向を健全に助長していくならば、人民大衆は行動の自由を次第に発揮して、政府の根本方針にも影響を与え、政府の方でも、

単なる機械以上のものである人間をその品位にふさわしいように遇することこそが、政府自身にとっても有利だと悟るようになるのである。

しかし、これは、見方によっては危険な思想だったのである。

現にカントという啓蒙哲学者の見解は、一七九四年以後『単なる理性の限界内における宗教』(*Die Religion innerhalb der Grenzen der blossen Vernunft* 一七九三年) の発刊に際して、プロシア王政当局の禁

令措置にあい、カントは宗教に関する言論の発表一切を禁止されたばかりか、この著書のケーニヒスベルク大学での講義を禁止され、その後も数編の印刷不許可にあうなどの処分を受けた。「制限された臣下の理性」は、ただプロシア国内だけに限らず、ドイツ啓蒙思想界の大勢であり、もともとが非常に臆病なものであり、カントが本心でいうような啓蒙はとても望むべくもなかったのである。

フランス大革命後は、プロシアの反動はますます激烈になった。下からの盛り上がりの薄いドイツにあっては、また宗教的元首の地位を勝ち得ていたドイツの諸侯たちの強い宗教政策下において、カントのいう言論の自由も、ますますきびしい検閲下におかれることになった。レッシングが考えたような真の啓蒙も、官権主義のドイツにあっては、はるかに遠かったのである。

第四節　啓蒙期内部での批判的傾向

すでにみたように、イギリス、フランス、ドイツそれぞれに、ある特殊性はもちながらも、各国において啓蒙思想は時代の共通した主要な思想動向になっていったことは確かである。しかし、ここで注意しなければならないことは、この大勢の中にあって、時と共に、啓蒙合理主義の抽象性や高揚のない平板性や没個性などに対する反動、あきたらなさや批判などが、上記各国の中にはっきりあらわれてくる、ということである。啓蒙思想は、ある特定の人間の絶対化や英雄化を認めない傾向をもつ点で、フランスとイギリスにおいては、明らかに封建的絶対体制の否定、平等化の方向に向かった。ドイツにおいては、フリードリヒ大王自ら「天下国家の公僕として」というポーズをとりながら、見せかけの民主化・自由化を推し進めなければならなかった。自ら啓蒙君主ではあったが、後進国である自分の国を、彼はまずフランスの水準まで上げなければならなかった。そのプロモーター役に、君主が自らならなければならぬという変則のケースが、ドイツの場合であった。

徐々に高まっていく啓蒙と上のものを引き降ろすという現象を見たイギリス、フランスに対して、ドイツは全体的啓蒙家のポテンシャリティの低さを、君主自らの牽引力によって、あるところまで引き上げていかなければならなかったのである。しかしいずれにしても、フランスやイギリスにおいてあらわれたものは、絶対王政とか得体の知れない神秘なものの否定であった。そのようなものの舞台裏に隠れている大仰なまやかしの仮面をはぎとることによって、人間すべてに共通する自然を、合理的に、数学・物理的次元の通約可能な人間悟性というか理性という知性の光に当てて分析してみようとする思想が、はっきりと表面に出てきている。

啓蒙の合理主義は万人のものでなければならず、人間の自然の本性は目覚めさせられ、自覚されるべきであって、無知のまま眠らされたままにしておいてはいけないものなのである。そのための開明、それが啓蒙である。恐ろしいもの、神秘的なもの、超越的なものは、夜の闇においてこそその摩訶不思議な性格をあらわすが、それに白昼の光を当てるとき、妖艶の帳《とばり》は切って落とされるのである。真の闇、薄明薄暮の中においてこそ、妖怪の翼は自らを自由にし、人間の想像力を刺激するのである。絶対超越的な神は、種々に姿をかえて、恐るべき狂信の夜叉として、いかに多くの人びとを殺害してきたか。闇から闇へのこの血なまぐさい絶対神性の夜叉王は、自己を信ずるもの以外のものを絶対に葬り去ろうとするのである。相手を許しすべてに深き愛を注いだキリスト代行者、教会は、キリスト教の名において、いかに多くの者たちを殺害してきたか。最大の寛容であるべき者が最大の不寛容であるという矛盾は、決して健全な常識の理屈に合うものではなく、矛盾であり、背理であり、不条理である。

これに対して、啓蒙の合理主義は、まったく道理にかなった寛容の精神であり、最大公約数的な万人の常識で理解できる種類のものであった。各人の自由と平等と宗教上の寛容（信仰の自由）などは、啓蒙の思想家たちが共通に求めたものであった。だから啓蒙の教師であるロックも、その個人としては神秘的啓示を受け入れる熱心なキリスト教信者でありながら、また啓示の最高の確実性として認めながらも、別のところでは、啓示は理性によって判断されるべきものだとして、最大公約数的な理性をその周りに張り巡らせたのである。

ロックの経験論に先立つフランシス・ベーコンの経験と実験の科学を見ても、科学思想の豊かな立派な理想国家すなわちニュー・アトランティス島に、啓示の光の神秘性が最高のものとして登場してくるのではあるが、その神秘性は決して狂信の性格をもってはいなかった。さらにあの清廉高潔のカトリック信者、トマス・モアの『ユートピア』においても、すっかりキリスト教の思想にとりこになった狂信者は、前にも見たとおり、罰せられたのである。トマス・モアからベーコン、ロックと進むにつれ、歴史の経験を深く加味するにつれて、照らされた近代思想の啓蒙的性格は、一貫してますます万人に広く理解される形になってきた。

そしてロックに至ってよくいわれるように、キリスト教の合理的解釈としての「理神論」が定式化され、人間性の考察に基づく通約可能を万人のものにするために、誰にも容認されるものとして、感覚の明証性（客観性）が強調される。しかし、この感覚を人間本性の通約可能なものとして、その客観妥当性を追求していくと、そこに主観性という一見非常に非理性的なものに行きつくという矛盾をもってくるのである。

このことは、認識論におけるいわゆる「イギリス経験論」の歩みにおいて、はっきり見ることができる。ロックのところで見たように、彼は本有観念というものを否定した。すなわち物性を第一性質として形状・運動・拡がりなどとする、いわゆる形而上学者たちのいう思考の本有（固有）観念を否定したのである。そしてこれを物質の方に戻すことによって、物質からの受容性を重視し、それによって彼は、本有観念にとらわれない、いわばタブラ・ラサの態度とか偏見にとらわれない見方をとろうとしたのである。先天的（ア・プリオリ）なものを強調するあまりに、人間はその見方において偏執・狂信的になり、自己中心・排他的になっていくことを戒め、彼のような態度を理性的で公平な「ものの見方」と考えた。われわれの曇りのない白紙（タブラ・ラサ）の心には、第一性質をもつ物質から感応して生ずるわれわれの知覚、例えば音とか色とかの性質は第二性質としてある。これは知覚者の中にだけあるのだが、この物心両面の二元論的な見方は、そこにこの両面のバランスをとろうとするロックの蓋然的真実への見方がある。絶対的真理に偏執することを拒否するような真理へのいわばおおらかな見方がある。

しかし、いやしくも認識論である限り、他のものに対してはやはりその論旨を鮮明にしなければならない。ロックは人間のエゴイスティックな主観をコントロールする必要から、経験や物という客観を重要視したし、それは当時にあっては、非常に画期的な論理であるように思われた。しかしロックのいわゆる第一性質を考えると、これは、第二性質の論理が第一性質にも当てはまるということになる。眼がなければ色はないということから、眼をもつ人間という知覚者に属する性質として色を考えるなら、拡がりだって、形状だって、これらをこれらとして把える人間の知覚があるからにほかならないわけである。

バークリー（1685-1753）の徹底した一元論的主観が帰結されてくるのも、こうして理解されるわけである。感覚には多くの客観的性質があるというけれども、その感覚そのものがまったく主観的なものである。「われわれの感覚」なのである限り、いわゆる「もの」といわれるものは、すべてわれわれ主観者の「表象」なのである、という考えである。ロックにおいて容認された実体の客観的実在性は、バークリーによってその物質の客観的存在性を否定され、「存在するとは、すなわち知覚されることである」とされたのである。こうして「もの」の客観性は完

バークリーの肖像

全に否定され、観念連合による「もの」の恒常的秩序がそれにかえられた。以上の論旨を、彼は『人間の原理』（一七一〇年）という主著で説いたのである。

ヒューム（1711-1776）になると、それはさらに精緻になる。彼は主著『人性論』（一七三九〜一七四〇年）の中で経験的な人間本性の分析を進め、バークリーの知覚の主体として容認していた心的実体をも単なる「観念の束」とすることによって、どこまでも意識の経験的事実の立場に徹底した。こうして「因果の法則」のような事象の必然的な連結も、習慣による主観的な「観念連合」にすぎないとされ、これを客観的な連結と考えるのは、結局われわれの信念にほかならないとされる。これがいわゆるヒュームの認識上の「懐疑論」という結論になるもので、彼によって、実体概念はすべて手ひどい懐疑に投げ込まれ、自我とか心とか私とかいう実体的な考え方とか信念は、すべて一種の虚構された非合理的な基体にすぎない、と考えられるに至るのである。

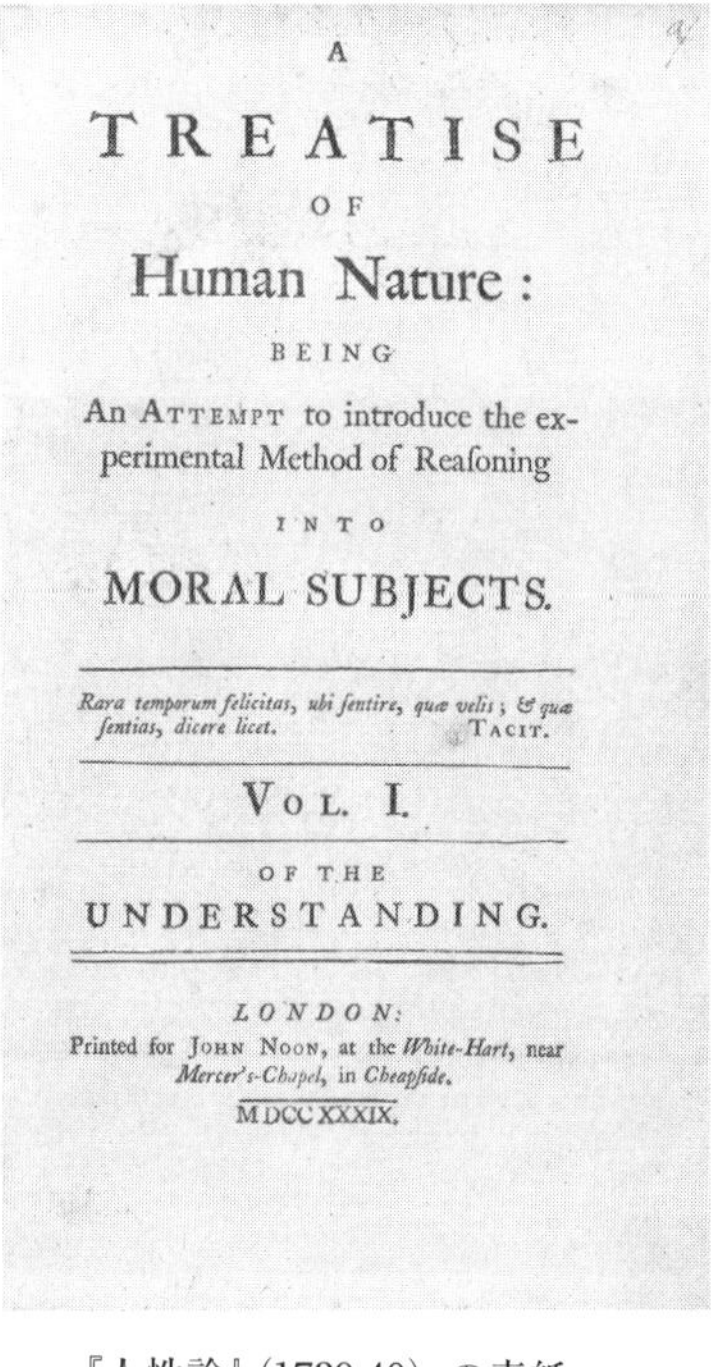
A
TREATISE
OF
Human Nature:
BEING
An ATTEMPT to introduce the experimental Method of Reasoning
INTO
MORAL SUBJECTS.

Rara temporum felicitas, ubi sentire, quæ velis; & quæ sentias, dicere licet. TACIT.

VOL. I.

OF THE
UNDERSTANDING.

LONDON:
Printed for JOHN NOON, at the *White-Hart*, near *Mercer's-Chapel*, in *Cheapside*.
MDCCXXXIX.

『人性論』（1739-40）の表紙

この考えは、これまでの実体的な形而上学をすべて否定する徹底した懐疑論であり、形而上学を人類の偏見とみる点において、自身ものべるように、「現在のこの逆説が最も烈しいもの」であるかもしれないが、これはしっかりとした理性的証明と推論によって至りえた正気のものなのである。常識ではまことに非理性的な結論なのであるが、ヒュームにとっては、またロックの経験論的方向の当然の帰結なのである。いかなる信念も形而上学と名のる真理もすべて理性に根拠づけられることのないものであり、およそこの考えこそ最も理性にかなっている、ということになる。しかしまたこう確信的であればあるほど、それは決して他よりも理性にかなっていることはないのであって、これはすべて非合理的確信に基づく、という逆説の渦中におちいるのである。

ヒュームは、しかし、経験主義と自称する確信的主義を破壊するのだが、つまり彼は、哲学的合理の議論のバカバカしさを結論づけたことになるのである。しかし、それによって非合理的なもののパトスに押し流されるのか、それともその奔流をかつて大革命を意図しようなどと考えることなく、まさにあらゆる確信を非合理化することによって、ものにとらわれぬ公平な陽気さを楽しんだように見える。ロックの経験論の帰結が、理性主義の否定とかデカルト以来の近代合理性の否定・破壊になろうとも、ヒュームはびくともしない。彼は、それ以上の世界に悠々と遊ぼうとしたのかもしれない。しかしヒュームの導入した理論上のこのあらゆる合理性への大懐疑は、ルソーにおいてはヒュームの正気とは裏腹に、狂気的信念となった。これは、イギリスの落着きを失ってはげしい感情となり、合理主義的啓蒙思想をまったく逆流させるような大洪水をひきおこしていったのである。

フランスにおいては、イギリスとくらべ啓蒙合理主義がいっそうラジカルに推し進められたことは、前にものべた。しかしこれに対する反発もそれだけいっそう鋭い形であらわれた。すなわち啓蒙の異端児ルソー（1712-1778）の場合がそれである。彼は啓蒙の経験的理性による人間の文化・技術・支配の風潮に反発し、文明社会の人為的機構とそれにともなう一切の悪弊に抗し、本源の「自然に帰れ」を説く。知的悪弊、形而上学的人為に反抗したヒュームが、懐疑を通して、非理性的なものではなく、理性をも包みこんでしまうような大らかな自然の知恵にたどりついたのに対して、ルソーは、次のような自然に向かって、狂者のように情熱的に没入していくのである。

すなわち、たまたまおこったリスボンの大地震（一七五五年）に関して、ルソーと啓蒙家のヴォルテールとはたいへんな仲たがいをするが、これに関してルソーは、リスボン市民たちが、七階建ものの文明化の家なんかに住んでいたからこんな目にあったのであって、森の中に散らばってごく自然に生活していたなら、ひどい目にあわなかったのであろうに、こんな大都会生活者が時として大量に殺されるのは、自然の摂理に反した当然の報いである、といったのに対して、ヴォルテールは『カンディード』の中で、神の摂理が世の中を支配しておれば、どうしてこんな地震がおきて罪なき人びとが大量に訳もなく殺されるのかを疑った。しかしルソーは、こんな安っぽい啓蒙論理の無神論ぶりを賢しらぶるヴォルテールの態度を、「不信仰のラッパ吹き」だとか、「彼は、いつも神を信じているように見えはしたが、本当は悪魔のみを信じていた」とかいって、バカにしたのである。

が、それはとにかく、ルソーは、自然状態というものがいかによいものであるか、またそれは自由な生活であり、平等と平和の牧歌的世界であって、ホッブスのいうように「万人の万人に対する戦い」の世界ではなく、むしろそのような悪い現象は、人間が社会を組織し、財産や競争が生ずることによって、はじめてあらわれてきたものなのである、と説いた。もっともこの現実に対して、あの理想の自然状態への復帰を主張するとはいっても、今日そのような原初の状態をそのまま現出せよ、という意味ではない。要は、すべての人びとと契約で結びつきながら、以前と同じく自由であるような社会を求める、というようなことであった。各人の自然的な自由と権利を共同体全体に対して全面的に委譲し、成員の平等と自由のためになるように働く、いわゆる「一般意志」に従うことによって、先記の要求を実現しようとする。

こうして彼は、その独自の「社会契約説」を説くのである。ルソーにおけるこの自由の理論は、同時にその際の思想を基礎づけるものとして、市民的人間自身の内面形成、すなわち人間の自然的情操を育成する情操教育論、ならびに宗教論を伴うものであった。ルソーにおけるこのような契機は、近代のロマン主義と呼応するかに見えるが、現実にはその心情主義は、むしろ上記の社会理論を「共和制」の方向へ強く推進するものであった。またこのことによって、後のフランス大革命をひきおこすような急進革命的情熱に引き継がれたのである。しかも、ルソーの虐げられた庶民性格の狂気は、ロベスピエールのような恐怖革命の独裁者的性格をもつ者にも引き継がれる危険性をもっていた。

ドイツの場合、啓蒙合理主義の抽象性を批判したのは、ヘルダー（1744-1803）であった。彼は、ヴォルテールらの啓蒙主義史観が現代の絶対優位を確信し、現代の尺度をもって、平板一律に過去の諸時代を測定し断罪するということに抗議し、それぞれの時代や民族のもつ特殊な高い意義を尊重しなければならない、と説いた。彼は、普遍的な「人間性」が多様な形態のうちに開化していくところに、人類史の意味をみようとする。その思想は摂理史観を根としながら、多分に汎神論的であり、その風土性の評価にも見られるように、やはり自然主義の性格をもっている。が、同時に、上記のように、それは特有な意味で人間的自然（人間性）を重視するものであり、しかも、各民族性の発掘にも見られるように、民族的規模において人間感性の重視を含むものであった。

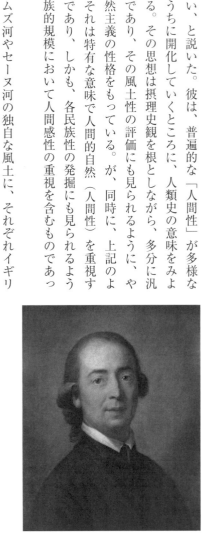

テームズ河やセーヌ河の独自な風土に、それぞれイギリスやフランスの民族性の強い文学が見出されるのに、ドイツには独自の叫びがなく、ただ借りものの空ろなものがあるばかりだ、と嘆いたのはヘルダーであった。ここに、ドイツ固有の大地を踏みしめる足をもたぬ文学の故国喪失の嘆きがあるのだが、こういうきびしい自国文学に対する認識が、すぐ後に異常に高まってその欲求不満が爆発し、「嵐の時代」の文学をつくるのである。そしてこれはまたドイツ・ロマン主義へと高踏・飛躍していくものでもあった。いわゆるドイツ民族や文化の優秀性への確信へである。そしてこれが、またプロシア・ドイツの帝国主義へと道を踏みはずしていく転機ともなるのである。

ヘルダーの肖像

これは裏返せば、けちくさいドイツの俗物根性のドイツ的精神の歪曲からくるものであるにちがいない。が、こうした中で軽薄な啓蒙合理主義に堕せず、天才の英知をもってドイツ精神をその知・情・意において総合的に高めたのが、さきにもあげたレッシングであった。人間性の豊かさを、逆境との戦いにおいて、きびしい節度の中に見事に克服し開花させようと努力した高潔なレッシングの姿は、ともすれば無味乾燥な、うわすべりしやすい啓蒙期にあって、真に躍動する心情と知性と意志ともいうべきであろうか。啓蒙というものが、レッシング的人間性によって理解される限り、そこには浅薄な合理主義や懐疑主義は払拭されてしまう。そしてそこに清澄な深い大空にかけりゆくたくましい翼をもつ、世紀に息づく近代啓蒙の真の姿に近いものを、私たちは見ることになるのではなかろうかと思う。

第五章　ヨーロッパ的教養の観念的統一
―カント、ヘーゲルを中心として―

第一節　近代哲学の確立者カント

イマニエル・カント（1724-1804）は、しばしば啓蒙思想を完成もしくは克服した人といわれている。すでにみたように、啓蒙思想は、もともと社会の革新思想であり、先進国のイギリスとフランスでは、それぞれ市民革命の成果をあげ、人間の自然の性格（人間性、ヒューマニティ）をキリスト教徒の対決から規定づけたけれども、後進国ドイツでは十分な発展を遂げないままの事情にあった。しかもドイツの後進性は近代国家意識の後進性と深い関連をもっていた。

さきにも触れたように、一七七七年ヘルダーは、ドイツ文学の状況をのべ、他の国々が独自のすぐれた民族文学をもつ

カントの肖像

のに、自分たちのは傭兵的精神のもので、ドイツ国民の中に生きる真の文学、すなわち、ほんとうにドイツの大地を踏む足をもった民族文学がないことを嘆いた。ドイツは、いたずらに空文のロマン的な神聖ローマ帝国の亡霊にとりつかれ、強力な近代国家意識をもたなかったのと、また徹底した宗教改革派と中途半端な改革派とのジレンマに投げ込まれていたことなどが原因で、その後のうちつづく戦乱の舞台となり、各国の利権によって国は荒廃し悲惨のどん底に突き落とされていた。

しかしそういう乱れた破壊的なものの中にあればこそ、やがてまた、新生への息吹も余計に強く感じられる時代に来ていた。ここを先途と理想を高くかかげ、独自のものを雄々しく築きあげんとする狂気の精神が、疾風怒濤のように押し寄せはじめていた。いわゆるシュトルム・ウント・ドラング（Strum und Drang）の時代を、ドイツは迎えていたのである。そしてこの「嵐の時代」は、ドイツ民族精神のいわばカタルシスであった。結局その理論上の結晶はカント以後の観念論哲学が成し遂げていくのであるけれども、これはすぐれてドイツ的なものを表示していた。しかもこれは、その後のドイツ国家主義の発展へとつながる性格のものだった。

ヘルダーは、啓蒙合理主義の抽象性を批判した。彼は、自国の民族性の欠如を痛感したゆえに、それぞれの時代や民族のもつ意義を尊重しなければならないことを力説した。そこに、彼は、普遍的な「人間性」が多様に各時代、各民族に、独自の美しさをもって開花していくロマンティックな人類史の意味をみようとしたのである。ここにすでに、ヘーゲルの全人類史への予告がはっきり示されていると、思う。いずれにしても、ヘルダーの各国の民謡発掘にもみられるように、民族的規模においての人間感性尊重の契機が、その底にあった。しかも、これがやはり十三世紀のエックハルト（1260-1327）以来の神秘的汎神論の傾向をおび、のちのドイツ・ロマン主義へ向かって燃えあがる精神的状況をつくったところに、ドイツ独特の思考とまた問題があった。

農民戦争に題材を求めたゲーテの戯曲『ゲッツ』の「自由」への叫び、シラーの『群盗』の革命精神の高揚などは、ドイツ精神のカタルシスにつぐカタルシスを促進した。しかし、ドイツには、依然として近代中央集権国家は生まれず、国民的後進性は覆うべくもなかった。しかし、その後進性ゆえに、低いポテンシャリティに向かって流れこむ各国のはげしい思想の気流は、ドイツを完全に覆った。創造精神は、こんな状況の中でやっとドイツの劇文学を生んだのである。それは、また静かな厳格敬虔なドイツ的底ねりのきいた創造精神として、真・善・美の深い哲学思想の結晶を生んだ。

これが、カント思想の偉大な結晶であることは、誰も知るとおりである。ドイツが、いろいろな意味ではからずも後進的になっていたのと、他方、生来から旺盛であるべき知的創造エネルギーが、依然として内部で欲求不満のまま燃えていたために、そこに流れこんできたものが、ここではげしい爆発なり結晶なりへの励起作用をおこすのは当然だった。左右に大きく揺れ動く見解の相違は、ドイツの普遍的統合を求める真摯な探究者カントの中で混淆し、また秩序づけを求めた。すでに、レッシングの中に目覚めた批判精神とドイツ精神は、『賢者ナータン』にみられるように、キリスト教・ユダヤ教・イスラム教の統合をめざしていた。ドイツの分裂は、全体として統合・総合をはげしく志向していたのである。

そもそも啓蒙時代の知的精神は、十七世紀以来の自然科学を主としていた。この科学は時代のリーダー役をつとめていた。カントの出発も、まさに偉大なニュートンの自然科学からである。この数学的自然科学が、貧しい小さな革具工一家の深い敬虔派宗教感情に育てられたカントの中にも、まずしっかり植えつけられていったのである。知的な好奇心に満ちたカントには、ルター時代の偏狭さや激しさはなく、何でも求める強いあこがれがあった。数学や自然科学の洗礼を受けたカントの創造精神は、すでに完結しているニュートンの自然機械論や理神論に盲従するには、しかしさらに創造的意欲的であった。そればかりか、彼の強い敬虔主義の宗教は、自然に完全に還元はできない人間精神の問題を残し、それが執拗に自然科学修得後のカントをとらえた。

一七六〇年ごろには、彼は自然科学から眼を転じて、イギリスやフランスのロックやルソーの人間性の問題探究熱に啓発された。彼はルソーの新著『エミール』を読んで、人間教育の必要を痛感した。そして、これまでの研究没頭、すなわちただ知識を積むことのみの偏重に対して深く反省し告白したことは、注目されなければならない。こうして旺盛な自然科学研究の中で眠りかけ埋没しようとしていたカントのヒューマニティは、勃然として高揚した。彼がその後に示すアメリカ独立戦争やフランス革命への強い同感は、カントをしてますます時代の児たらしめるものがあった。

うつぼつとしておこってくるカントの学究熱は、右に左に大きく揺れ動く諸学説に対して、それぞれにそれぞれの正当な領域を与え、こうしてそれぞれを「分かち」(kritisieren) ながら進んだ。すなわち、それらを調停しながら、各々の異なった見解にそのところを得させるような統合・総合へと進んだのである。カントが営々として長い間にわたって吸収し同化してきた知識は、彼の知恵によって、はじめてついにそのところを得、「批判的に」(kritisch) 統合される見通しを得た、というべきであろう。遅ればせながらやっと、一七八一年カントの五十七才をもって、彼の最初の畢生の仕事『純粋理性批判』(*Kritik der reinen Vernunft*) が生み出された。その後つづいてあらわれる『実践理性批判』(*Kritik der praktischen Vernunft* 一七八八年)、『判断力批判』(*Kritik der Urteilskraft* 一七九〇年) の三批判書は、人間精神の真・善・美へのあこがれを示す自然（認識）学、倫理学、美学にそのまま当てはめることができる広範なものであった。

カントの批判精神の萌芽は、すでに一七四七年大学卒業の際の論文にあらわれている、と考えられる。すなわち『活力の真の測定についての考え、およびこの論争に関してライプニッツ氏および他の力学者の用いた論証の批判、付、一般に物体の力に関する若干の先行考察』(*Gedanken von der wahren Schätzung der lebendigen Kräfte und Beurteilung der Beweise, deren sich Herr Leibniz und andere Mechaniker in dieser Streitsache bedient haben, nebst einigen vorhergehenden Betrachtungen, welche die Kraft der Körper überhaupt betreffen*) という長い標題のついた論文の中で、カントは、デカルト派（運動力の大きさは質量と速度に比例する）とライプニッツ派（この大きさは質量と速度の自乗に比例する）の対立を考察した。そして前者は死的運動、後者は活的運動として「区別し」(kritisieren)、それによってこの両者を調和・調停しようとしたのである。

さきにもいったとおり、〝Kritik〟（批判）とは、相対立する両者をより高次元に立って、それぞれに「分けて」(kritisieren)、その言い分を認め調停することにある。こういうようにして、また当時非常に問題とされた独断的形而上学と経験的懐疑論両者に対しても、批判し統合するための着実な努力をつづけた。以後、この若い哲学者カントの調和・調停精神が公平な審判を遂行していくのである。一七五五年に匿名で出版した『天体の一般史および理説』においても、ニュートンの引力説によるいわゆる「カント・ラプラス星雲説」を展開してみせた。この本の中で、彼は、宇宙開闢を全然機械論的に説明しようとしたと同時に、他方では、この力学機械論的宇宙の創造者として神の存在を認め、ニュートンの機械観とライプニッツの目的観を調停しようとした。

『天体の一般史および理説』(1755) の表紙

しかしその後、事物と論理の調停をめぐって、ヒュームの懐疑論の強い影響を受けた。カントはこれをもとにして、ライプニッツの形而上学から超脱する。十年あまり遅れて発表された『視霊者の夢、形而上学の夢で解説された』という本によって、形而上学者が神や世界霊を実際見たり証明したりしようとすることを、妄想として排斥した。こういう研究の試練経過を経て、カントは、経験論的に推し進められ結晶してきた近代自然科学観のゆきづまり打開と形而上学批判によって、これまでのすべての研究の批判調停学を組み立てようと決意するようになったのである。しかもこの哲学の知恵は、ギリシア以来の知恵を批判・統合する哲学精神の野望であった。

　近代における自然の自立（客観性）の思想は、近代自然科学の成立とともに生まれたが、その哲学的理解の点では、近代哲学の二つの大きな流れである経験論も合理論も、ともに一面的であった。すなわち、一方は、感覚的経験に固執するあまり、近代的自然の客観性を基礎づけることができず、ついにヒュームの懐疑論に陥ったし、他方は、数学的合理性を強調するあまり、近代的自然界の事物実証性を生かすことができずに、独断的な形而上学にはまり込んだのであった。

　カントの批判哲学は、これらの立場の長短所を批判吟味しながら、それぞれの分に応じて、これを調停する。『純粋理性批判』の「緒言」でカントがいうように、たしかに経験論者の主張のように、

　　すべての認識は経験とともにはじまる（anfangen）。

が、しかしだからといって、

　　それは必ずしも経験からはじまる（entspringen）

わけではない。カントは、認識の質料（経験的事象）と形式とを区別し、前者は感覚的経験を通じ、「後天的」

(a posteriori ア・ポステリオリ) に得られるが、後者はわれわれの心性に「先天的」(a priori) にあるもの、とみる。この種の論理的な先行契機を認める点では、合理論の主張をくみ上げているわけである。

しかし、ライプニッツ・ヴォルフ哲学でのように、感性と悟性を連続的・一元的にみて、後者(悟性)に優位を与えるというのではなく、受容的な「感性」と自発的な「悟性」(悟性とは表象を比較したり連結・分離などして対象を認識させる活動能力) とを質的に区別して、それぞれに意義を、彼は認めようとした。そこでさきのア・プリオリな形式にも、感性のそれ(空間・時間という直観形式) と悟性のそれ (十二のカテゴリーという思惟形式、一・「分量」として「単一性・数多性・総体性」、二・「性質」として「実在性・否定性・制限性」、三・「関係」として「属性と実体性、原因性と依存性、相互性」、四・「様相」として「可能性—不可能性、存在性—非存在性、必然性—偶然性」の合計十二のカテゴリー「範疇」) とが分けられる。そして純粋数学 (幾何学、算術) の基礎は前者に、純粋自然科学の基礎は後者に存する、とした。こうしてレオナルド、ガリレイ、ニュートン以来の近代自然科学の本質における統一的構造が、認識論の上から基礎づけられることになった。しかもここで注目されるのは、その統一が実はあの「思考法の革命」によって、独特の証明を得ていることである。一体われわれ主観の側の表象がどうして客観的な対象について妥当するか、という認識論上の根本問題に対して、カントは、認識は、客観的対象の模写ではなく、むしろ主観によるその対象の構成に存するのである、という、いわば「コペルニクス的転回」をもってこれにこたえるのである。

以下は『純粋理性批判』の本文中にではなく、第二版の序文に出てくるカントの見解であるけれども、少し引用してみよう。

私の考えるところでは、突然の革命によって今日のようなものになった数学と自然科学という範例は、われわれがこれらの学に非常に有利になった思考法の転回の要点を省察し、また理性認識として形而上学との類推を許す限り、形而上学において少なくとも、試験的にそれを模倣してみようとするに十分注目に値するであろう。われわれの一切の認識は対象に依らねばならないと、これまでは想定されてきた。しかし対象に関して先天的に概念によって何らかの——それによってわれわれの認識が拡張されるであろう——決定をしようとするすべてのこころみは、この前提のもとに破壊してしまったのである。それゆえに、対象がわれわれの認識に依らねばならないという想定をもってしては、形而上学の課題においていっそうよく成功しないかどうかこころみてはどうだろう。この想定はそれだけですでに形而上学の——対象がわれわれに与えられる以前にそれについて何らかの決定をなさねばならぬ——先天的認識の、要求された可能性とよりよく合致するのである。コペルニクスの最初の思想に関しても、事情は同じである。彼は全星群が観察者の周囲を回転すると想定しては天体運動の説明を成就することができなかった後に、観察者を回転させ、これに反して星を静止させたならば、よりよく成功しないかどうか、こころみたのである。さて、形而上学においても、対象の直観に関して同様なこころみをすることができる。直観が対象の性質に依らねばならないであろうならば、いかにしてわれわれが対象の性質に関して先天的認識を有しうるかは理解されない。しかし（感能の客観としての）対象がわれわれの直観能力の性質に依るとすれば、この可能性は十分に考えられることができる。……つまり主観は、そのア・プリオリな諸形式をもって対象に対して、対象構成的（超越形成的、すなわち超越論的《トランツェンデンタール》）に働くのである。

主観のア・プリオリな数学的認識、あるいは因果律のようなア・プリオリな自然認識は、この主観中心の実験的方法によって、客観を統一的に説明するのである。従来の「客観から主観を」説く方法を、コペルニクス的に転回して、「主観のア・プリオリから客観を」説明するのである。ここに、ガリレイにおいて確立された近代科学の数学・実験的方法の意義が、はじめて哲学的に理解される。それというのも、カントが批判的に掘り下げる哲学者であった上に、早くから科学に対しても深い関心と造詣をもつ人であったためだ、といえよう。

ともあれ、こうして彼において、認識の対象の経験的実在性とともに、超越論的（先験的）観念性が説かれる。それは一面において、われわれの認識は、現象あるいは対象としての「物」に関するのみで、「物それ自体」(Ding an sich) は考えることはできても認識はできない、ということを示している。われわれの認識しうるかぎりの「物」は、すべて、超越論的（先験的）主観のもとにあり、この主観のア・プリオリな概念構成のもとにある。すなわちここに、デカルト以来の近代的自我（ないし意識）の立場、あるいは科学的理性の立場、ニュートンの古典力学に代表される自然の普遍的秩序（合法則性）の世界が、近代的自我（超越論的主観）による哲学的基礎づけを得ることになるのである。

さてこのようにして、科学的経験の世界を確立したカントは、この世界を越え出て行く従来のいわゆる「形而上学」の企てに対して、きびしい批判を加える。事物の究極的な統一根拠を求めることは、人間理性の不可避な要求である。その意味で、「素質としての形而上学」を保証するものではない。従来の合理的形而上学は、仔細に吟味するとき、あるいは誤った推理に基づき、あるいは不十分な証明を十分なものと思いこむものにほかならない。というのも、上記のように、人間理性は、もともとその認識の質料を感覚的経験にあおぐ有限的な理性であり、したがって経験的な世界を越えた問題に関して、ア・プリオリに客観構成的な認識を行う権能は、この理性には存しないからである。

この限界をあえておかすとき、理性の越権行為が生む自己矛盾として、ここに注目されるのが、いわゆる「アンチノミー」(二律背反)の現象である。世界の有限性の主張と無限性のそれとの同等な対立はその例であるが、また必然と自由との対立もその一つである。そのいずれの主張もそれぞれの主張理由をもち、対立してやまない。ここに、カントはこの問題のアポリア(難問性)をみる。しかしそれは、上記のように、もともと越権の結果であり、これを洞察するとき、次のようにすれば解決の道が開かれるのである。すなわち世界全体の因果必然性という概念は、物自体的に存在する構成的法則としてではなく、現象界に関する認識の統制的原理として、一つの課題としてみなされるべきなのであり、一方、自由は物自体の事柄として次元を異にし、かつ理論的見地においてではなく、実践的見地において理解されるとき可能なものとされる。

このようにして形而上学の問題は、カントでは一方において自然科学的領域から排除され、他方において実践的道徳的領域へと移される。そしてこの批判的裁定において、科学の世界は確保され、道徳の問題はやましい論議を離れ、ただ実践の要請へと深められるのである。ここに彼を幼児より養ってきた敬虔派の宗教感情の素朴な美しい深い発露がみられる。宗教は、究極においては、理論的にどうこうと論議されるべきものではないのである。

近代自由思想は、道徳的な主体の形而上学的世界の場において、われわれのもつ内なる道徳律（道徳法則）の存在によって、それの可能根拠として自覚される。しばしば引用されるカントの『実践理性批判』の結論のところで、彼によって讃嘆される次の文句は、いかにカントがこの道徳律に深い感動を覚えていたかを、よくつたえるものである。

それを考えることしばしばにしてかつ長ければ長いほど、常に新たにして増してくる感歎と崇敬とをもって心をみたすものが、二つある。それはわが上なる星の輝く空と、わが内なる道徳律とである。私は、これらの二つのものを暗黒に覆われたものとしてあるいは私の視界の外、超絶界にあるものとして、求めたりまたは単に想像したりすべきではない。私は、私の前にそれらをみて、それらを直接に私の存在の意識と結合する。

という言葉の中に、カントをはぐくんだ近代的自我のきびしい義務観が崇高・厳粛にあらわれてくるのである。ところで、例えば盗みという行為がなされた場合、いかに事情を弁明しようとも、「盗むなかれ」という道徳律は厳に存在し、弁明すればするほど、「後ろめたさ」や「なすべきではなかったのだ」という悔恨を残す。「汝なすべきがゆえになしあたう」、やると思いさえすればできたということが、「責任」とか「負い目」をわれわれに自覚させる。それは、われわれにおける根源的な自由を指示するのである。カントの自由は、それゆえに束縛からの自由という消極的なものにとどまらず、むしろ本来的なものをあえて行う積極的な自由である。それゆえに、道徳律の遵奉は単なる他律的規制ではなく、自然的感情の動きなどに左右されずに、実践理性の洞察にもとづき、良心という本来的な理性的自己の声に従う理性の自律なのである。カントは『実践理性批判』において、

意志が自由であることを前提として、それだけが意志を必然的に規定するに足る法則を見出せ。

といい、純粋実践理性の根本法則としては、

汝の意志の格率が、常に同時に普遍的立法の原理として妥当しうるように、行為せよ。

といい、そこに道徳律と名づける普遍的法則をとり出してくるのである。

こうして道徳の問題は、人間本質における事柄となる。すなわち、道徳律は条件づきの仮言的命令ではなく、無条件的な定言的命令であり、その遵奉も、あくまでもこの法則そのものによって規定されて

あるときにのみ、真に道徳的とされるのである。換言すれば、行為は、単に道徳律にかなっているというだけでは、単に適法であるにすぎない。その行為でなくて、その心にある。道徳法則による本質的な規定そのもの、ただただ純粋道徳的義務の実践意識から行われるときにのみ真に「道徳的」なのである。ほかに目的があってはならない。こうしてカントのひたすらな義務への思慕が生まれる。

義務よ！　汝崇高にして偉大なる名よ。汝は人の気に入りそうな何ものももっていずに服従を要求するが、しかも意志を動かさんがために、心における自然的嫌悪と恐怖をひきおこす何ものをも脅迫せんとせず、たんにひとりでに心に入ってきてしかも不承不承の尊敬（たとい必ずしも遵奉ではないにしても）を獲得する法則を提供する。この法則の前には、あらゆる傾向性は、ひそかにそれに反抗しながらも沈黙する。

というものである。こうした理性の自律や、定言的命法、道徳性の思想の中に、これまでの道徳感情論や自然法論に対して、カントのきびしい徹底した道徳理解の立場がみられるのである。ルター的きびしさがうかがわれるし、『新約聖書』におけるキリストのきびしさもうかがわれる。しかし、キリストにあるような無限の愛は影をひそめているように思われる。何はともあれ、上記のような無条件の自律的存在として、カントは人間の道徳の存在を自己目的的なものとみる。

かつてその批判哲学は大成以前に、ルソーの『エミール』を通じて教えられた人間の尊厳を、今や彼はこのような道徳的人間（人格）の特質において理解しようとする。そしてこういう人間の共同体として、他の人格を「単に手段としてではなく常に同時に目的として」理解する「目的の国」という思想を打ち出す。このことについてさきの同じ著書の中で、カントは次のようにいうのである。

目的の体系において、人間（ならびに、あらゆる理性的存在者）は目的自体そのものである。すなわち彼は、誰によっても（神によってさえも）決して単に手段として使用されえない——もしこの際自分自身らが同時に目的となっていなければ——ということ、ゆえにわれわれの人格における「人」はわれわれ自身に対して神聖であらねばならないということ、これは今や当然の帰結として生じてくる。

と。しかもそれはまさに、近代市民社会の道徳的理念の表明にほかならなかったのだ、と思う。

なおカントは、さきに超経験的な形而上学を批判した際に、理論的認識を断念した三つの形而上学概念——霊魂の不死、自由、神——を、今や実践的・道徳の要請の見地から、あらためてとらえなおしている。これがいわゆる「理論理性に対する実践理性の優位」に当たるわけであるが、カントの立場からは、宗教の真理ももっぱら実践的道徳的理性の見地から基礎づけられるのである。それゆえ、彼の『単なる理性の限界内における宗教』（一七九三年）も、啓蒙的な理性宗教的思想の流れをくむものといえる。この思想は、きわめて保守的なドイツ政府関係者から弾圧されるが、この弾圧自体、イギリスやフランスの場合とはちがうドイツの市民革命思想の後進性を、象徴づけるものとして注目したい。

そこでさらに自由と自然との関係だけれども、自然の機械的因果必然性の中へは、自由の実現が入り込む余地はないようであるが、ここに自然に関する反省的原理としての「自然の合目的性」が第三批判書『判断力批判』で説かれるのである。これには、自然に関する主観の合目的性としての美的目的性と客観の合目的性としての有機的合目的性がある。こうして機械的自然とともに、他方に美的自然と生命的自然とが基礎づけられる。

このように自然に全体として目的論体系が与えられ、自然の究極目的というものが考えられる。しかもこれは、結局「自己目的」としての人間の道徳的存在にほかならない。自然における自由の実現は、人間における自然的素質としての自由が「自然の技巧」において合目的的に展開し、道徳的に勧められていく過程である。これは人間相互の敵対関係を通じて漸次に達成されるが、ここに人間の「歴史」があり、究極的には「目的の国」の理念のもとに、永久世界公民的状態の達成をめざすものなのである。

このカントの歴史観も啓蒙思想の影響——この場合は楽天的な進歩史観のそれ——を明らかに示している。そして思想的に啓蒙時代の思考を完成している。これを完成といい確立であるというのは、啓蒙期のカントにおいてはじめて、科学的自然と市民的自由とが、批判的に近代思想の根本問題に深く立脚して、調停されているからである。しかもベーコンの産業技術革新科学的な思想（経験論）、デカルトの自我思想（合理論）、ひいては啓蒙思想一般の人間本質が、主観を中心にまわる客観の「コペルニクス的転回」において調停されている。

そして、「実践理性の優位」によって、さらに人間的に深められた道徳目的論として、ダイナミックに「神の楽園」(エリジウム) がうたいあげられている。そしてこの「楽園」をこの地上に実現するよう、カントは楕円の軌道における二つの中心 (理論理性と実践理性) をもちきたらせる。これらは、円環的に人間中心の輪をひろげ、その支配圏を拡大しながら、人間協同体建設の英雄的足取りを大胆に表明していく。そしてここに、カントのなしあげた静かな深い結晶を、ほんとうに理解したシュトルム・ウント・ドラング時代の旗手シラーの『歓喜の歌』と、音楽的にそれをもとに、平和の牧歌、永久平和の『第九交響曲合唱歌』をうたいあげたベートーヴェンの名を、私たちは永久に記念しておかなければならない。難解なカントの哲学を理解しない人たちにも、ベートーヴェンの音魂は、今なおその清く美しい調べを奏でながら、カントの思想をつたえていることを忘れてはならない。それとともに、あのベートーヴェンが、カントの上なる星空と内なる道徳律を讃美した言葉を座右の銘としていたことも、銘記しておかなければならないと思う。

第二節　ドイツ観念論哲学
―フィヒテとシェリング―

ゲーテの悲劇作品『ファウスト』の第一部「書斎の場」(一一七八行以下) の次の場面を、記憶している人も多いであろう。ファウストは、ある夜突如として、『新約聖書』の中に燃えている啓示に思いを致し、

「素直な感じのままに、一ぺん神聖な本文のすきなドイツ語に訳してみたい」と思い、巻を開いて翻訳の支度をする、という場面である。彼はしかし、「はじめにロゴス（言葉）ありき」のところで早速つかえてしまい、「あらゆるものを造りなすものは意《こころ》ではないか」と思いなおして、「はじめに力《ちから》ありき」としてみる。どうもこれでも安心できないでいたとき、霊の助けを借り不意に思いつくように、

はじめに「業」（Tat）ありき。（一二三七）

という名訳が浮かんで、やっと落着いた気持ちになる場面があるが、これは、果たして何を意味しているのであろうか。

十八世紀後半の激動するヨーロッパの中で、ひときわ飛躍・高踏する思想の激動期を迎えたドイツで、「嵐の時期」（シュトゥルム・ウント・ドラング時代）を生き抜き指導してきたゲーテにとって、やはり何よりも、巨大な力をもって行為する英雄が望まれていた。長くつづいた宗教戦争後の荒廃した国土には、特に何か剛鉄のような強い善き意志をもって、新しい革命の「行為」（業）をなすことが渇仰されていたのである。こういう気持ちがあればこそ、それがファウストのあの〝Tat〟になってあらわれたのであろうと思う。

ドイツの心ある先覚者たちや思想家たちは、ひとしくこの英雄行為を心とした。冷徹無比、ただ黙々と時計のように正確に秒をきざむ生活を送っていた静かなカントでさえ、その正確な日課をすっかりく

るわせてしまう『エミール』の耽読があった。この本は熱狂的革命児ルソーが書き上げたものである。まもなくフランス大革命がおこってカントの心もはげしく燃えた。しかし静かにカントの中で進行した哲学革命は、実はフランス大革命以上の思想の革命と評価された。これまでの厳粛な神聖な形而上学の殿堂が、すべてカントによって打ち壊されたからである。これを契機に主観性の論理は前面に押し出され、近代の自我武装に身をかためて精神界に登場してきた。しかしカントには、「物自体」という理論理性にとっての禁断の園がまだ残されていた。カントの敬虔な認識能力がひいたぎりぎりの限界の砦であったが、これをヨハン・ゴットリーブ・フィヒテ（1762-1814）が突き破って突進しようとしたのである。

フィヒテは、カント哲学にあるそれぞれの分野の共存関係に、どうしても絶対強力な認識の統一体系をつくりあげなければならないと思った。認識主観による完全な帝王支配体制の確立である。以前から、イギリスやフランスでは国家統一体制がととのっていたのに、ドイツは、依然として雑多な王侯・僧侶・貴族の間に寸断されており、そのためもあって統一国家の諸外国からはなぶり者にされ、宗教戦争の舞台ともなり、荒れ放題だった。しかしその後進国ドイツに統一の兆しがやっと胎動しはじめていた。現実に、王侯国の一つプロシアは、統一ドイツの先鞭を切らんとして、次々に領土を拡

フィヒテの肖像

張していた。そうしたとき、お隣のフランスでは、その大革命（一七八九年）後の自由フランスを、諸外国へ向けて大いに進出させようとしたのである。

折から英雄ナポレオンがフランスに出るに及んで、彼のドイツへ向けての快進撃・圧勝はドイツの封建諸侯を縮《ちぢ》みあがらせた。彼らのせまい了見は打ち破られ、自由の警鐘が、ナポレオン軍の軍靴下にあるドイツ各地に鳴り響いた。これはたしかに、はじめは喜び迎えられた。しかしナポレオンの軍隊のねじ伏せにあっては、いくら解放軍とはいえ、ドイツにとっては何といっても敵国フランスへの屈従にちがいなく、自由ドイツの精神が甘んじられるわけのものでもなかった。そこにフランス勢力を一掃して、真にドイツ人による統一自由ドイツ国家をうちたてようという意欲がはげしくおこってきたのである。

こうして、思想界の観念論統一体系の旗手フィヒテは、敵軍フランスへの戦いの闘士としておどり出た。フィヒテの『ドイツ国民に告ぐ』という愛国の辞は、そうした環境の中で発表されたものである（一八〇七〜〇八年）。カントにおいて、理論理性・実践理性・判断力として、それぞれにきびしい制約をもうけられていた垣根は、ここではどうしても取り払われなければならなかった。いわば、フランス革命をその多感な青年・壮年期に経験し、ナポレオンの軍靴や軍馬の鳴り響く音をその耳にじかに聞いたフィヒテにとっては、どんな制約も完全に自由精神をもって取り払われ、すべてがしっかりした一つの中央集権的体系にまとめられなければならなかった。そしてその中心には剛鉄のような絶対自我が主宰しなければならなかった。

さきにみたファウストの、「はじめに業《わざ》ありき」の啓示的信念によって、つらぬかれなければならなかったのである。

事業が一切だ。（第二部一〇一八八）

と叫ぶ『ファウスト』（第一部・第二部）をつらぬく精神は、また思想界の旗手フィヒテの精神でもあったことを忘れてはならない。

近代思想はたしかにカントにおいて一つの本質的・統一的な鮮明さを得たことは明白な事実である。しかしそれは、大きな歴史の流れからいえば、一つの鮮明として啓蒙期を締めくくるものとして、完成者としてのそれなりの制約をもつものとされた。深い歴史の流れに掉さしたカントの思想には、また歴史を越えるものがあったが、この当時の激動する活動エネルギーは、カントの与えたワク組にそのまま満足できるわけではなかった。彼を生んだ思想界は、そこで彼の哲学の偉業を継承しながら、この制約を克服し発展しようとする動きが早くもあらわれた。それがいわゆる「ドイツ観念論」の統一エネルギーである。

では、その際のカントにおける制約とは一体何であったか。それは、彼の批判主義そのものであった。すなわち、その批判的調停の考え方が、随所に、ひいてはその本質において示す一種の二元論的性格である。すなわち、知的認識の領域において、認識の彼方にあるという「物自体」の存在であり、この最高最深のところに至りえない理論理性のきびしい限界の設定である。

ここに、近代思想の統一とはいいながらも、その統一をもって不徹底とする見方があらわれたのである。すなわち、カントの「先験的観念論」の立場を継承しながらも、これをさらに推し進め完成しようとする動きである。ほかならぬドイツにおいて、カントとほぼ同時代に、啓蒙の合理主義とならんで、またそれと相拮抗して、一種のロマン主義的風潮が抬頭していたことはすでに触れたが、ここに、カントに対して、その批判的思想の結実としての「ドイツ観念論」(der deutsche Idealismus) を生長させる一つの温床があったといえるのである。

それは、カントの理性の哲学を継承しながらも、やがていわゆるドイツ・ロマン主義の発展と相まって、いやそれをこの上ない栄養とすることによって、カントのきびしい限界のワク組をぐんと越え、いっそう豊かな包括体系の絶対理性の哲学を志向することになる。そしてその頂点となったのが、フィヒテを継ぐヘーゲルである。ヘーゲルは、偉大な思想家たちによってすっかりうち開かれた地平を見渡すことによって、啓蒙やカントにおける近代理性の域を完全に越え、古代・中世をも含む、全西欧の思想統一という壮大な体系を生むに至るのである。少なくともその形においては、思想の世界支配の偉業を成し遂げることになったのである。

カントの二元論的要素を克服し一元化しようとする上記の動きは、ちょうどデカルトの二元論を克服し一元論への道をたどった大陸合理論の展開を想いおこさせるものがある。ただ後者の場合は、デカルトにすでにみえていた「神」がまずその統一原理となったが、ドイツ観念論の場合は、カントにおける原理的なもの、「超越論的な自我」がまずその統一原理とされ、その「超越論的観念論」の立場の徹底化がはかられるのである。カントにおいては「超越論的《トランスツェンデンタール》」（超越形式的）なものの構成的な働きが説かれながら、それはあくまでも現象に関してであり、「物自体」はその領域外に実在するといわれた。そこに、この超越論的観念論の不徹底をみ、

物自体なくしてはカント哲学に入りえず、物自体をもってしてはこれに留まりえず。

と考えたヤコービ（1743-1819）の批評も出てくるわけである。ここにおいて、終始近代的「自我」の立場に立ちながら、「観念論」の徹底的な一元論化をはかったのがさきほどからのべてきたフィヒテであったのである。

主著『全知識学の基礎』（一七九四年）の序論部に、フィヒテは、

汝自身を注視せよ。汝の眼をば汝を取り囲むすべてのものから転じ、汝の内面に向けよ。

と哲学学徒に向かって叫び、ただ「汝自身にのみかかわるように」と、まず何よりも大切な要求をする。そ

『全知識学の基礎』（1794）の表紙

して彼は、第一部「全知識学の根本諸命題」のはじめに（「第一章・端的に、無制約なる第一根本命題」において）、「証明することも概念的に規定することもできない」絶対の第一根本命題を探究しようとする。何ものにも制約されないもの、経験的な諸規定の中にあらわれることのないもの、すべての意識の根底にあるもの、これがあるがゆえにこそ、意識が可能になるものを、彼は探究する。そして彼は、この自我の「自覚」という根源的な「行為的事実」（事行 Tathandlung）に思い到り、これを人間的知識の基礎として、出発するのである。ここに、剛鉄烈火のような、「もの」を創造していく行為者としての自我・非我形成の戦闘的旗手の姿があらわれるのである。

ルターによって深められ浄められ鍛えられた神に対する奴隷意志は、カントによって、自由な実践理性として解放され、その実践理性が、神の似姿である人間としてのはるかな道徳的理想（イデア・観念）をめざして自我形成を進めていくところに、絶対自由者としてのフィヒテの自我の「行為」があり、さきにとりあげたファウストの「事業」の本性も、これに共通するのである。フィヒテは、哲学というれば観念の世界における英雄的行為者に擬せられるであろう。これの大がかりな歴史的統一事業は、さきにものべたようにヘーゲルによってなされるが、フィヒテはそのいわば旗手とみなすことができる。「われ（我）は存在す」ということは、唯一の可能なフィヒテの「事行」であって、デカルトの思惟的存在、すなわち「我れ思惟す、ゆえに我れ在り」(cogito, ergo sum) の「思惟する者」(cogitans) という付加語は、全然冗漫である、とフィヒテは考えるのである。

デカルト時代の知的啓蒙期はすでにすぎて、時代はすでに「行為」の時代に、変革の時代に入っていたのである。いわば、理想をかかげて邁進する「行為的自我」のバラ色の理想化時代に入っていたのである。しかし、この理想がいかに高踏的な一人よがりのものであったか。それは、何といっても現実には、はげしい狂おしい国家主義を生み育てた。そしてそれは、数々のあまりにも手痛い試練と絶望・非情の第一次・第二次世界大戦をひきおこす原因にもつながった。すでにこの時代にも、ヘルダーリン（1770-1843）にその実例をみるように、あまりにもかけ離れた理想と現実の乖離に彼自身狂人とならねばならなかったような、時代矛盾をかかえていた。多くの勇ましい観念論の闘士も、実は、その悲嘆のどん底から神への慈悲を求めねばならなかった深刻さがあった。

しかし以上のことはともあれ、とにかく青年期・壮年期のフィヒテは、

自我は根源的に端的に自己自身の存在を定立する。

ということを第一原則とした自我論をぶちはじめる。こうして彼は、烈火のような道徳的実践行為の浄化を理想に、その戦闘者として出発する。とりもなおさず、自我は対立することにおいて、自己自身であることから、

自我に対し非我が端的に反定立される。

ということが、第二原則とされてくることは当然であろう。だが、この非我もやはり自我が定立したものではなかったか。というのは、これを整理するならば、

（絶対的）自我は、自己のうちで、可分的自我に対して可分的非我を反定立する。

ということであり、これが第三原則ということになる。そしてこの場合の非我による自我の制限という契機を展開するとき、理論哲学は自我による非我の制限という契機を通して、実践哲学が成立するとされる。

このように、フィヒテにあっては、「物」は「非我」として「自我」の立場からとり上げられ、理論哲学では結局自我にとっての「障害」として理解され、この障害を克服すべき（無限の）「努力」の問題という形で実践哲学に引き継がれるのである。それゆえに、フィヒテの「自我」の哲学は、本来は実践的な自我の哲学であり、そのようなものとしては、カントの「実践理性の優位」の思想を継承しているわけである。といっても、上にみるように、カントにおける理論と実践との「批判」的な使い分けとちがって、フィヒテでは、この区別自身も根本の原則から演繹されるというふうに、「体系」的に一元論化されている。

ここにおいて、「絶対的自我」というものが出てくるのであって、カント哲学の核心に直接のっとっているようでありながら、実はすでにその批判主義の共存共栄の垣根、ワク組を踏み越えようというと

ころが認められる。彼自身の語るところによってみるなら、

私の体系はカントとちがったものではない、と私は以前からいってきた。そして再びここでそれをいう。その意味は、私の体系は事柄の同一の見解を含んでいるのであるが、体系の操作においてはカントの叙述からは全然独立である、ということである。

というわけで（『全知識学の基礎』「知識学への第一序論」）、

私の諸著は、カントを説明しあるいは彼から説明されてあることを欲しない。それらはそれ自身独立に立たなければならない。……私の体系は、それであるから、ただ自己自身から検証されうるのみで、何らかの哲学の諸命題から検証せられることはできない。それは、ただ自己自身から証明され、あるいは反駁されるのみである。人は、それをまったく採用せねばならぬか、あるいはまったく棄却せねばならぬかである。

というまったく自己の全生命を賭けた行為として、独立的に哲学するのである。しかしフィヒテは、二十年もしたら自分の体系的カント哲学によってのみ、カントは開かれた書物になるのであり、フィヒテによって新しく与えられたものを除くなら、「カントは閉じられた書物である」とものべている。

そしてフィヒテは、カントに啓蒙的残渣のように残る「物自体」というものは、結局独断的幻影だ、と決めつけた。

認識能力が客観によってではなく、客観が認識能力によって定立せられ限定せられるように、反省のこれらの点に関する考え方をまったく逆転する。

ことによって、フィヒテは主体的な徹底化をはかったのである。すなわち、彼は、カントの主観哲学、しかもその自由無制約の道徳秩序を一元化して、徹底した「主観的観念論」を、「世界の道徳的秩序」すなわち「神」という理念のもとに、統一したのである。

しかしこれは、あつい信仰の対象である神にかえるに、「神」即「世界の道徳的秩序」という法則をもってするものであり、ここには人格としての神というものはまったく残らないではないか、という非難が跳ね返ってくる結果になった。たまたま、フィヒテの発行していた『哲学年報』という雑誌にのったある人の寄稿論文と、それに付け加えたフィヒテの「神の世界支配をわれわれが信ずる根拠」という解説をめぐって、当局との間に「無神論論争」がおこる事態になった。

これらの論文はまったく無神論的であるとして、ドレスデンのザクセン選帝侯からまず横やりが入り、その論文は没収された。そしてまたイエナ大学の哲学教授であるフィヒテを厳重に処罰するように、監督官庁のワイマール政府に対して要求があった。フィヒテは、せっかく苦労して得たイエナ大学の地位であったのに、そのために、これを追われることになった。彼のこのときとった態度は、非常に頑固で挑発的・戦闘的であった、といわれるけれども、彼としては、自分の全生命をかけた絶対自我の思想の自由を守る烈火の気魄があったのと、あまりにも頑迷なドイツの専制主義に対して、思想上の一大変革へのノロシをあげる意図があったのであろう。そこで、彼は職を辞しベルリンへやってきた。

この試練・苦悩を経てからのフィヒテは、しかしその後愛の思想を説き、『浄福なる生への指教』という本をあらわし、宗教的にはかなりの変貌をとげた、といわれる。しかしこれは、ロマン派の文士たちと交わり、彼の「絶対自我」の実践哲学が円熟した結果ともいえるであろう。やがて彼は「絶対者」にもとづく神秘主義と汎神論の思想へ向かって傾斜していく。こういうものの源流は、きわめてゲルマン的な民族性格に根ざしており、十三〜四世紀のエックハルト、十六〜七世紀のヤコブ・ベーメのような思想家にもみられるものである。

とにかくこうして、彼の自我は、深められて拡大されて、烈々たるドイツ魂、ゲルマン魂となり、ますます高まりつつあったドイツ国民の自主独立と人類愛のバック・ボーンとなった。これは、すなわち普遍的世界精神としての信念に燃えた。こういう一つの立派な国家理念をうちたてようとした矢さき、プロシア・ドイツのベルリン大学が開設されると（一八一〇年）、折もよし彼は、ここの初代学長に選ばれた。このようにして彼は、国家を通して人類教育者になったのである。一種の唯我独尊的国家主義者として誤解される面もあるが、後進国ドイツの自主独立を願い、ナポレオンのフランス支配からの自由を勝ち取ろうとした状況の下では致し方なかったかもしれない。

彼のゲルマン魂は、たまたまプロイセン（プロシア）のドイツ統一の運動と軌を一にしたのである。そのプロイセンが、のちのドイツ帝国主義にのし上がっていく途上において、あたかもそのお先棒をかついだように思われるとしても、それは決してフィヒテの真意ではなく、彼の理念がどのようにプロイセン国家に利用されようとも、フィヒテその人は決してかたくななナショナリズムの宣教家ではありえなかった。彼が、個人の自由と国家を通して、バラ色の理想主義の謳歌者であったということは疑ってはならないと思う。哲学の生きる知恵は、フィヒテにおいて決して頑迷になったりしていたのではなく、ドイツの生きていくきわめてきびしい環境があたかも狂信的な国家主義者にしたてた面のあることを、銘記しておかなければならない。近代国家建設のスタートに遅れたドイツの善く生きる知恵が、フィヒテの観念論に結集し、ここでこの上ないカタルシス（浄化）を行ったということができよう。

ところで、ドイツ・ロマン主義は、ドイツの破壊の中から不死鳥のように、「嵐の時代」を過ぎて、いわば、健康を回復する爆発的快癒期にあらわれた。これもまた一種のドイツ的巨大な創造エネルギーだったと思う。折しもドイツで、この方面の幾多のすぐれた驍将《ぎょうしょう》があらわれ、澎湃《ほうはい》としてその勢力は抬頭してきたものである。ロマン主義は、シュライエルマッハー（1786-1843）やシュレーゲル兄弟（アウグスト・シュレーゲル 1767-1845、フリードリヒ・シュレーゲル 1772-1829）を通して、フィヒテにも大きな影響を与えた。が、もともとこの大きな渦巻きは、大なり小なり全ドイツ思想界のものであったし、また全世界に対しても、大きな影響力をもつエネルギーであった。しかしこの思潮が、さらにフィヒテの次の哲学者シェリングに与えた影響は、特に大きかったのである。

フリードリヒ・ヴィルヘルム・ヨゼフ・フォン・シェリング（1775-1854）は、はじめフィヒテの立場に立ったが、やがてその主観主義の一面性を出て、その際フィヒテによって軽視されていた第二義的な「物」の側面に力点をおくことにより、（無機ないし有機的自然の体系としての）「自然哲学」を展開することになる。シェリングは、その『人間的自由の本質』（一八〇九年）という本の中でもいうように、「実在論と観念論の融合の必要」を痛切に感じていたのである。実在論とは、もちろん現実の生きた全自然の根底（Grund）の力をさぐろうとするものにほかならない。そのことを、彼は同書の中で、次のようにのべている。すなわち、

シェリングの肖像

> 近代ヨーロッパの全哲学は、その（デカルトによる）はじまり以来、共通の欠点をもっている。すなわち彼らには、自然というものは存在せず、自然に生きた根底が欠けているということである。スピノザの実在論も、これがために抽象的であることは、ライプニッツの観念論と異ならない。観念論は、哲学の霊魂である。実在論はその肉体である。

という文句の中に、シェリングの考えがよく集約されていると思う。彼はその肉体としての自然を追求して、観念論に豊富な内容を与え、それによって、全体であろうとする真の哲学を完成する意欲をもったのであろう。

しかしここで注意すべきことは、このシェリングの自然は——当時の電磁気学や化学、とりわけ生物学の状況を彼なりに摂取・止揚したものであったが——もはやニュートンやカントにおけるような古典力学の機械論的「自然科学」の自然ではなく、むしろ思弁的な「自然科学」の自然だった、ということである。そしてまたその「自然」の強調も、唯物論という意味ではもちろんない。彼は偉大なエネルギー化した精神の哲学と、活々と力動する（力学ではない）表象自然の解明をこころみたのである。

自然は目に見える精神、精神は目に見えぬ自然。

であると考えるシェリングは、両者の根本的な同一性を確信していたといえよう。

カントの知性は、認識論上「理論理性」にどこまでも謙虚にとどまろうとする敬虔さをもっていたのに、フィヒテの『全知識学の基礎』は完全にカントの「実践理性」のポテンシャルを人間主体的に高めて認識論上の根底に据《す》えようとした。しかしシェリングは、さらに自然客観としての「理論理性」と主観主体としての「実践理性」を、完全に協同的に携わることのできる根底にまで、深めようとしたのである。ただし彼は、芸術家の直観知性をもって、それに肉迫しようとしたのである。シェリングは、自然の生産は、意識的な生産に似た無意識の生産であり、芸術家の美的生産は、無意識の生産に似た意識的な生産である、というように考えている。これは、カントの第三批判書である『判断力批判』の目的論的美学の立場を徹底化した、と考えてよい。

このようにして、シェリングの中にいやますロマン主義のまたはプラトン的（カントでは認められなかった）美の知的直観が、いわば彼の「絶対知」への啓示となる。シェリングは、やがて芸術家の創作活動力をもってその一元論的徹底を成就し、いわゆる「同一哲学」を説くに至るのである。すなわち一切の原理であるものは、主客に関し、無差別の絶対同一であって、自然と精神との区別は質の区別ではなく、その際の実在要素と観念要素との間の量的差別（勢位）いかんによる、と説明するようになる。彼は、上の「絶対同一」を「絶対理性」ともいっているが、この理性が、もはや啓蒙的なそれでないことはいうまでもない。絶対同一は、啓蒙すべての分別知を越えたものとして、直観されるのである。

変転多いシェリング哲学は、この「同一哲学」を頂点として、その後は著名な『自由意志論』あたりから、在来とはかなり性格のちがったものを展開してくる。理性的な明澄性にかわって、非合理的な暗さが濃くなり、神智学の性格をおびてくる。このようにして、シェリングでも、フィヒテと同じように、晩年はその非合理への契機の伸張とともに、神秘主義的神話的傾向を示してくるのである。これはさきにものべたように、きわめてゲルマン的である。

シェリングは、ドイツの神秘主義者ヤコブ・ベーメ（1575-1624）の影響も非常に強いようであるが、ベーメと同じように、善と悪、神と悪魔、光と暗などの絶対二元を措定しながら、その以前に「元底」

(Urgrund)、「無底」(Ungrund) を考えて、絶対無差別論を展開してみせる。神の中に対立が内包されるところから、神の悩みが出、生命の峻厳さが出てくるのだ、という点も、両者はよく通じあっているのである。

ところで、自然万物の創造にあたって、シェリングの中に深い影響力をもった古典ギリシアの神話の諸発想のことも、ここで少し触れておかねばならないと思う。すなわち、彼は、最下層の状態を未開のケレス (Ceres 地の女神)、すなわち貧しくしかも暗い闇の世界としての上への憧れ、と考える。最上層のヘルメスのいる天上の世界へと憧れるのは、満ち足りないケレスの貧しい性格のゆえである。この構想が、すでにプラトンの対話篇『シュンポシオン』(『饗宴』) の中で美しい神話として語られたエロスの性格から得ていることに、注目したいのである。古代篇でもみたように、エロスは貧しい母親ペニアの性質を受けて常に貧しく、また他方では父親ポロス (富の男神) の神性を受けてたえず美しいもの・善いものへはげしく憧れる。この当時はすでに、シュライエルマッハーのプラトン研究や翻訳も出そろい、ドイツ・ロマン主義のギリシア神話への傾斜も高まっていた。キリスト教の神が異教ギリシア宗教の神々のベールをかぶってあらわれてくる姿は、あらゆるものの深く広い総和を成し遂げようとする高揚した十八〜十九世紀のドイツ精神の、暗くもありまた光り輝きもする両面の性格を、如実にあらわしている。

さてフィヒテやシェリングと同様に、ロマン主義の影響を強く受けながらも、すっかり拡大した理性の哲学の立場を維持・発展することによって、ドイツ観念論を完成の域にもたらしたのがヘーゲルであることは、誰しもよく知るところであるので、私たちは次に彼の哲学のより詳しい考察に移ろうと思う。

第三節　ヘーゲルの観念論的ヨーロッパ統一

カントの内なる「道徳律」、フィヒテの内なる「絶対自我」、こういうものが、観念論の哲学革命を思想の世界にうちたてることができたといっても、これらは哲学的にはどこまでも「主観性の反省哲学」として分別知の立場に立つものである、とゲオルク・ヴィルヘルム・フリードリヒ・ヘーゲル（1770-1831）は考えた。そしてこの分別知の及ばないところ（彼岸）を、彼らは信念（確信）の飛躍高踏に頼ることによって、とび越えようとした二元論である、とヘーゲルは批判し、何としても「神による絶対的統一」の一元論を哲学的に理論づけたい、と考えた。

その点で、彼は、はじめ——イエナで哲学の私講師となったころ——はシェリングの絶対同一の一元論にくみしたのである。すなわち、

すべての根底以前に「元底」（Urgrund）というか無底（Ungrund）というか絶対の無差別（Indifferenz）という独自の存在者（シェリング『人間的自由の本質』）

という光と闇の分化以前の絶対者を考えるシェリングのあ

ヘーゲルの肖像

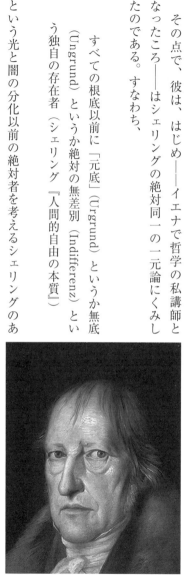

の同一哲学に、である。シェリングの絶対者は、彼岸的にあるものではなく、現実の根底者として、どこまでも活々として一切をつらぬき、愛をもって一切の中に働くものである。

すでにロマンティシズムの洗礼を深く受けた者にとっては、カントの啓蒙期の分別知などにはとても飽き足りないものがあった。カントの理性宗教、きびしい道徳律などは、かえって、イエス・キリストの新しい美しい「愛の福音」に対する、古代ユダヤのただきびしいばかりの「律法」のようにさえ思われた。若いヘーゲルには、特にそう考えられたし、また若いシェリングにも同様であった。神の愛、「神は愛であり愛は神である」という宗教こそが、人間を全体の生命体に結びつけ救いうるのであり、ここに人間の運命を宥和する愛の秘儀もあり、神の前にひざまづくすべて平等な人間の美しい運命と救いがあると、彼らは考えた。だからこそ、ヘーゲルとシェリングは、ひとしく同じ道をしばらくは歩みつづけることになったのである。

ヘーゲルは、すでにギムナジウム時代、ギリシア悲劇に魅せられたが、この当時はようやくドイツでの古代ギリシア研究も円熟し、彼の同僚にも、ヘルダーリンのような、明るく健やかに輝くギリシアへの憧れに身も心もすっかり焼き尽くされた人をもっていた。ギリシア悲劇の運命との宥和の思想は、またこれまでのゲルマン・ドイツの民族悲劇にも通じるものを覚えたにちがいなかった。大学に入ってからやっと彼のキリスト教研究も、ギリシア悲劇のさらに深い宥和的解決への道を示してくれた。このように、古代ギリシア思想とキリスト教という全ヨーロッパ的教養の豊かな海に、その深い洗礼を受けたヘーゲルは、とりわけ宗教史の研究に打ち込むようになった。

大学卒業後、一八〇〇年のフランクフルト家庭教師時代までに、彼は、いわゆる「愛による運命との宥和の思想」という、深い認識に達した、といわれる。ユダヤ律法の立場からの断罪には、いかんともしがたい厳しさがあるが、しかし、罪が運命において自己のものとされるとき、それは、全体的な生の矛盾・苦悩となって、ここに宥和の道が開かれなければならない。そしてこれを成就するものがキリスト教的愛なのである、とヘーゲルは考えるようになった。彼はこういう神学研究の時代ののちに、イエナの哲学教師の時代に入り、ますます、きわめて早熟で年少の友達であるシェリングの立場に立つようになった。シェリングの同一性の立場により多く共鳴させたのも、そしてやがてそれを乗り越えることになるのも、その底には、このような全体生命の矛盾の宥和・統一の思想が働いていたからにほかならない、といえる。

一八〇一年『フィヒテとシェリングの哲学体系の差異』という論文を書いて、シェリングの立場に立っていたはずのヘーゲルが、それから五・六年遅れて、最初の畢生の主著『精神現象学』(*Phänomenologie des Geistes*) を著すようになったときには、もうすでに、シェリング哲学をはげしく非難するようになっていた。シェリングの絶対者は、いわばすべての牛が黒く見える夜にすぎないのであると、絶対者の同一性格を、ヘーゲルは鋭く『精神現象学』の中で指摘した。その後まもなく、両者の友情にもヒビが入り決裂した。

しかし、それ以後のヘーゲル哲学は、文字どおりナポレオンのような支配力をもって、ヨーロッパの精神界に君臨することになる。ヘーゲル哲学の生命が、きびしい現実の矛盾や精神の矛盾的苦闘という現実の認識に深く根ざしているものである限り、それは現実に悩んでいた人びとを強く引きつけた。また、その矛盾の完全な宥和・統一ということは、その当時の人びとの心を救うものであった。そしてそれは、どこまでも他を精神的に支配統一しないでおかなかった。歴史そのものを発展的にみるのは、啓蒙期の洗礼を経た所産である。しかし神が肉化されたキリストになるような、真に深い秘儀的愛の洗礼にあい、ヘーゲルは、シェリングの絶対者の無差別な性格には、きわめて飽き足らぬものを覚えた。これでは、諸事物のきびしい差別相の分化はいかにして説明されるのか。むしろ絶対者は、それ自身のうちに差別を含み、他者において自己であるようなものとしてのみ、ほんとうの統一を成就するものではないのか。それゆえに、絶対者は、自分のうちに反省（反照）を含むものとして、すぐれた意味での主体（精神）でなければならぬであろう。この点において、その主体性は、かえってフィヒテの絶対自我の「事行」の性格にかえり、歴史のうちに、さらに統括的に展開することになったともいえる。ヘーゲルの神である絶対精神は、こうして歴史に受肉するのである。それは、どこまでもその主体性において、きびしい現実の矛盾を経めぐりながら、それを超えていくそのこと自体の中に、顕現するものでなければならない。

折から生活の窮乏と戦い、『精神現象学』の原稿料にその生活の資をかけていたヘーゲルは、約束の一八〇七年十月十八日には、原稿をどうしても相手に渡さねばならず、このころはまた折あしく戦雲急をつげるナポレオンとプロシアの激突と、十三日のナポレオンのイエナ占領がおこったときに重なっていた。占領軍のかがり火を見やりながら、ヘーゲルは主著の原稿を身につけて避難しながら、二日遅れ

て書店にこの最後の部分を送るということでけりはついたが、十月十三日にニートハンマーにあてて書いた手紙の中にある、

> 私は、皇帝というこの世界精神が町を通って陣地の偵察に馬を進めていくのを見た。この地点において、馬上に座しつつしかも全世界を支配する人を見るということは、まったく何ともいいようのない感じがした。

System
der
Wissenschaft
von
Ge. Wilh. Fr. Hegel
D. u. Professor der Philosophie zu Jena,
der Herzogl. Mineralog Sozietät daselbst Assessor
und andrer gelehrten Gesellschaften Mitglied.

Erster Theil,
die
Phänomenologie des Geistes.

『精神現象学』（1807 年）の表紙

という言葉は、まだ自分では気づかないヘーゲル自身の世界制覇精神を示すものであった。これは、その意味でもきわめて印象的な文面であると思う。

『精神現象学』は、文字どおり「精神の現象の学」であり、「意識の経験の学」である。その絶対知は、シェリングの「客観的観念論」とフィヒテの「主観的観念論」を越え、それを統一する「絶対的観念論」であると一般にはいわれている。さきほどもいったように、歴史という現実の中に肉化していく絶対精神が、どのようにしてこれらの初歩段階（感覚的現実）からそれらを捨象し、真理の絶対認識に迫っていくかのあらわれが、ここには描かれているのである。

私たちは、日常の会話の中で、すべての感覚的なものを、普通「ここ」とか「いま」とかという言葉

で表現している。しかし「ここ」と指したものが「木」であるとしても、向きを変えれば、「ここ」は「家」になったり、「通り」になったりする。したがって「ここ」とか「いま」とかは、感覚的には「木」であったり「夜」であったりするけれども、実は「個別的なもの」ではなくて、木でも夜でもない一般的な普遍者である。このようにして考えを進め、経験の事象の論理を進める認識にとっては、日常性や感覚性を否定し破壊しながら、論を進めていかなければ、私たちはロゴス（その発言の本質）を把握できなくなるのである。

「ここ」が「木」でないものであり、また同時に「家」でも「通り」でもないものとすれば、まさに「ここ」は非存在的なものである。「ここ」というすべての個別的な場所の契機を否定することによって、自己を保つ「ここ」という存在は、実は「非存在」ということになる。感覚的確信というものは、このような否定を媒介として、ヘーゲルが呼ぶ一般者、すなわち、

否定によって、また否定を通して存在するもの、「これ」でも「あれ」でもないもの、「これでないもの」でありながら同時に「これ」でも「あれ」でもあるもの。

というロゴスの道、すなわち哲学認識の道の真実性を得るのである。しかもこのような矛盾的な弁証法を通じて進行するロゴスは、感覚の矛盾を「止揚して」(aufheben)、より高い意識形態へ押し上げられていく必然性をもっている。

このように、感覚的にひとり私念（meinen）している状態から、一段と真実の高い段階へ移ることを、ヘーゲルはいわゆる文字通り「wahr（真実を）nehmen（とる）」、すなわち「知覚する」（wahrnehmen）としてとらえるのである。この「知覚」（Wahrnehmung）が「感覚的確信」（sinnliche Gewissheit）とちがうのは、知覚の対象がもはや感覚的個々物ではなく、「さまざまな性質をもったもの」（Ding mit Eigenschaften）である点である。例えば「塩」というものはさきの感覚的事物としてではなく、「白い」とか「辛い」とか「立方体」であるとかの、もろもろの性質をもった多様性の一つの統一体としてあらわれる。しかもこれらの性質は、やはり他を排除するものとして「排除し拒否する統一」なのである。この働きは、外的なものと内的なものとを区別する「悟性」（分別知 Verstand）の働きにほかならない。ここで「知覚」は「悟性」へと高められることになるのである。

この他を排斥するということ、その否定の関係によって自己を保持する存在は、もとより自分自身であろうとすることによって、他とかかわりあい、この他とかかわりあうことなくしては、自己たりえない、という矛盾の中にあるが、ものがこのように自己と対立するものと自己との統一として構成されていく道程において、「もの」の実体は、その統一的自己主張において、「力」として把握され、この「力」の概念の導入によって、この「もの」は主体性をはっきりと自己意識する段階、すなわち「自己意識」（Selbstbewusstsein）となる。しかもまたこの自己の真理は、単なる「私」ではなくして「私たち」であり、「私たちという自我であり、自我である私たち」ということになる。

ここに、自我のはげしい矛盾的闘争を通じて、それぞれが、自己主張（自由）をつらぬきながらも、「私たち」という普遍的な自己意識、すなわち「理性」(Vernunft)に達する。この「共同的な私たち」という形態は、とりもなおさず、現実の生々しい人間歴史の過程を戦いぬいて形成されてきたものである。当時の人びとをはげしく震撼させたフランス大革命も、その共同体的な私たちの自由精神の闘争を清算し完結する勝利の王国において、はじめて実現されるものである。「絶対知」の「精神」(Geist,「絶対精神」der absolute Geist)は、この王国において真の完結をみるのであり、人間歴史の最終段階においてこそ、創世の「はじめにロゴスありき」と啓示されたそのロゴスが、まったき姿において、その現実態の行為を完了した、といえるのである。「到達点である絶対知」は、この現実の歴史において、その孤独性を払拭する。活々として泡立ちあふれる絶対精神の無限の力は、「精神」の「現象」としての歴史の上に、無限の刻印を押しつつ、豊かな弁証法(Dialektik)の発展を遂げて、その円環を完了するのである。

ところで、この弁証法論理は、その主体的精神においては、すでにフィヒテによって提示され定立・反定立・総合の生産・実践的観念論をつらぬき通すロゴスからなっている。「創造以前の神の言葉」、すなわち超時間的な絶対者の論理は、実在する自然に生産的に展開する他在としての自然に、さらには実践的に、人間社会に法や宗教として展開していく精神にあらわれるのである。いわゆる純粋思想をあつかう論理学と、その時間・空間における他在としての自然をあつかう自然哲学と、その他在的自己疎外としての自然を止揚して、真に現実的な真の自己自身に還帰する精神をとりあつかう精神哲学、という一つの部門が、ヘーゲル哲学の体系としてあらわれてくる。

ヘーゲルの論理は動的論理学といわれるが、すでに論理学の父である二〇〇〇年前のアリストテレスにあっても、その論理学は、「純粋の質料」から「純粋の形相」にまで、目的論的に発展・完成するエンテレケイアの動的見地に立っており、カントにおいてその静的「存在」(Sein)の論理といわれるものも、実はそこに「超越論的統覚」によって総合される動的なものを大いに含んでいる。しかしアリストテレスにおいての形而上学的論理学上の神は、純粋に存在論的な神であり、観照の永遠不動者であり、他を動かして自らは動かぬ不動者であったが、ヘーゲルの論理学は、あえて肉となったキリストの神につらぬかれたロゴスとして、絶対者がその肉化という矛盾的自己同一の発展プロセスを経て、弁証法的に論理媒介するところに、その動的生命がある。それは、古典ギリシア時代のごく少数の選ばれた者たちの自我とその特権的観照の論理では決してなく、すでに広く「私たち」となった共同体各自の戦い取るべき自由王国実現を導く、弁証法的論理なのである。

この明確な弁証法的形成が、その否定精神によって徹底化されていくところに、カントの悟性の垣根(その固定化)をもつらぬき破って、統一的自由の王国をうちたてる総合的論理性の意味があるのだ、といえるのである。シェリングの絶対者の直観なども、その直接性のその秘密性のゆえに、カントの「物自体」と同様に、論理的媒介によって批判され否定されて、いわば押し流されていく。カントが、経験の対象を超越論的統覚によって総合的に統一しながらも、「物自体」をおいたのは、ヘーゲルのさきの『精神現象学』のところでみた悟性の立場以外に立つものではなく、何としても理性的立場とはいえないものである。カントの哲学革命は、主観の原理をせっかくとり出しながら、その徹底化を欠き、結局調停者として留まり、それ以上に進もうとはしなかった。すでに古典となり、固定化しようとする、この惰眠の夢を打ち破って進まない限り、自由の大王国は、そのまま分立に終わるのである。

このような論理は、まったく「即自」(an sich) 的にある実体が「対自」(für sich) 化による分裂を無限に繰り返しながら、より高次なものへと総合統一されていくところに、つらぬきあらわれる。これは「即且対自」(an und für sich) 的主体精神の「力」の発現であり、歴史の上ではアレクサンドロス大王やカエサルやナポレオンという世界精神の英雄によってうち開かれる世界、とも呼ばれるものである。が、ヘーゲルの論理は、軍国プロシアの力の政策、すなわち分立化の中にその統一ドイツ帝国実現をめざす、プロシアの御用立てにおあつらえ向きの哲学を提供した、とよく非難される。

しかし、ヘーゲルをとらえた時代精神が、このような力による王国実現へのエネルギーに満ち満ちていたとはいっても、またたしかに、ヘーゲル哲学はまぎれもなくプロシア帝国公認の哲学となったとはいえ、ヘーゲルの真意は、次のことにあったと思う。すなわち、フランス革命によって大転換を決定づけた人間精神は、その自由の王国を、その当時の理想的生命体であった統一国家において、共存的に実現せんとするところにあった、ということである。それが、現実的には、その論理性の弁証法的発展性にもかかわらず、具体的には、全世界的なものとならず、国家的ワク組の中にある理想形態に留まったところに、ヘーゲル哲学の限界があるといえば、いえるであろう。ギリシア時代はポリス神話に、ローマ時代はローマ世界帝国という神話に、この時代は近代国家主義という神話の中で、人びとは活々とした生命の高鳴りを覚えていたが、まさにその国家主義ということこそ、その限界であった、といえるであろう。しかも、その国家群が、まさにヘーゲルの意に反して、あくなき各エゴの露骨な闘争を繰りひろげ、理想化された国家が、単に観念の中にあるだけのものになったとき、その観念論哲学が、観念性の徹底化のゆえに、現実性との乖離を深めたことは不幸なことであった。

キリスト教的肉化の運命との宥和は、たえずその観念論的高まりのゆえに、現実には、理想王国の善の力の実現ではなく悪の力の実現となった。そしてこれが、ドイツにまた地球上に跳梁していくという現状は、どうしても否定できなかった。だから結局、ヘーゲルたちのいわば地上の楽園（エリジウム）国家実現を夢みたバラ色の観念論時代思想は、その意味ではやはり打破されなければならない神話であったのである。しかしこの問題はそれとしておいて、次に、ヘーゲルの『論理学』（一八一二～一六年）の中に（また自然哲学や精神哲学のうちに）、いかに弁証法的矛盾統一の原理がつらぬかれ、いわゆる「正」（These）・「反」（Antithese）・「合」（Synthese）という関係が、その契機になっているかを簡単にみてみようと思う。

ヘーゲルの論理学は、有論・本質論・概念論の三つに分けられる。有（Sein）

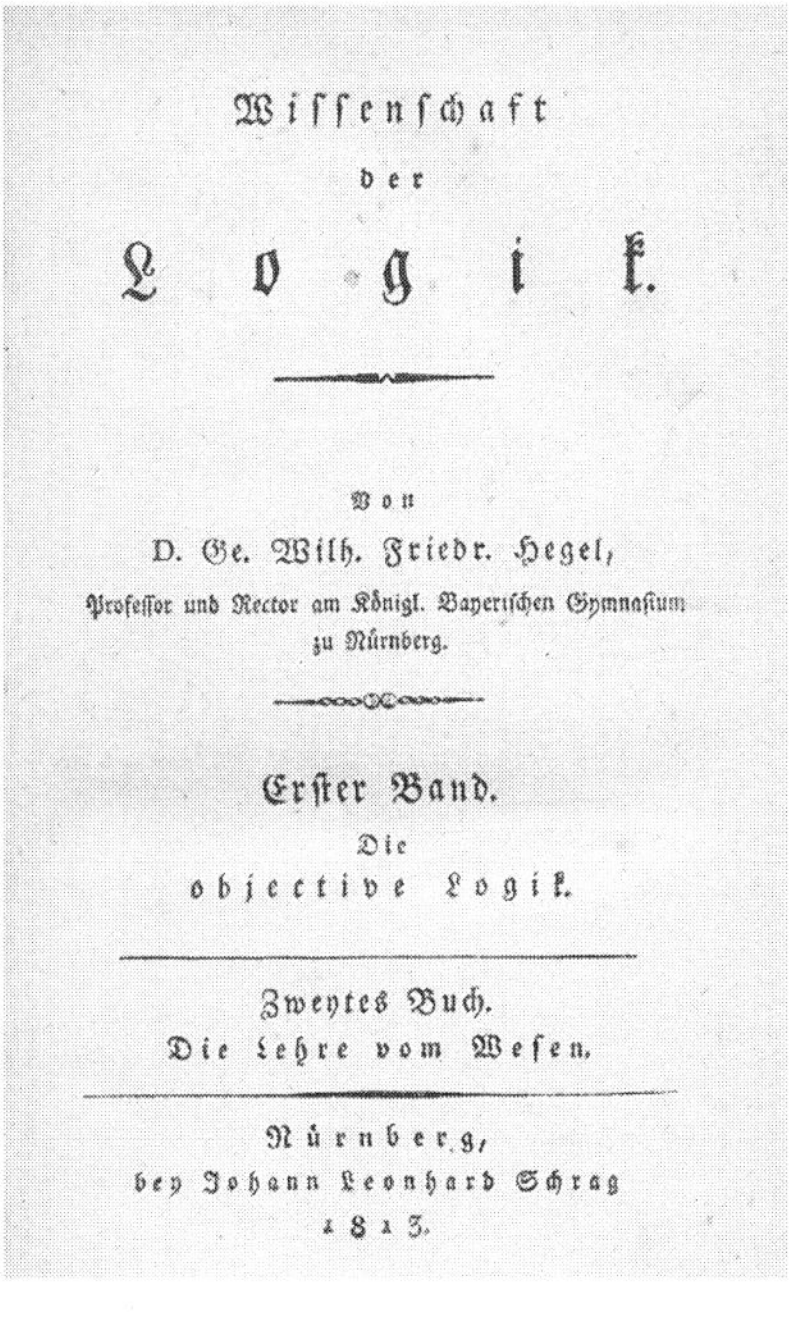

Wissenschaft der Logik.
Von D. Ge. Wilh. Friedr. Hegel,
Professor und Rector am Königl. Bayerischen Gymnasium zu Nürnberg.
Erster Band. Die objective Logik.
Zweytes Buch. Die Lehre vom Wesen.
Nürnberg, bey Johann Leonhard Schrag 1813.

『論理学』（1813 年）の表紙

という直接純粋な概念を今とり上げてみると、これは何の内容ももたない空虚なものである。だから、これはまったく「有」の純粋な否定である「無」(Nichts) に等しいものとなる。この両者は、対立しながらもまた同一である、という自己矛盾したものとして、それぞれが他に移りまた自己にかえるのであるが、両者のこの移りゆきが「成」(Werden) といわれるものである。自己として、自分自身に対する関係としてあることを、「対自有」(Fürsichsein) というが、これは一者であり、定有であり、「質」(Qualität) と呼ばれる自己存在である。一者と呼ばれるのは、他を排除・否定することによって一者なのであるが、これがいわゆる「反発」(Repulsion) である。しかしこれらの多くの一者は、同じく一者である点において引き合う。すなわち「牽引」(Attraktion) といわれるものである。この両者の弁証法として、「量」(Quantität) に移っていく。量は大きさの規定であるが、それぞれ区別されるものとしては非連続的であるが、量そのものの同一規準性からはまた連続であり、連続・非連続なものとしてやはり矛盾的である。量の定有は定量であるが、定量も多と一という契機を含んでおり、「数」(Zahl) である。この数という外延量には、「度」(Grad) という質的内包量によって対立を受け、こうして量は質との対立とその統一によって質量、すなわち質的な定量という規定にうつる。

このような具合にして、有論は本質論へ、この両者の統一はさらに概念論へと移行していく。有論の直接性が、自己分裂して反射的になった有が本質論であるが、反射して自分自身に関係した有は、他のものによって媒介されたものであるが、これこそ矛盾的自己同一としての本質であり、本質のカテゴリーは、二つの側面の二重性として示され、有の直接性と本質のこの二重的自己分裂の統一として、概念論に移行するのである。「概念」(Begriff) は、他のものの中にありながら、自己自身であるという統一体、主観と客観とか、個と全体との統一としての総体を認識するものであり、それは単に主観的概念でもなく、客観的概念でもなく、イデーとして普遍的な生々たる認識精神なのである。

自分を外化して現実となったイデーとしての自然は、物質と物理と化学の三段階を経て、有機体的生命として統一され、その生命はまた、鉱物界・植物界・動物界として、その具体的生命の自己発揚を遂げる。また、その自然の外化から自己自身にかえることによって、自己同一化を成し遂げる精神は、まず、その主観的精神としてである。しかし、この自我としての主観的精神は、人格として、「他の人格を尊敬せよ」という人格の権利として相互に制限され、ここに相互間の契約による「法」(Recht) として一つの共通認識となる。個の意志と普遍意識との争い分裂、法と不法の相剋、不法の否定としての刑罰などの客観的精神、その実現的理性的発現としては、やはり国家があげられる。

ところでヘーゲルは、国家主義（ナショナリズム）への傾斜を深める時代精神を背景に、早くから国家あるいは政治の問題に関心を寄せていた。彼の若い神学研究時期に属する最初の論作も、『国民宗教とキリスト教』であったし、生前最後の著書が『法の哲学』であったところからみても、国家の問題がいかに彼の関心事であったかが知られよう。すぐあとの節でもみるように、それだけドイツは、イギリス、フランスなどの周辺の先進国家にくらべて、国家形態としては貧弱でひどい状態にあったのである。ヘーゲルにあっては、「精神」的実体としての「人倫」は、家族、市民社会、国家と発展するのであって、国家は、「人倫的全体」として人倫最高の形態なのである。こうして彼にあっては、真の自由も国家においてこそ成就するのである。なぜなら、国家は、「主観的意志と理性的意志との統一」であり、ここでは抽象的自由と必然との対立は克服され、真に現実的な自由が存在するからである。その意味で上記の初期の全体的生命の思想や、後の即且対自的な「精神」の思想など、その核的思想は、同時にその国家観の原理でもあった、といえよう。

ヘーゲルは、ドイツ観念論哲学者の中では、人間の社会的存在について関心と理解を示したやはり第一人者であった、といえる。しかし近代市民社会に対してヘーゲルが示す評価は、必ずしも十分に高いものではなかった。彼によると、それは私人が互いにその特殊的利益を主張しあう「欲望の体系」にほかならず、啓蒙的自由の主張も抽象的なものを出ない、と考えた。彼も、カントやフィヒテと同じく、フランス革命を大いに評価はしたが、その結果には失望を禁じえず、これに対して人倫的全体としての国家の存在を強論することより、結果的にはプロシアの帝国主義的絶対主義体制の容認に傾いていったようにみえる。しかしヘーゲルが活躍したころのプロシアは、ナポレオンのイエナ会戦に敗れてからは、どんどん国民の自由を認める方向で改革の手を打ち、農奴をやっと解放し、都市の自治を大幅に認めるようになっていた。この伸びゆくプロシアにおいてこそ、ヘーゲルの理性の自由の王国が実現されうるという大いなる期待を、ヘーゲルは抱いたのである。

彼は、決してプロシア国家の御用哲学者となったり節を折ってプロシアにこびへつらうことはなかったけれども、ようやく目覚め火を噴きはじめたゲルマン国家ドイツ統一の情熱は、心ある者たちを、その自由実現への使徒とするある何かデモーニッシュなものを持っていたのである。しかし、デモーニッシュにおこるこの下からの国民運動的なものは、暴走する危険があることを、強く感じていたにちがいない。しかし、現実にプロシアは、さきの哲学的君主フリードリヒ二世以来、次々と法の理念に目覚め、この法律という普遍者の媒介による国家主権をもって、財産と人格の自由の原理を擁護する方向をとったので、このことをヘーゲルは大いに評価する気になったのである。

『歴史哲学』（一八二二～三一年）の最後の方で、ヘーゲルはドイツに触れ、

ドイツは勝ち誇るフランス軍のために蹂躙されたが、しかし、ドイツの国民性はよくこの圧迫を払いのけた。ドイツにおこった一番大事な変化は、権利の法律ができたことであるが、これはフランスの圧迫によってこれまでの制度の欠陥が見事に暴露され、それがきっかけとなって生まれたものであった。

といっている。また『エンチクロペディ』（一八一七年）において、このような法律の性格に触れ、これが「客観的自由の内容」を表現するものだとか、「絶対的な究極目的」、「普遍的な所産」などといっているし、国家そのものが法律によって拘束される、という性格もとらえられている。国家はもちろん絶対ではない。しかしいわゆる国家の法律や憲法は、たしかに歴史的時間の中に生み出されるものではあるが、これは単につくられたものではなく、どこまでも絶対精神の顕現であり、神聖なものである、とヘーゲルは考えた。

そして国家を象徴するものとしての君主の存在を高く評価した。このことは、さきの『歴史哲学』の

つづきに、

いかなる市民も官途につくことができるようになった。……統治は官僚機構によって動かされるが、その頂点には君主の個人的決定が立っている。というのは、前述のように最後の決定は絶対的に必要だからである。もっとも、国家の法律が確立し、整然とした組織をもつことになると、これまで君主の独裁にゆだねられていたことも、実質上はもはやそれほど重要ではなくなる。しかしそれにしても、国民が高徳な君主をいただくということは、非常な幸福としなければならない。

とのべているところからも明らかである。しかしすぐ次に、

といっても、このことも大国家においては、それほど重要なことではない。なぜなら、大国家の強さは、その理性の中にあるからである。

とのべ、どこまでも理性を重視していることは注目しなければならない。そしてこの理性そのものの考えを徹底させるならば、ヘーゲルが『法の哲学』（一八二一年）の中でのべているように、国家と国家とのたえざる戦争を、すなわち自然の暴力を拒否していかなければならぬのである。

国家の法は、まだ究極的な法とはいえず、「無制約的絶対的法としての世界精神の法」に適応するも

のでなければならない。国家と国家とを統一する第三者の存在が必要なのである。

　この第三者は、世界史において自己を実現し、すべての国家に対する絶対的な裁判官の地位に立つ精神である。

と『法の哲学』はいうが、また『歴史哲学』を閉じる最後の言葉も、

　意識は以上のような段階にまで達した。そうして自由の原理が自分を実現するためにとった形式の主な諸契機、各段階は、以上のようなものであった。というのは、世界史は、自由の展開にほかならないからである。しかし、客観的な自由、実在的な自由の法則は、偶然的な意志の克服を必要とする。なぜなら、偶然的な意志は一般に形式的なものだからである。そこで客観的な存在がそれ自身において理性的であれば、主観的な洞察は、この理性と一致するのでなければならない。するとそこでは、主観的自由に本質的な意味が与えられることになる。われわれは、ただこの自由の概念や進展を考察したにとどまって、各民族の幸福な状態や時期、各民族の黄金時代だとか個人の差と偉大さだとか、あるいは苦悩と悦びの浮沈を伴う個人の運命に関する興味などといった面を、詳細に描写しようという誘惑は、おさえねばならなかった。哲学はただ世界史の中に反映する理念の光輝だけを問題とすべきである。

とのべ、哲学はなまの情熱の動きから一歩退いてこの過程を考察し、認識するのだ、とのべたのち、さらに、

世界史とは目まぐるしく変転する歴史の舞台の中で演ぜられる以上のような精神の展開過程であり、精神の現実的な生成である。……むしろ本質的に神の業そのものだという洞察のみが、精神を世界史および現実界と宥和させることができるのである。

と結んでいる。「はじめにあったロゴス」は世界史という現実の中に肉化し、「ファウスト的フィヒテ的な業《わざ》」を世界史に繰りひろげるのである。ゲーテをとらえ、フィヒテをとらえた「はじめに業ありき」の神の肉化は、このようにして、キリスト教の本義として、ヘーゲルの『歴史哲学』の中に結晶しているものとみることができよう。

ヘーゲルの図式は、その『歴史哲学』の中でも、東方的なもの、すなわちただ一者である専制君主のみが、きまぐれに自由であり、決して真の自由人は到底誰にも実現されていなかったが、ギリシア、ローマ人に至って若干の人びとの自由が実現された、という。そして、他は依然として奴隷的であったのが、ついに、

ゲルマン諸民族においてキリスト教の影響を受けてはじめて、人間が人間として自由であり、精神の

自由こそ人間の本質をなす、という意識に達したのである。

という三つの契機をのべている。このようにヘーゲルの絶対精神はどこまでもゲルマン中心、ヨーロッパ中心に動いている。

古典期のギリシアにおいて見出された限られた自由が、キリスト教により、特にゲルマンの土壌において、宗教改革によって人間の本質的平等を認める自由を生み出したことが、偉大なのである。その意味で、ヘーゲルはルター精神に密着するのである。ルターあればこそ、古代・中世を止揚して真にすばらしいゲルマン的自由の観念統一が成し遂げられたのである。諸民族・諸国家をつらぬく精神は、絶対精神（世界精神）として、主として、ゲルマン・ヨーロッパ世界史に顕現した。ここに、ヘーゲルのゲルマン中心国家主義とあわせて、ギリシアの知恵とキリスト教のきわめて深い宗教の知恵を通して、近代ヨーロッパに最も見事に顕現したという実態が、明らかにされている、と思う。

第四節　ドイツ観念論哲学の性格とその背景

ドイツ観念論哲学の大成者としてのヘーゲルの精神が、ルターの精神（近代宗教精神）によってつらぬかれているところに、私たちは何よりもまず視点を向けなければならないと思う。彼は著書『エンチクロペディ』において、次のようにいっている。

われわれルター主義者——私はそれであり、またそれにとどまろうと思う——は、外面的歴史的客観的信仰ではない根源的な信仰のみを有している。

と。こうして、彼は、ルターの信仰原理の概念形成として、自分の哲学の思考を位置づけ、精神の原理、すなわち自由の原理を哲学的に概念づけようとしているのである。

ヘーゲルがルターによせる愛着は、『歴史哲学』の中にも、次のようにのべられている。

もとからあったもので、それが昔ながらにずっと守り通されてきたドイツ民族の誠実の精神こそ、その単純で素朴な心から、この改革（宗教改革）を成し遂げる使命を引き受けたのである。他の世界が東インドだとかアメリカだとかに心を奪われ、富の獲得に熱中し、その領土は全地球上にまたがって太陽の没するときがないというような、世界的制覇をうちたてようなどと、わいわい騒いでいるときに、一介の僧の身で……このもの（キリストの現在）を、かえって観念性という一切の感性的なものや外面的なもののもう一枚底の墓の中に、すなわち、精神の中に見出して、これを心情の中にうちたてた者があった。

と。同じキリスト教信仰でも、これまでのローマ・カトリック信仰のように、あれやこれやの数多くの複雑な外物を提供されてこの上なく害《そこな》われ、自ら墓穴を掘っていたようなものとはちがって、ルターの教えはまったく簡単素朴なものであった。

すなわち、このもの、無限の主観性、真の精神性、つまりキリストは決して外的な形で現在し実現するものではなく、一般に精神的なものとして、ただ神と宥和するときにのみ――ただ信仰と享受の中でのみ――獲得されるというのである。

これまでの教会がすっかり落ちこんでいた一切の迷信（イスラエルの民は足をぬらさずに紅海を渡ったなどというような迷信）を改革し、一切の教義を改革し、外面性をまったく遠ざけることによって、ひたすら精神性、観念性、信仰の中に没入するという、そのルターのプロテスタント精神によって、はじめて人間すべての真の近代的自由が達成されたのである、とヘーゲルは考えた。ドイツの宗教改革は、各人が、人間として平等に精神という主体性原理をもって行為する、ということを教えた。そのただ一つの責任は自由な主体にあり、不平等を排し、伝統的な権威・特権などへの盲従をしりぞけ、その組織に敢然として挑戦することを教えたのである。

聖職者と俗人との間には、もはや何の区別もない。教会の財産や聖書という真理の実質を独占しているような階級は、もはやここにはみられない。『歴史哲学』の中で、ヘーゲルは次のようにのべた。

ルターは教会の権威を否定して、これにかえるに、聖書と人間精神のあかしをもってしたのである。この聖書そのものがキリスト教の基礎とされるようになったということは、きわめて重要な点である。各人は聖書に学ぶべきであり、その良心の源を聖書の中に求めなければならない。これは原理の大変革である。教会の全伝統と建物は疑われることになり、教会の権威という原理は顚覆された。ルターのやった聖書の翻訳の事業は、ドイツ国民にとっては、はかり知れない意義を有した。ドイツ国民は、これによって、カトリック世界のいかなる国民も有しなかった国民の書をもつことになった。カトリック国民は、たくさんの祈禱書はもっていたが、国民を教えるための経典というものはもたなかった。

ルターが与えたこの主体性、これまで教会に独占されていた聖書を国民の書としてすべてのドイツ人に与え、各個人が自分たちの心に神的精神が充ちているのだ、ということを知ることが、重要なのである。一切の外面的関係を軽視することによって、真理を所有すべきものはおのが心であり、この主観性は、すべての人間のもつ主観性であると、はっきり認識させたことに、ルターの大きな意味がある。こういうふうにルターを解釈することによって、ヘーゲルのいう世界精神は、古代のきわめて限られた人びとの自由を、各人間すべてに与えることへと拡大していった。

かくれた深い世界精神を解明していくヘーゲルの哲学精神は、人間主体の近代哲学精神（理性）の伝統に立ちながら、その理性を世界精神にまで高めている。これは、フランスがおこなった社会大革命を、最も崇高な人間の精神界に行おうという、ナポレオン的覇気をみなぎらせている。そしてこのすばらしい顕現は、ほかならぬゲルマン民族のドイツにおいて行われ、ここからすべての世界に開示されていくものとして、どこまでもドイツの讃美をうたいあげている。宗教改革を通して、ゲルマン民族の各個人すべてに開示された自由な主観性の原理に関して、さらにヘーゲルは、『歴史哲学』の中で次のようにのべている。

ルター教会においては、主観性と個人の確信とは、そのまま真理の客観性なのである。ルター派にとっては、真理は出来合いの品ではない。主観は自分の特殊的内容を実体的真理のために投げ捨て、この実体的真理を自分のものとすることによって、主観そのものが真の主観となるのでなければならない。こうして主観的精神は、この真理の中で、自分自身に到達することになる。ここにキリスト教的自由が実現されるのである。

と。さらにヘーゲルは、この自由の精神が、その原理を文化の中へ浸透させ、世界をこの原理によってつくりあげる、ということが自分たちの事業である、とのべる。その後また彼は、この普遍的な文化の主体はどこまでも思惟一般であり、法や倫理や国家組織は、以上の自由意志の概念に適合し、理性的なものとして、普遍性を獲得していくものでなければならないという。そして、

この主観的な自由精神が高揚して、自分を普遍性の形式に高めようとするところに、はじめて客観的

精神があらわれることもできるのである。国家が宗教に基礎をもつというのは、この意味でなければならない。国家と法律とは、現実世界の諸関係の中にあらわれた宗教にほかならない。

というわけである。

しかし、現実のドイツ国家の歴史は、ヘーゲルのいうようなすばらしい展開をみせたであろうか。世界史は自由の概念の展開にほかならない、というけれども、ヘーゲルはドイツ国民の歴史をあまりにも宥和的に楽観的に見すぎてはいないだろうか、という疑問がおこる。『歴史哲学』の中で、

自由の原理は、なにゆえドイツ人によってではなく、フランス人によって実現されたか。

という問に対しては、ドイツでは、現実の一切がすでに宗教改革によって改善されていたからだ、と答える。すなわち、彼の母国ドイツでは、

あの独身生活、貧困、怠惰などの堕落した制度は除かれ、諸々の悪徳の源泉となり誘因となった教会の資財もなければ、習俗に対する強制もなかった。また僧侶の権力が世俗の権力に介入するところから生ずるあの言語道断な不正も、またあの王権神授説といったような別の不正、つまり君主たちの恣意が主によって選ばれたものの恣意だから、それ自身神的なものであり、聖なるものであるとして、君主た

ちの恣意を正当づけるような暴論もなかった。むしろ、君主たちの意志は、それが明知をもって法や正義や全体の福祉を考えるものであるかぎりでは、尊敬に値するものと思われた。

のに反して、フランスの社会の状態は、

思想や理性とはまるで相容れない特権の巣窟であり、人倫と精神とのひどい堕落の結びついた乱痴気の状態であった。……民衆の上に加えられたおそろしく苛酷な圧政、宮廷の栄華と贅沢のために、資金を調達するための政府の周章狼狽ぶりが、民衆の不満の最初のきっかけとなった。

のである。だから、新しい改革への精神が、この圧政の中から大革命へと駆り立てられるようになったのだ、と説明する。そして、このフランス革命は自由精神の世界的発現であり、ナポレオンの偉大な個性によって、全ヨーロッパに至るところ自由の制度がしかれたはずだったのに、フランスのラテン心情はゲルマンとちがい、自由主義の抽象に終わり、自由主義はたちまち破産して旧態にもどったのである、とヘーゲルは説明する。すなわち、

それにもかかわらず、ローマ世界は、宗教的隷属制のために、依然として政治的不自由に縛りつけられていた。

として、フランスなどのロマン民族が良心の解放をきたすべきはずの宗教改革を徹底できなかったことに、その原因をさぐろうとした。ドイツはたしかに一時勝ち誇るフランス軍の馬蹄のもとに蹂躙されたけれども、ドイツの国民性はよくこの圧迫を払いのけ、自由フランスによって諸々の旧弊の制度の欠陥が暴露されてからは、封建制の義務関係が除かれ、自由の原理がますます諸制度の上に浸透し、宗教と法との宥和が実現された、といわれるのである。

しかしルターの宗教改革後におきたドイツの悲惨な歴史は、さきにルターの節でのべたとおりであるし、ドイツ国内の圧政と不正義の数々は枚挙にいとまがないほどであった。だのに、プロシア帝国支配下のベルリン大学おかかえの哲学者となった成功者ヘーゲルは、ドイツを身びいきにも祭りあげているのである。これは、若きヘーゲル時代を知る者にとっては、かなりの変節というか妥協というか、その変貌のあとがはっきりうかがわれるといわれても致し方ない面をもっている。いわゆるヘーゲル初期のきわめて強い否定と批判の弁証法的精神と対照するとき、その変貌のあとがよりはっきりしてくると思う。

自由フランス共和国との戦いに敗れ去ったドイツ帝国の状態を三十才台初期のヘーゲルは、その敗北したドイツ国家再建の方向を『ドイツ憲法論』(一八〇二年)の中でさぐり、

フランス共和国との戦いにおいて、ドイツはもはや一つの国家ではないということが、実際に経験されるに至った。

として、「統一の喪失」をきたしたこの頽廃的無政府状態を嘆き、戦争によって喪失したドイツ国土中の最も美しい若干地域とそこの何百万人かの住民に思いをはせ、ドイツ崩壊の原因が、個人主義的社会秩序である封建制度の遺物の中にとり残されていた点にある、としている。一七九〇年代のドイツには、封建的な専制政治の名残りが色濃く、多くの選帝侯、九四の僧侶領主、一〇三の男爵、四十の高位聖職者、五一の自由市の地域という、いわば合計三〇〇ほどの地域がそれぞれに勝手な専制をおこない、ドイツ帝国自体としては、それを守る一人の兵隊ももたぬという有様で、大審院は売職や贈賄の温床であり、領主は、自分の領地民を傭兵として外国へ金で貸し与えるという状態も許され、法律も正義もなく、勝手な権力の無力な餌食となる人びとが多く、統一も愛国心も地をはらっている有様であった。また農奴制はひろくおこなわれ、小作農は、あの宗教改革者ルターのころからほとんど変わっていなかったはずである。

しかも、ドイツでは、不思議なことに、このような種々の特権階級の特権をねたんだり、うらやむということはほとんどなかった。それほど無気力でもあったのであろう。それというのも、イギリスやフランスにおけるような、強力な自覚した中産階級が、結集した力として育っていなかった。だから、これらがそれぞれの国の現実的起爆剤となって、ピューリタン革命や名誉革命やフランス大革命を通して、近代国家をつくっていくというプロセスも、ドイツにはおこってこなかったのである。

ドイツは、ここにおいて近代国家建設の後進国となるのである。これは、ルターの宗教改革の精神に起因すること多しとせねばならないであろう。農奴解放を叫び、特権者たちに反抗しようとしたシュヴァーベン農民の要求に対して、彼らの要求をしりぞけ、公然と農奴制を肯定しているからである。そしてあまりにもきびしいキリスト者の心情を、すべての農民に要請しているからである。まことに農民たちに対して、このような稀有なキリスト的道徳を絶対命令で一方的に押しつけるというに至っては、彼らとしてもまったく手の出しようはないではないか。

これはまことに美しくも崇高な命令ではあるが、この内面性の価値へのひたむきな要請、現存する権威への完全な従順、果てしのない労苦と貧困をなめてこそ神に救われるのだから、農奴であることを決して嫌がってはならない、という呼びかけ、農奴である方がかえって神からは祝福されるべき立場にあるのだ、というルターのあまりにも厳格すぎる教えは、ドイツ農民のせっかく目覚めかけた近代意識を窒息させた。そしてこのルターの態度は、ドイツをして貴族や封建諸侯が誰からも（良心の呵責はいざ知らず）何の抵抗も受けないで自分勝手を決めこむもとをつくった、といっても過言ではない。もっとも同じルターは、同じ『農民戦争文書』の中で、

この世の統治にあたって、ただ苛斂誅求《かれんちゅうきゅう》のみにつとめ、贅沢と尊大な生活行状をこととしているから、農民はいまや忍耐の限度にきている。

といって、華美をつつしみ浪費をやめよと支配者たちに要請し、剣に守られて引きずりおろされることがないという安心感と、かたくなな不遜に対して、手きびしい批判を加えてはいる。しかし、ルターは、

結局、農民暴動を起爆剤としてドイツに大混乱がおこり国が荒廃に帰することをおそれたことから、農民の暴力を否定し鎮圧する権力者側につくことになるのである。まさしく、「リューグナー・ルター」（うそつきルター）というあだ名を、農民たちから受ける結果になるのも、それは当然であったかもしれない。しかし、ルターのこの苦しい立場は一応納得できるとして、さきにもみたように、カルヴァンの考える近代国家や産業国家を推進するプロテスタンティズムに対して、古代の農奴国家礼讃ともとれるようなルターの言動は、たしかに、晩年のヘーゲルの体制側擁護の表現でもあった。ヘーゲル流の「宥和」がうまくルターにも実現していたのかもしれないが、ヘーゲルのいわゆる「宥和」は、初期の燃えるような戦闘的否定精神とくらべると、あまりにも国家体制側の「リューグナー・ヘーゲル」の感を深くしないではおられない。彼の観念性（内面性）と現実とは、大きく乖離している。こういうわけだから当然、そのヘーゲルの精神をさらに否定するマルクスの強い否定精神によって突き崩される運命をたどることは、必定であった。現実の見方が、あまりにも国家主権にかたより、農民や労働者には苛酷で、現実認識に欠けていたからである。しかし、ヘーゲルのときは、まだプロシア帝国はそのキバを隠していたこ.とも事実であった。

それにしても、プロシア帝国の興隆の祖・フリードリヒ大王に対して、ヘーゲルが『歴史哲学』の中でとる態度はきわめて国家体制側であり、ヘーゲルの真の哲学精神を誤解に導くものであったことは、事実である。すなわち、プロシアは、十七世紀の終わりになって世界史の舞台に登場するが、フリードリヒ大王というプロシアの建設者ではないとしてもその確立者、安定の基礎をおいた人物を得て、七年戦争（一七五六～六三年）という、この確立と安定のための戦争を見つけ出した。フリードリヒ二世（大王）は独力でもって、ほとんど全ヨーロッパの主な国々の同盟に対抗し、それによってその威力を世に示した。

といい、一国家の国王、プロテスタントの英雄、哲学的国王として、近世においてまったく特異な例のない現象として、ヘーゲルはフリードリヒ大王を讃美したのである。

彼は、宗教上の抗争を嫌い、宗教上のいずれの見解に対しても賛否を与えなかったが、精神の究極の深みであり、思惟の自覚的な力である普遍性に関する意識を、ちゃんともっていた。

と、彼をべたぼめにほめるのであるが、こういうところに、現実認識から遊離し、現実の帝王を理想化する観念論者の盲点が出てくるのである。

ヨーロッパの他の諸国を相手どってのプロシアの興隆が、のちのドイツの第一次、第二次世界大戦において、やはりイギリス、フランス、ロシア、アメリカを相手どっての破壊的戦争へと突っ走るもとをつくる。が、ドイツという後進近代国家を戦闘的ヒステリックな世界精神、世界支配へと駆り立てたというような誤解をヘーゲルが生んだことは、遺憾である。

ルターは、『卓上語録』の中の「ドイツについて」の項で、

ドイツは餌や必要なものを十分に与えられた美しく強い牝馬のようなものである。だがこれに騎手がいない。強い馬もこれを乗りこなす騎手がいなければ、あちこち走って迷ってしまう。ドイツも同じである。結構、強い人もたくさんいるのだが、これを治める立派な頭《かしら》を欠いている。

と嘆いているが、ルターにせよ、ヘーゲルにせよ、英邁《えいまい》なそのかしら、君主を求めることにおいて、錯覚があったのである。これは、かつてのプラトンのシチリア哲学王実現への執念とその手ひどい失敗によって、すでにその範例が示されていた。またしても、理想主義に走りすぎたゆえの、フリードリヒ大王英雄視の行き過ぎが狂っているのである。その意味で、ヘーゲルの近代国家理念は、一つの幻想であったといえるかもしれない。幻想を追うところに、観念論者の躓きの石がある。

イタリア人からは獣だとののしられ、たえずおとりに使われ、フランス人やイギリス人からもあざけられていることを知っていたルターが、また「戦争は神の最大の刑罰である」といいながらも、彼自身きわめて戦闘的であった。またヘーゲルも戦闘的であった。両者ともある幻想を現実的に追うきらいがあった。そういう意味の戦闘精神が危険なのである。彼らの真の意味の戦闘精神は立派である。両者はここで軌を一にする人間存在の矛盾的側面をのぞかせているのである。

ヘーゲルの世界精神の世界史的顕現のプロセスにおいては、現実的な弁証法の具現者は、慣習を破壊

し、小さな道徳を破壊して、新しくはるかに広く開ける世界を開示していく。しかし、ヘーゲルは、その英雄としてのアレクサンドロス大王とか、カエサル、ナポレオン、それにさきほどのフリードリヒ大王をあげる。これらの人びとがすべて軍事的な大征服者であるということは、キリスト教の宥和精神を説くヘーゲルにとって、きわめて皮肉なことであった。とかくに非難されるゲルマン民族が、衰えていくローマ民族の血に代わって、たくましく新しい血をわきたたせ、ヨーロッパの新しい覇者になろうとする気概はわかる。けれども、この覇気は、ルターからヘーゲルに至るゲルマン民族への強い愛着となって、きわめて強いドイツ国民主義的性格として発酵しすぎてはしないか。

ところで、きわめて飾らない姿においてではあったが、ドイツ観念論哲学への大きな決定的エネルギーを用意したのは、カントであった。その革命的情熱は、フランス革命に劣らぬ精神上の大革命であった。カントのなした革命が、いかに恐ろしい内容のものであったかを、ハイネは、その『ドイツの宗教と哲学との歴史のために』という本の中で、あのフランス大革命の恐怖政治を主宰した殺し屋・ロベスピエールと比較し、カントはロベスピエールと非常によく似た面をもっているが、もっと恐ろしいことをやったのだ、と次のようにのべている。

正直にいうが、君たちフランス人はわれわれドイツ人とくらべてみると、おだやかで、控えめである。君たちはせいぜい、たったひとりの国王しか殺せなかった。しかも、その国王は、君たちに首を斬られる前に、その首を失ったほどあわてていたのだ。そのうえ、君たちはその首を斬るときに、全世界がふるえるほどやかましく太鼓をたたいたり、わめいたり、足踏みしなければならなかった。マキシミリアン・ロベルピエールは、イマニエル・カントとくらべられるというのは、たしかに光栄のいたりだ。……この男（カント）の表面の生活と世界を押しつぶすような破壊的な思想とはめずらしい対照をなしている。……ところで思想家の大破壊者であるイマニエル・カントはテロリズムではマキシミリアン・ロベスピエールにはるかにまさっていたが、いろんな点で似ているところがあった。……ところが、不思議な巡り合わせで他のものをはからねばならなくなった。ロベスピエールのはかり皿には国王が、カントのはかり皿には神がのせられたのである。

といい、カントが神の首を斬り、超越神論の首を斬るに至ったいきさつを少し大げさにのべているが、とにかくカントの行ったことは、大変な思想の転回であったことは事実である。

その哲学革命のラッパ手はフィヒテであったといえるだろうが、カントは、デカルトから受け継がれた近代理性の自然科学的客観性を人間の主観側に措定し、その人間の主体性において認識の客観性を得るという大転換をおこなった人である。この大転換がコペルニクス的転回になぞらえられたことは、あまりにも有名な話である。が、カントの徹底した合理の精神が、いかに理論理性を徹底して批判し啓蒙したか、そして実践理性においてやはりその合理精神からその燃えるようなはげしい倫理性を練磨したか、そして人間精神の普遍の原理を彫琢したか、そしてまた、フランス革命という人間自由の原理にはげしい共鳴を見出したかは、人のよく知るところである。

しかし、カントの中においてあまりにもはっきりと厳格にとり出された「物自体」という秘密の石は、どうあつかったらよいのかの問題が生じた。これをめぐって、フィヒテという異常な狂人のような観念性のエネルギーが、その秘密の石を打ち砕こうとして、おどり出たのである。そして、その中に閉じこめられていたものを、理性の知識視界の中に、何が何でももちきたらすということがこころみられた。これこそ世界精神たろうとしたゲルマン的なもののフィヒテにのりうつったデーモン（霊）の力にほかならなかった、と思う。カントの敬虔が、ルターの新教精神の内面性尊厳への敬虔であるとすれば、そのカントによって動機づけられたあまりにも革命的人間の自主・主体性をさらに徹底した人は、フィヒテであった、といえよう。あくまでも、この禁断の木の実をむしりとろうとする精神の主体性へと突進するヴァイタリティが、フィヒテの中には、その後の社会的状況の中から、必然的に生まれてきたところがある、ととることもできよう。

『全知識学の基礎』というフィヒテの主著においてとり出される自我は、「事行」として、その燃えるようなゲルマン的野生の心情を地下エネルギーとして、ゲルマン世界の地表に大噴火させることになる。その鳴動は、もちろんカントの敬虔によってつくられた禁断の園を完全に粉砕することになるが、それは、カント時代のまだ小さなプロシアが全ヨーロッパを相手として戦うような大きなプロシアに生長発展しようとしたところに、呼応するかのようであった。世界帝国の夢をむさぼろうとするデモーニッシュな現実のプロシアに似て、その現実に呼応するかのようなフィヒテのゲルマン精神は、自我の普遍的性格を旗印にして、世界支配をおこなおうとするものであった。そこに禁断の地帯があることは、もはや許されなかった。折から、ナポレオンという敵が、プロシア世界を蹂躙したように、フィヒテの剛鉄のような容赦のない不撓不屈の自我が、その精神界の支配を完全におこなおうとした、とみなければならない。当時フランス革命の自由思想の嵐は、ますます全ヨーロッパに吹き荒れていた。これをおそれて、ライン河の東では、この嵐を防ごうとやっきになっていたし、ロシアとオーストリアは自分たちの専制政治をどこまでも守り抜こうとしていた。

また当の保守専制のドイツ人民はどうかというと、ハイネの表現を借りると、

　ドイツの人民大衆は鉛のように重苦しいきわめてドイツ的な睡魔におそわれていて、いわば下品な静けさがゲルマニア全体にひろがっていた。

のであるが、ドイツ文学界などごく一部には、はげしい運動がおこりかけようとしていた。しかし、こうしたとき、フランス革命の前にもそうであったが、自由思想家の啓蒙的発言がその大きな起爆剤になったことを、保守ドイツでもおそれていた。思想家のこの種の自由な発言がどんなに恐ろしい体制破壊の起爆剤になるやもしれぬことを、権力者側はおそれたのである。

フィヒテが一七九九年五月にラインハルトに対して書き送った手紙の中にも、

　黙りこんでしまって一行の文字も書かないという条件を守りさえしたら、私は無事でおれるだろう

か。いやそうはいくまい。宮廷（ワイマール）はそうした私を許しておいてくれるとしても、僧侶たちは私がどちらを向いても、私に対して、暴民をけしかけ、私に石を投げつけさせるだろう。そして諸国の政府に頼んで、不安をひきおこす人間として私を追放させるだろう。けれども、だからといって私は黙っているべきだろうか。いやたしかに黙っていてはならない。というのは、私は次のように信ずべき理由がある。つまりもしドイツ精神の幾分かが救われるとしたら、それは私の演説で救われる。またもし私が黙っていたら、ドイツ哲学は早急にすっかり滅んでしまうだろうということである。私が黙っていても許してくれそうにもない人が、しゃべるのを許してくれる見込みはとてもない。……私の立場がはっきりすればするほど、私に罪がないことがわかればわかるほど、あの人びとはいっそう陰険になり、私のほんとうの過失がいっそう立派になるだろう。あの人びとは私の無神論を追求しているのではない。自分の思想をわかりやすく説明しはじめた（この点でカントはあいまいな用語を使って得をしている）自由思想家として、不評判な民主主義者として、私を追求しているのだ。彼らは自主独立の精神を亡霊のように恐れている。そして私の哲学がそうした精神を呼びおこすだろうと、おぼろげながら感じているのだ。

というように書いている。ハイネも、さきに引用した『ドイツの宗教と哲学との歴史のために』の中で、

ナポレオンは、自分がドイツの自由主義者を救った、などとは夢にも思っていなかっただろう。けれ

どもナポレオンがいなかったならば、わがドイツの哲学者もその自由主義も、絞首刑や車裂きの刑罰で根こそぎにされたろう。けれども、ドイツの自由主義者は、あまりにも共和主義的な意向をもっていたので、ナポレオン皇帝に仕えることはできなかったし、……。

というが、フランス軍の支配下にあって、とにもかくにも独立を奪われていたドイツ国家というものに思いを致したフィヒテの血の中にははげしく煮えたぎるものがあった。これこそ、ゲルマンのかつての美しくも素朴な深い民族精神にほかならなかったのである。

かつてのタキトゥスの古代史書『ゲルマニア』の中で、爛熟・頽廃のローマ文化に対し、清新な良風・美俗のゲルマニア民族の徳がうたわれた。しかし現在はその一致団結した民族精神が、今や利己主義と道徳的頽廃や宗教的安逸の中に消え、祖国ドイツは、ゲルマニアへの愛を現実に喪失してしまっている。しかし、これは決して死んでしまっているのではない。フィヒテは、ゲルマニアを愛するがゆえに、またこれを世界精神にするために、他の運命を自分の運命と連帯させ、ともにこの国家的危機を乗り切らねばならぬ、と考えた。だから彼は、強くこの一致団結、祖国愛による実践的教育の練磨を叫んだ。これがさきにも挙げたあの有名な『ドイツ国民に告ぐ』の絶叫であったのである。

ドイツの独立を救いうるもの、それはただ教育のみである。そのほかに絶対に手段はない。

とフィヒテはいい、ここで国家教育の高揚を力説した。

もっともフィヒテの国家意識では、初期の自我の燃えるようなはげしい道徳至上主義の戦闘性は、キリスト教的愛の思想の浄福なる円満さによってまとわれているし、人類全体への奉仕を国民的教育を通して実現しようとしたものである。が、ここには、何といってもルターのときから底深く嘆かれていたドイツ国民としての統一が至上命令であった。フィヒテは、ベルリン大学の初代総長となり、プロシア国家興隆のラッパ手という役目をも引き受けることになったが、フィヒテ、ヘーゲルとつづくこれら一連の観念論哲学者は、大きく人類世界精神の解明をめざした。その観念性は、ルター以来の内面的宗教心情に奥深く浸透され、しかも、現実にはフランス、イギリス先進近代統一国家の力の前に、その後進性を暴露し、現実の力を欠いて、ただ精神性・観念性にだけ逃避していく形をとったことは、残念なことながら明白である。

鈍重にして崇高なゲルマン精神が、フランス革命期に、観念論的巨像を精神界に構築したことは、まことに偉大であったとしても、それによって、ドイツ国家全体としての現実の力はあまりにも矛盾的になり、社会全体の安定をかちうることができなかったことは事実である。イギリスの功利主義やフランスの実証主義という思想による現実の社会的安定力を築きあげた国々とちがって、ドイツは、全体としては浅薄で鈍重で、一部はあまりにも深遠にすぎて、バランスを欠いていた。こうして、国民的基盤をもたず、自覚した中産階級による集団的民主政治確立も地につかないままであった。そしてこの欲求不満の社会全体の不安定は、プロシアの物理的暴力という大噴火になって、ヨーロッパ世界を吹き荒れようとした。この安定を欠いたドイツという異端児の現実は、あまりにも悲痛ではあった。

この徹底した精神主義の飛翔と現実政治面での墜落とは、私たちにかつてのギリシアの神話を思いおこさせるものがある。戦車をかって天空をかけりゆくヘーリオス（太陽神）の子供の一人パエトーンは、父ヘーリオスが何でも願いものをかなえてやる、と約束したのをいいことにして、太陽神の御する戦車を自分が御することを願った。父ヘーリオスは、その危険を知りながらも、約束のこととてどうしようもなく、それを許したところ、パエトーンにはその荒馬を御する力は到底なく、天道をはずれて狂い走るその炬火は、大地に近づき、これをば焼きはらいそうになったので、ゼウスはその電光でパエトーンを撃ち落としてしまわねばならなかった、というあの神話である。

こういうように、フィヒテやヘーゲルの世界精神であろうとしたドイツ観念論は、このパエトーン的存在になってはいまいか。ナショナリズムの嵐の吹きすさぶ中で、ドイツ帝国主義が果たしえなかった世界帝国の夢を、ドイツ観念論がその哲学的暴挙によって先取りしているとすれば、これはまさに由々しい問題ではあるが、その責任の一半は、いかに弁解しようとも、観念論哲学の中にある、と考えなければならない。しかも、それは、強力・偉大かつ理想主義的であり、反面、鈍重・難渋・頑迷・固陋でもあるゲルマンの悲劇的性格の中からきている。観念論は、それをよくあらわしている。しかし、いかにゲルマンの性格とはいえ、それを指導し批判すべき哲学は、どこまでも謙虚でなければならない。所詮、人間としての法則《のり》を踏み外さない不断のきびしい自己省察が望まれることを、ドイツ観念論はよくわれわれに教えているのである。

コレラという東方世界の猛菌の毒牙にかかって、ドイツ観念論の総師ヘーゲルは一八三一年あえなく急逝した。彼は、その遺言によってフィヒテの墓のかたわらに葬られることになったが、このドイツ哲学界の両雄の存在は、陰に陽に、あまりにもドイツ的なものを、この悲惨にして偉大なドイツの運命を、われわれに示しつづけることであろう。しかし今や彼らの描いた国家主義（ナショナリズム）の神話は滅んだといえる。ヘーゲルが、いかに普遍の理念といい絶対の世界精神といっても、それはやはりゲルマン魂に養われ、ゲルマンの国家主義神話からそのエネルギーを得ていた。その国家主義が崩壊した、というのである。

ヘーゲル哲学の大殿堂の世紀的崩壊は、その後のドイツ帝国の崩壊を先取りするものであった。しかもくずれたヘーゲル哲学の原生命的エネルギーの混濁化した廃墟から、不死鳥のように飛び立つものがあった。その最大のものは、まぎれもなく、マルクス（1818-1883）を経て、ソヴィエト・ロシアのレーニン（1870-1924）、中国の毛沢東（1893-1976）へと受け継がれていった、インターナショナルな共産革命精神にほかならなかった、と思う。この精神は、これまでの生まれては成長しそして滅んでいった数々の人間の知恵をよく自己反省した上で、今後ともたくましく成長していくならば、新しい時代のより広範で深い神話の活々とした原生命的エネルギーに成長するだろう。ナショナリズムはまだ依然としてその恐ろしい牙を方々でむきつづけ、せっかくのナショナリズム超克の革命精神を鈍磨させようとしている。しかしキリスト教徒を迫害しつづけたかつてのローマ帝国主義がそうであったように、現在の国家帝国主義は、なおはげしい力をもっているようでも、きわめてひどい衰退期にさしかかっていることは事実であろう。これの衰退には、さらに数十年、数百年を要するかもしれない。が、第一次・第二次世界戦争の阿修羅をつくったナショナリズムの神話の亡霊を追い求める国家があるなら、それは、時代の生命に逆行し、不幸を内外にまき散らすことになるだろう。しかし、せっかく共産革命・社会革命の洗礼を受けたはずの人びとも、国家の砦を築いてはげしく角逐し相争おうとしていることは不幸なことである。

現代はまだ近代から新しい時代への過渡期にあるときであろうと思う。問題はあまりにも多く、われわれはまったく戸惑っている。近代の神話がドイツ観念論とともに終焉した今、われわれは神話喪失の中に戸惑っているのである。さきからのべてきたように、われわれ人間は、何らか活々とした神話の中に生き甲斐を感ずる習性をもっている。古代ギリシアの活力に満ちたポリス神話の中に生きた人びとが、いかに生き甲斐をそれに感じていたか。キリスト教世界の初期だって同様である。しかし、そうした神話の崩壊、例えばポリスの神の死に直面した人びとが、どういう破局の心情を受けたか。それはすでにのべてきたところである。

今、ヘーゲルに象徴される国家主義に立脚した観念論という、いわば観念のバラ色の世界が崩壊すると、そこにニヒリズムが横行し、これまでのまとまったエネルギーであったものがカオス（混沌）化して、バラバラになる虚脱感を味わうことになろう。しかしこういう混沌と分裂の時代にこそ、古代からの人間の知恵に深く学び、原生命からの励起を受けなければならないときであると思う。しかも序説（「古代篇」五二〜六〇頁）の最後に繰り返しのべたような人間すべての破局が、恐ろしく迫っている現状の中で、われわれは、今こそ人間の偉大と悲惨の二重性格に深く思いをめぐらさなければならないのである。われわれは、自分の分限を知り、貧しい精神にたちかえることによって、物質の豊かさであれ、人口増殖であれ、これら豊かさすべてをコントロールする知恵をもたねばならない。神のくだす破局の宣告を、われわれはほんとうにおそれなければならないのである。

あとがき

一介の古代ギリシア研究の書生が、古今東西にわたる宗教・哲学・科学を渉猟し、「人間の知恵の歴史」を書くようなこと自体、貧しさを忘れた大それた野心とそしられるかもしれない。しかし、貧しい気持ちから豊かさを求め、いろいろの思想にひきつけられて遍歴し、それを自分なりに、何かあるものを中心思想にしてまとめあげることは、それ自体何か意味あることだと思っていた。何かをもって全体を貫き、一つのものにまとめ上げ歌いあげることは、非常に困難なことだけに、やはりやり甲斐のあることだと思ってやってきた。

考えてみれば二十数年このかた、最初の半分は、近代から中世へ古代へと個々の思想家の知恵をたどって大学で勉強し、それからあとの半分は、社会へ出てから、それらの思想を全体として概観してみることにそれなりの力を注いできた。その総決算がこの約四百頁にわたる書物の中に集約された、といえばいえるかも知れない。知識をバラバラに伝えないで、一つのまとまったものとして伝えるために、学生諸君にもわかり易いようにと、あまり専門用語の羅列にならないよう心掛けたつもりである。しかし過去にそれなりに立派に光った人たちの思想には、それぞれ言い知れない深さがあり、彼らの思想を象徴する言葉も難解で、決して十分に言いあらわせないきらいがあった。ましてやそれら各思想家に一貫したものをあとづける段になると、これは至難の業《わざ》であった。この書物がそれに成功しているとは思わない。事実これを書物として公表することをはばかる気持ちも強かったが、あえて発表することは、これから思想を求める人たちに、何らかの示唆を与えられると思ったからである。特に知恵を愛する人に対してである。哲学をやる者は、全体としての概観をそれなりにやはり早く持つことが必要である。そういう啓蒙の気持ちもあって、これを特に若い人たちにおくりたいと考えた。

初め（もう四、五年も前）、哲学をやっている四人の仲間たちが、ある新しい意図の哲学教科書を作ることで意見がほぼ一致し、古代を私が、中世・近代・現代をそれぞれ別の人がやることになった。これがこの書物成立の直接のきっかけだった。しかし四、五回の会合の後に、それぞれ都合が生じ、また誰か一人が全体を通してまとめる必要が強くなったことから、古代責任者の私が近代までを通観することになった。こういう計画に参加された森忠重、伴博、堀越知己諸氏に対しては、いろいろの御迷惑をおかけしたことを改めてお詫びしなければならないと思う。しかも種々の貴重なアドヴァイスを得たことは有難いことであった。中でも森忠重氏とは十数回となく会合しプランを錬ったことを思いおこすとき、この書に与せられた氏の熱意には頭の下がる思いがする。

終わりにのぞみ、索引における二重カギカッコで示した各思想家たちの書物については、岩波・中央公論・河出・人文などの各出版社から出された名訳の数々から、貴重な資料を得させていただいたことを感謝しなければならない。田中美知太郎、出隆、山本光雄、小川政恭、山田晶、村山勇三諸氏をはじめ、多くの人たちの啓蒙書を参考させていただいたことに、改めて謝意を表したい。またこの書物出版をひきうけて下さった原書房社長・成瀬恭氏、校正その他のことについては編集部の高橋輝雄氏、原稿清書については家内の姪伊藤真知子嬢に種々の御迷惑をおかけしたことを、ここに深く感謝してこの「あとがき」を終わりたいと思う。

昭和四十七年三月二十九日

大槻真一郎

【ア】

【レ】

【ロ】

【ワ】

著者・監修者紹介

大槻真一郎（おおつきしんいちろう）

一九二六年生まれ。京都大学大学院博士課程満期退学。明治薬科大学名誉教授。二〇一六年一月逝去。科学史・医学史家。〔著書〕『人間の知恵の歴史』（原書房）、『科学用語・独‐日‐英・語源辞典・ラテン語篇』、『同・ギリシア語篇』、『記号・図説錬金術事典』（以上、同学社）、『医学・薬学のラテン語』（三修社）など。また没後、遺稿を再編して刊行された著書に、『「サレルノ養生訓」とヒポクラテス』、『中世宝石賛歌と錬金術』、『ヒルデガルトの宝石論』、『アラビアの鉱物書』（以上、コスモス・ライブラリー）、『西欧中世・宝石誌の世界』（八坂書房）がある。

澤元亙（さわもとわたる）

一九六五年生まれ。現在、明治薬科大学・防衛医科大学非常勤講師。〔訳書〕ピーター・ジェームス『古代の発明』（東洋書林）、プリニウス『博物誌（植物薬剤篇）』（共訳・八坂書房）、ハーネマン『オルガノン』、ケント『ホメオパシー哲学講義』、ハンドリー『晩年のハーネマン』（以上、ホメオパシー出版）など、博物誌・医学書の古典翻訳に従事。

人間の知恵の歴史——宗教・哲学・科学の視点から
〔復刻版シリーズ③近代篇〕

著者　大槻真一郎
監修者　澤元　亙

2020年10月20日　第1刷発行

発行所　㈲コスモス・ライブラリー
発行者　大野純一
〒113-0033　東京都文京区本郷 3-23-5　ハイシティ本郷 204
電話：03-3813-8726　Fax：03-5684-8705
郵便振替：00110-1-112214
E-mail：kosmos-aeon@tcn-catv.ne.jp
http://www.kosmos-lby.com/
装幀　河村　誠
発売所　㈱星雲社（共同出版社・流通責任出版社）
〒112-0005　東京都文京区水道 1-3-30
電話：03-3868-3275　Fax：03-3868-6588
印刷／製本　モリモト印刷㈱
ISBN978-4-434-28187-7 C0010
定価はカバー等に表示してあります。

「よく浄化する者は、またよく治療する者である」——心身相関医学の極意！

祈りを通して魂の浄化をはかり、穀物・野菜・果実・ハーブ・動物など自然物による調和的な栄養摂取・体液バランス・身体浄化などを幅広く取り入れた神秘療法の世界（本文より）

宝石をブドウ酒に入れ、その酒を飲む！

【本書の内容】
第1章　いまヒルデガルトの宝石論を読むということ
第2章〜第9章　宝石論（1番目〜26番目の宝石）
第10章　宝石療法の概観（1）
第11章　宝石療法の概観（2）

「ヒーリング錬金術」④

アラビアの鉱物書——鉱物の神秘的薬効

アラビア医学から、錬金術、各種宝石の薬効にいたるまで、著者の博物学的視点や人生哲学が散りばめられた解説を通して神秘への扉が開かれる。

大いなる自然の声をきく！

【本書の内容】
第1章　基本的な考え方について——序文と本文・第1項目をめぐって
第2章　『アリストテレスの鉱物書』への系譜とその成立
第3章　アレクサンドロス大王伝との関連で
第4章　アラビア医学について
第5章　錬金術との比較考察（1）
第6章　錬金術との比較考察（2）
第7章　各宝石の叙述について

「コスモス・ライブラリー」のめざすもの

古代ギリシャのピュタゴラス学派にとって〈コスモス Kosmos〉とは、現代人が思い浮かべるようなたんなる物理的宇宙（cosmos）ではなく、物質から心および神にまで至る存在の全領域が豊かに織り込まれた〈全体〉を意味していた。が、物質還元主義の科学とそれが生み出した技術と対応した産業主義の急速な発達とともに、もっぱら五官に隷属するものだけが重視され、人間のかけがえのない一半を形づくる精神界は悲惨なまでに忘却されようとしている。しかし、自然の無限の浄化力と無尽蔵の資源という、ありえない仮定の上に営まれてきた産業主義は、いま社会主義経済も自由主義経済もともに、当然ながら深刻な環境破壊と精神・心の荒廃というつけを負わされ、それを克服する本当の意味で「持続可能な」社会のビジョンを提示できぬまま、立ちすくんでいるかに見える。

環境問題だけをとっても、真の解決には、科学技術的な取組みだけではなく、それを内面から支える新たな環境倫理の確立が急務であり、それには、環境・自然と人間との深い一体感、環境を破壊することは自分自身を破壊することにほかならないことを、観念ではなく実感として把握しうる精神性、真の宗教性、さらに言えば〈霊性〉が不可欠である。が、そうした深い内面的変容は、これまでごく限られた宗教者、覚者、賢者たちにおいて実現されるにとどまり、また文化や宗教の枠に阻まれて、人類全体の進路を決める大きな潮流をなすには至っていない。

「コスモス・ライブラリー」の創設には、東西・新旧の知恵の書の紹介を通じて、失われた〈コスモス〉の自覚を回復したい、様々な英知の合流した大きな潮流の形成に寄与したいという切実な願いがこめられている。そのような思いの実現は、いうまでもなく心ある読者の幅広い支援なしにはありえない。来るべき世紀に向け、破壊と暗黒ではなく、英知と洞察と深い慈愛に満ちた世界が実現されることを願って、「コスモス・ライブラリー」は読者と共に歩み続けたい。